U0598630

国家教育部普通高等学校人文社会科学重点研究基地华东师范大学基础教育改革与发展研究所研究项目

世纪之交中国基础教育改革研究丛书

叶　澜　主编

黄书光　王伦信　袁文辉　著

中国基础教育改革的文化使命

ZHONGGUO JICHU JIAOYU GAIGE DE WENHUA SHIMING

教育科学出版社
·北京·

世纪之交中国基础教育改革研究丛书

编委会

总　　序

为了基础教育的明天

叶　澜

“世纪之交中国基础教育改革研究”丛书终于与读者见面了。用“终于”一词，是因为从策划到丛书中第一批著作的出版，足足经过了五年时间，这完全不是因出版社的拖拉，恰恰相反，是教育科学出版社的耐心与期望，促成了该套丛书在两个世纪的交界之年诞生，使丛书的冠名获得了时间上的真实。在此我要深谢教育科学出版社的领导与责任编辑。用“终于”一词，还因为我如获重释。近五年内本人先后担任了两套丛书的主编，前一套是由上海教育出版社出版的“教育学科元研究”丛书，它是为“教育学科的明天”而作的六本著作的集合，被我称之为理论研究的“上天工程”；后一套就是这一“世纪之交中国基础教育改革研究”丛书，它是为“基础教育的明天”而作的七本著作的集合，被我称之为实践研究的“入地工程”。就其策划的时间而言，两大“工程”有前后，但就最终交稿的日期而言，则都在 2000 年的下半年。这意味着我在合作研究者的鼎力支持下，实现了教育研究“上天入地”的心愿。我将以充实而轻快的步伐，跨入 21 世纪。这怎能不让我呼一口长气，说一声“终于”呢?

在这套丛书编写的五年中，中国的基础教育有了喜人的发展，它不只是表现在数量的达标和质量的提高，更重要的表现是一支为基础教育的明天，在一定意义上，也是为中华民族的明天去探索、创造的队伍正在日益壮大。我们，参与这套丛书编写的研究人员，只是这支大军中的一个小分队，其中的每一个人都是自己学术领域中的奋斗者。我们还都是华东师范大学的毕业生，是“为了基础教育的明天”再一次走到一起来了。这套丛书也可看做是我们对母校培育的一份答谢，用不倦地学习、探索和创造写下的时代教育问题的答卷。丛书的出版正值华东师范大学迎50周年大庆之际，请母校接受我们这份用心血凝成的奉献。

本套丛书的七本著作涉及基础教育不同层次和诸多领域的改革，大致可分为三组。《新基础教育论》与《中国基础教育改革的文化使命》两本著作是从总体上，用历史、现实和未来的长“时间镜头”对基础教育改革的探究，可视为一组。《课程改革与课程评价》及《重建学校精神家园》两书又是一组，它们涉及的是学校教育中两个最为重要和基本的方面；关于学生与教师的研究组成了第三组。《学生自我发展之心理学探究》一书旨在揭示学生发展中作为内在力量的“自我”之形成，这是21世纪基础教育要培养具有主动发展生存意识和能力的人，所必然面对的一个新的重要问题；对于教师，未来新的基础教育的真实创造者，我们给予更多的关心，《教师角色与教师发展新探》，从道德、专业发展和美学的角度，对教师这个古老的职业作了时代的诠释。《学校教育研究方法》则是为帮助教师成为研究者而作。在一定的意义上可以说，这套丛书中的每一本都是为教师而写的。我们深信，没有教师的创造性劳动，就不可能有新的教育世界，而教师只有进行创造性的劳动，才会体验到职业的内在尊严与欢乐，才能在发展学生精神力量的同时，焕发自身的生命活力。

本丛书的撰稿人都力图在理论与实践的深度结合上，在体现立足现实、面向未来、锐意改革的精神意向上，体现该丛书之共性。我们现在能说的只是“都已尽力了”。我们期待着丛书的面世能引来志同道合者、批评者和帮助者。但愿我们的丛书能给读者送去新意和心意，能为中国基础教育改革添上一把力，抹上一缕新世纪的亮光。

目　录

前　言

近二十年来，随着中国基础教育改革实践的不断深入，这个领域的研究工作也得到极大推进，取得了许多重要成果。本书无意对中国基础教育发展的方方面面进行详细论说，只是在前人和时贤研究成果的基础上，主要从文化与教育关系的角度就中国基础教育的历史嬗变、现实改革、未来展望等深层问题进行理论透析，力求体悟其精神意蕴，开掘其文化内涵，为中国基础教育改革发展寻觅曙光。

第一章，中国社会文化变革与基础教育的历史探索。本章着重从宏观上探讨中国基础教育的理论渊源与发展脉络，注意将基础教育问题植根于中国社会文化的历史大变革中进行考察和分析。一般而言，严格意义上的中国基础教育始自20世纪初年的近代学制颁行，特指对国民进行基本的普通文化教育，包括小学及初中阶段的义务教育，亦可泛指学前至高中阶段教育；但在理论上，我们则不能不溯及中国传统的儒学教化，特别是其中的“蒙学教育”。尽管传统“蒙学教育”与现代意义上的中国基础教育迥然异趣，前者旨在普及儒家伦理教化，后者则立意于近代国民的主体需要和自身素质提高，但二者又有千丝万缕的内在关联。事实上，中国基础教育的许多重大改革都离不开对中国传统文化和西方现代文化的辩证认识。无论是五四新文化运动影响下的基础教育改革，还是回应“新文化”期间的基础教育反思性探索，抑或是社会主义文化条件下的基础教育新发展，都是在中西乃至中外文化冲突交融的历史大背景中展开其丰富的时代内涵的。毫无疑问，离开对中西文化命脉的理性认识，是很难把握中国基础教育改革的精神意蕴及其发展方向的。

第二章，当代中国文化问题及其对基础教育的内在影响。本章着重探讨改革开放后，特别是社会主义市场经济体制取代计划经济体制以来，中国社会文化的急剧变迁，及由此产生的文化问题向基础教育诸领域的渗透。转型期中国社会的文化正处于一种过渡状态，这加剧了文化问题的复杂化，并对教育子系统，尤其是基础教育阶段产生了深远影响。这种影响首先体现在促进教育观念的转化。在社会文化问题的激发下，教育界展开了对传统教育的批判与反思，逐渐明确教育现代化的发展方向。文化问题对基础教育中人的因素也有直接的影响。在社会文化转型的背景下，教师和学生都感受到了转型期文化多元和价值失范所带来的不安和困惑。对于教师而言，他既要承受并快速适应急剧变化的社会现实，又要代表主流文化对学生施加影响，为学生指明人生方向，这就需要他不断地提高自己的职业素质。处于基础教育阶段的学生是开放社会最直接的受益者，他们自主性强、知识面广、对时尚敏感，这些特点要求构建民主、平等、和谐的新型师生关系。文化问题也影响到了课程与教学方面。作为基础教育最核心的组成部分，课程和教学最明显地反映出文化问题在教育领域中的渗透。作者结合当前有关语文教育的讨论，对课程作了文化层面的理性审视，指出当前课程所存在的问题及纠偏的原则。在教学上，作者将教学方式视为师生在学校中形成的一种生活方式，通过对课堂教学空间、时间及师生互动的分析，指出当前教学方式所存在的欠缺及其可能给学生成长带来的消极影响。

第三章，社会转型与中国基础教育改革的精神寻踪。本章围绕“素质教育”这一当前教育改革中的主流概念，探讨中国社会加速转型时期发生在基础教育领域内的激动人心的变化。“素质教育”概念的提出从根本上说是受社会发展对国民素质和人才素质新要求的影响，但具体表现为基础教育改革内涵的长期积累，其中有克服基础教育中“应试教育”弊端的需要，有义务教育的全体性、基础性要求，有改革开放以来关于教育重大理论问题的探索。随着基础教育改革目标探讨的不断积累，任务内容的不断扩大，需要有一种能在内涵上进行整合，在外延上起囊括作用的表述，“素质教育”中“素质”一词的包容性正适应这一要求。“素质教育”被教育决策部门明定为基础教育改革的指导思想后，许多基础教育的实际工作者都在根据“素质教育”的要求，或调整深化原有的教改试验，或设计开展新的教改试验，取得了丰硕的成果。但从一些典型试验的经验看，也暴露出一些问题，如：由于受我国基础教育现实师资水平的制约，改革中硬性推广标准化教学模式和教学方法，严重限制了“素质教育”主体性和创造性内涵的发挥和教师个性风格的形成；教育目标的过分分化和操作化，一些过度量化的教育评价模式也是和“素质”的整体性和综合性要求相矛盾的。“素质教育”概念刚提出时，即因其对“素质”一词的超经典使用而受到诸多究诘，但至今在理论上仍表现出内涵泛化和理解上的分歧。作者尝试分析了这种泛化和分歧的根源，对“素质”结构，“素质教育”的内、外部关系也有所阐述，企望有益于“素质教育”理论的合理建构。

第四章，知识经济的文化意蕴与中国基础教育改革展望。本章显示了日益逼近的信息化、网络化、知识化社会下基础教育的发展蓝图。在知识经济时代，知识将成为最重要的生产要素。知识的利用必须通过人的吸取、加工；对人才资源的竞争将取代工业经济时代对物质资源的竞争，人才的竞争必然导致人力资源的大开发。可以断言，知识经济时代将是一个学习化时代。知识经济时代的来临必将带来人才素质结构、课程和教学模式、教育与社会其他系统联系的方式等诸多方面的深刻变化。在人才观上将突出多方面、多层次的综合素质，运用现代信息技术的能力和不断学习的意识，创新创业的精神和能力。课程将出现综合化、动态化、过程化等发展趋势，师生将更加平等，教学模式将出现个别化、虚拟化、家庭化特点，计算机与网络将在教学中扮演极为重要的角色。同时，教育将成为国家、社会、个人投资的重要方向，最终形成空间上的国际教育化和时间上的终身教育化。无庸讳言，正与以往人类每一项科学技术的进步一样，知识经济时代信息技术的高度发达也是一把双刃剑，如果理解和使用不当也会给教育带来负面的影响。如现代技术的应用导致对传统教学优势的过分否定，信息过剩导致信息依赖进而使人被异化为信息的奴隶，不良信息的泛滥和沉溺于虚拟生活导致青少年人格的迷失和错位等。对此，作者都做了平实的概括和辩证的分析。

第五章，新世纪中国基础教育改革的深层文化思考。本章旨在将中国基础教育改革问题置于文化上“古今汇合”与“中西融通”的交叉纬度上进行理性思考：一方面，理直气壮地指出追求创新是中华民族的优良传统，但同时也分析了中国传统文化教育的内在缺陷，要求依据新时代精神开掘并创造性转化其优秀精神资源；另一方面，实事求是地比较中西教育传统的深刻差异，考察了西方近代文化教育的引进与消化过程，并着重探讨现当代西方基础教育改革的基本特点及其对中国教育改革的启迪之功。在此基础上，作者认同并阐述了面向未来的新文化观，从“对立统一”的哲学高度分析了文化的民族性与世界性等问题，指出中国基础教育改革所肩负的神圣文化使命，并具体探讨了“做人”——“做现代人”——“做新世纪中国现代人”的素质建构及其培养问题。应该指出，这一新素质建构框架吸收了著名教育家陈鹤琴先生“做人”——“做中国人”——“做现代中国人”的精神旨趣。但把“现代中国人”改为“中国现代人”并非简单的文字变动，而是突出了“现代人”与“传统人”的价值冲突，吸收了阿列斯·英克尔斯“人的现代化”理论的合理内核，并以马克思主义者所阐发的“人的全面发展”和“四有新人”为指导思想，结合新时代精神进行理论再整合。强调当代中国“以素质教育为核心”的基础教育改革不能无视或脱离近现代教育改革的优秀成果，而只能在前人研究的基础上寻找新的生长点，使新旧接续，推陈出新。

全书由黄书光提出基本构想和编写大纲，合作者王伦信、袁文辉依实际写作情况自主修订，分工完稿。第一章、第五章，由黄书光教授执笔；第二章，由袁文辉讲师执笔；第三章、第四章，由王伦信副教授执笔。最后由黄书光负责统稿。

本书系上海市教育科学研究项目“中国基础教育改革的文化使命研究”的终结成果。书名承蒙叶澜先生惠予，整个书稿撰写过程也始终得到叶老师的精心指教和反复督促，文中部分章节还参考了叶老师有关基础教育前沿研究的观点方法，从而克服了种种困难，使研究工作得以向前推进直至完成。在此，谨向叶老师表示衷心感谢！此外，文中还涉及和借鉴了其他学者的一些重要论点，除随文注明或页下脚注外，在此也一并致谢，恕不一一列名。

尽管呈现在读者面前的这部书稿还远未完善，十分粗浅，但相信“中国基础教育改革的文化使命”本身一定会引起教育学术界有识之士的高度重视，本书充其量只是引玉之砖。

作者谨识

第一章

中国社会文化变革与基础教育的历史探索

所谓“基础教育”，又称“国民基础教育”，指对国民进行基本的普通文化教育，主要包括小学及初中阶段的义务教育，亦可泛指学前至高中阶段教育。与传统意义上的“儒学教化”，特别是其中的“蒙学教育”不同，近现代中国基础教育源自西方国民教育思潮和义务教育实践，但却深刻地反映了社会转型期中国文化变革的内在需求，并与之相融共进。中国基础教育的演变发展给我们留下了许多难得的办学思想和经验，但同时也展示探索道路的艰难与曲折。

第一节 儒学的教化网络及其人格理想

一般来说，严格意义上的中国基础教育始自20世纪初年的近代学制颁行。但在理论上，我们则不能不溯及中国传统“儒学教化”，特别是其中“蒙学教育”。通过对“儒学教化”的文化剖析，不仅有助于认识传统教育的人格特征，而且有益于对此后中国基础教育文化使命的理解和把握。

一、儒学的存在形态与教化网络

自孔子创立儒家学派之后，儒学在后代的发展始终存在着两种形态，一种是精英儒学，另一种是世俗儒学。与精英儒学不同，世俗儒学“主要不是通过儒学思想家的著述去陈述它，而是由中下层儒者所实行的童蒙教育而形成的，并发生影响”。①值得注意的是，精英儒学与世俗儒学绝非截然分开，二者在伦理教化的本质上则是一致的。其中一部分精英儒学家亦十分热衷于儒学社会化和世俗化活动，如：朱熹既注意阐发儒家的高深哲理，又十分关心并直接参与到童蒙教育实践之中。但不管怎么说，主要由中下层儒者所实行的童蒙教育对世俗儒家伦理的形成无疑具有特别重要的意义。

推而言之，儒学之所以能够大行于封建社会，深入至民间，最大限度地体现其强烈的人生实践精神，除了这一思想学说满足了中国小农封建经济需要外，也与其本身所形成的一整套教化网络有关。这种教化网络既包括谕俗乡约、家规族法、祭祀活动、戏剧小说等非学校的社会化教育途径②，更特指太学、州（府）县学、书院，以及小学、社学、私塾、义学、村学等蒙学性质的学校教育途径。董仲舒说：“太学者，贤士之所关也，教化之本原也。”③如果说，作为太学的中央官学是儒学教化的本原，州（府）县学、书院是这一教化的中坚，那么小学、社学、私塾、义学、村学等蒙学性质的学校则无疑是该教化的基层组织。事实上，这一基层组织即是传统意义上的“基础教育”——蒙学教育。

需要指出的是，“蒙学教育”的历史演化虽然不乏官方介入的成分，甚而不时有皇帝诏令设学，如元代皇帝对社学的公开提倡。但总体而言，封建国家是无力提供必要的经济支撑和相应的人员配备的。从这个意义上说，蒙学绝非官学，而是私学。这一点，与建立在近代大工业经济上由国家主办的基础教育或义务教育是不可同日而语的。

二、传统蒙学教育的伦理本位旨趣

作为封建统治集团施行儒学教化的基层组织，传统蒙学并非立意

① 陈来：《人文主义的视界》，193页，广西教育出版社，1997。

② 黄书光：《论儒学社会化的若干途径》，载《教育史研究》，1992(1)。

③《汉书》卷五十六本传。

于"国民"的主体需要和自身的素质提高，其办学方针与课程结构均渗透着十分浓厚的伦理本位精神。

就办学方针而言，传统蒙学并不存在统一的官方指令，但儒士们总是十分自觉地将培养"圣贤坯模"（朱熹语），并进而改善社会风化，视为其蒙学教育的基本方针。如果说，《周易·蒙卦彖辞》"蒙以养正"还较为抽象的话，那么，朱熹则对蒙学教育的基本任务提出了十分具体而明确的要求。在他看来，儿童在小学阶段（8~15岁）主要是学习事君、事父等"事"，大学阶段则是发明此事之"理"，强调在小学阶段打好"做人"的伦理基础乃是日后治国、平天下的根本所在。他在《题小学》中对童蒙教育方针曾有过明确揭示："古者小学教人以洒扫、应对、进退之节，爱亲、敬长、隆师、亲友之道，皆所以为修身、齐家、治国、平天下之本，而必使其讲而习之于幼稚之时，欲其习与智长，化与心成，而无扞格不胜之患也……今颇搜辑为此书，授之童蒙，资其讲习，庶几有补于风化之万一云尔。"①与朱熹过于严厉的风格不同，王守仁特别强调蒙学教育要采取生动活泼的"读书"、"歌诗"、"习礼"等形式，但在办学的根本方针上二者并无异议。他在《颁行社学教条》中明确要求教师，不仅要做到"训饬其子弟"，而且要进而"化育其父兄"。②很显然，这与朱熹所言打好圣贤坯模与力补社会风化的思想是一致的。

就课程结构而言，传统蒙学的授课内容可粗分为两大类。一类是综合性读物，如：《急就章》、《三字经》、《千字文》等。另一类是专门性读物，如：常识方面有《百家姓》、《名物蒙求》等；历史方面有《十七史蒙求》、《幼学琼林》、《龙文鞭影》等；诗歌方面有《千家诗》、《神童诗》等；人伦方面有《弟子规》、《童蒙须知》、《小学》、《小儿语》、《续小儿语》、《名贤集》、《增广贤文》、《增广性理字训》等。儒家蒙学教育一般都是从最基本的识字人手，逐渐融入生活常识、历史故事、诗词歌赋、人伦道理，反对过于抽象的空洞说教。无论是综合性还是专门性启蒙读物，都十分重视将知识性、伦理性和趣

① 《朱文公文集》卷七十六。

② 《王阳明全集》卷十七。

味性融为一体，使学生在学习过程中既获得一定的知识满足，又不知不觉地接受传统美德的熏陶。有些蒙学读物还配有精美插图，如明代陶赞延的《蒙养图说》即是一例。现在看来，传统蒙学读物不仅在形式上，而且在内容上也有其不容抹杀之处。如:《三字经》对学习功能的认识，称“玉不琢，不成器；人不学，不知义”。《千字文》对交友问题的讨论，强调“交友投分，切磨箴规”。但不管怎么说，所有的蒙学读物都是以伦理准则为根本旨趣。如,《三字经》开篇即说：“人之初，性本善；性相近，习相远。苟不教，性乃迁；教之道，贵以专。昔孟母，择邻处；子不孝，断机抒。窦燕山，有义方；教五子，名俱扬。养不教，父之过；教不严，师之惰。子不学，非所宜；幼不学，老何为。”在这里，我们看到了儒家伦理思想与生活日用的紧密结合，既通俗又巧妙。有些蒙学读物更进而对儿童的言谈举止做了十分具体的规定，如朱熹的《童蒙须知》就涉及儿童的衣服冠履、语言步趋、洒扫涓洁、读书写字、杂细事宜诸项。毋庸置疑，传统中国人即在这些通俗化的蒙学教育熏陶下明白了“人不学，不知义”（《三字经》语）的朴素道理；知道了做人应该光明磊落，“形端表正”(《千字文》语)；学会了通过“头悬梁，锥刺骨”的苦读，去实现其“朝为田舍郎，暮登天子堂”(《神童诗》语)的荣耀与梦想。概言之，传统蒙学读物是传统中国人的做人准则及其价值观念的直接来源。

三、儒学教化影响下的人格特征

诚然，传统蒙学教育只是儒学教化的初级阶段，在此基础上有些人还要进一步到县、府（州）学和中央太学深造，继续接受更高阶段的儒学熏陶，而绝大多数人当然只能接受广义的儒学教化。但不管怎么说，传统中国人都或多或少地接受了儒学价值观和教育观的洗礼。

依儒家之见，人来到这个世界就如同来到了一个大家庭。在这个大家庭里人与人之间是按照一定的道德准则和礼义规范去组成群体社会的。当个人利益与社会群体利益发生矛盾时，儒家主张为了维护社会群体利益，个人应该牺牲一己之利，甚至不惜为此做出“舍生取义”（孟子语）的选择。至于个人利益，儒家强调要严格地按照“先义后利”的顺序去获取，主张通过修身为己之学去获取个人应得利益——即所谓“学而优则仕”,“学也禄在其中矣”。很显然，儒家教育理论的出发点和归宿点都是社会，主张学好了就应当致用和服务于社会，个人利益必须服从社会利益。孔子曾形象地把其理想人格追求称作“修己以安人”①,《大学》则把它进一步具体化为“三纲领”、“八条目”，这就是后儒所津津乐道的“内圣外王”之学。

所谓“三纲领”，就是“明明德、亲民、止于至善”，即要求通过一系列儒学教化，使人明白其先天所具有的“明德”——封建人伦道德；继而“推以及人，使之亦有以去其旧染之污”（朱熹语）；最后达到把握人伦真谛而“止于至善”之境：“为人君止于仁，为人臣止于敬，为人子止于孝，为人父止于慈，与国人交止于信。”②但儒家认为，要达到这个目的，只能从我做起，从自己做起：“古之欲明明德于天下者，先治其国；欲治其国者，先齐其家；欲齐其家者，先修其身；欲修其身者，先正其心；欲正其心者，先诚其意；欲诚其意者，先致其知；致知在格物。”③把这句话正过来说，即成为求学做人的“八条目”——格物、致知、诚意、正心、修身、齐家、治国、平天下。值得注意的是，儒家所谓“格物”、“致知”，并不是要去研究客观事物的自然规律，而主要是着重主体对封建纲常伦理准则的认知学习。在蒙学阶段，主要是进行较为具象的道德认知，并通过前述一系列蒙学读物予以贯彻；而在大学阶段，则要求把这一认知进一步上升到理性认识水平。所谓“诚意”、“正心”，是强调把主体的道德认知转化为道德情感、信念和意志品质。只有真正地做到这一点，不为任何物欲、私欲所动，这才算完成了个人道德上的“修身”。儒家要求“自天子以至于庶人，壹是皆以修身为本”，这充分反映了儒家教育的伦理本位特征。

问题是儒家所设计的理想人格，虽不乏“大丈夫”精神，但并不具备独立人格的品性。它只是片面地要求个体遵循儒家所厘定的等级

---

① 《论语·宪问》。

② 《大学》。

③ 同②。

名分，从小学会“低声下气”①，通过长期的“克己”和“穷理”功夫，最终达到“无欲故静”、“天人合一”的理想境界。在儒家整个教育过程中，个人没有选择自由，只有循规蹈矩，人的主体性被剥夺殆尽。更为严重的是，封建社会根本无法对人的“修身”水平作出客观评价，而只是通过科举考试去裁决个体的道德水准，孰不知科举考试充其量只是儒家经典知识或应试技巧的较量，不可能测出学生的真才实学及其内在道德素养的高低。这样一来，儒家所崇尚的理想人格便带有极大的虚伪性和欺骗性，这是需要指出的。

第二节 西学东渐与“新国民”人格的时代呼唤

与封建社会不同，1840 年以后中国进入了半封建、半殖民地的近代社会。在这个急剧转型的社会里，中国传统教育价值遭到了西方文化强烈而持久的冲击与挑战，时代在呼唤新价值观与新理想人格的出现。

一、西学东渐及其对中国传统教育价值观的冲击

与传统教育不同，中国近代教育是在中西文化的撞击交融中向前推进的。作为异质文化，西学实际上充当了中国教育从传统走向现代化的催化剂。

“西学东渐”并非始于近代，明末西方传教士利玛窦等人已挟西学东来，开始了其独具特色的“学术传教”活动，从而导致了西学在中国的最初传播。应该肯定，西学为封闭的中国打开了一扇了解世界的窗口，一些开明士大夫得以扩大视野，开始有意识地将中西两种异质文化进行比较会通。其中，徐光启提出“欲求超胜，必先会通；会

① 朱熹：《童蒙须知》。

通之前，先须翻译”的文化会通说，对后代中国教育发展产生了十分深刻的影响。但整体而言，明末清初的“西学东渐”毕竟是被动的，其渗透力十分有限，尚不能从根本上冲破“夷夏大防”的传统观念。随着“礼仪之争”的矛盾激化与康熙末年禁教政策的颁行，西学也就停止了东渐。

直至19世纪上半叶，长期闭关的封建王朝已是满目疮痍，大英帝国便乘机发动了侵略中国的鸦片战争，中华民族面临着“数千年未有之变局”。严峻的现实惊醒了魏源、龚自珍等一批先进中国人，他们要求主动引进西学，反对空谈心性，提出“师夷长技以制夷”，呼唤“不拘一格降人才”。与这一“器物变革”旨趣相呼应，曾国藩、李鸿章、张之洞等洋务派深知传统人才教育观的局限性，他们普遍热衷于洋务教育事业，先后创办了京师同文馆（1862年）、上海广方言馆（1863年）、福建船政学堂（1866年）等一大批洋务学校；与此同时，他们多次派遣留学生，主张设立洋学局，改革科举制度。应该承认，所有这些洋务教育改革都或多或少地触动了中国传统教育的僵化板块，因此每一步改革都是极其困难的，常引发顽固派的激烈反对。如，顽固派倭仁就一贯坚持“立国之道，尚礼义不尚权谋；根本之图，在人心不在技艺”，①声称“夫欲求制胜必求之忠信之人，欲谋自强必谋之礼义之士，固不待智者而后知矣。”②而洋务派奕䜣则针锋相对地指出：“仅以忠信为甲胄，礼义为干橹等词，谓可折冲樽俎，足以制敌之命，臣等实未敢信”。③在洋务派看来，传统的“礼义”、“人心”教育不可能“制敌之命”，能够与强敌抗衡的绝非传统意义上的圣贤君子，而是既恪守封建道德精神又精通西方器艺文明的洋务人才，即“中体西用”型人才。

按张之洞之见，所谓“中学”，又称“旧学”，包括“四书五经、

① 倭仁：《请罢同文馆用正途人员习天算折》，见高时良编：《中国近代教育史资料汇编·洋务运动时期教育》，9页，上海教育出版社，1992。

② 倭仁：《密陈同文馆考天算学请罢前议折》，见高时良编：《中国近代教育史资料汇编·洋务运动时期教育》，12页，上海教育出版社，1992。

③ 奕䜣等：《沥陈同文馆考天文算学馆情由折》，见高时良编：《中国近代教育史资料汇编·洋务运动时期教育》，11页，上海教育出版社，1992。

中国史事、政书、地图”，主要指“中国之所以为中国”的孔学名教。他专门列举了教忠、明纲、知类、宗教、正权、循序、守约、去毒诸篇目，系统阐述了如何面对西方文化冲击而能恪守名教之根本，以正人心。所谓“西学”，又称“新学”，泛指西政、西艺、西史，但不包括设立议院和兴民权。洋务派认为，以孔学名教为代表的“中学”是中国文化的根本，这个“体”是不能变的。从这个意义上说，洋务派确有以新卫旧之嫌。

但另一方面，“中体西用”又客观上导致了中国早期现代化的启动。这是因为通过这一命题，西学毕竟堂而皇之地被引入中国。虽然洋务派把西学定位在器物层面，但“制器之器”的引入必然波及“制器之人”的培养，而“制器之人”的培养又必然导致对传统教育制度和科举制度的变革。随着变革需求的进一步强烈，又必然促使人们去进一步探讨西学，深化对西学的认识。这一系列连锁反映，固然是洋务派始料所未及，但它又确确实实发生了：“‘西用’的范围日益扩大，‘中体’的内涵不断紧缩，中国前现代社会的整体性发生崩溃，早期现代化进程步步向纵深推进。”①实际上，这里早期现代化也包括早期教育现代化，晚清的一系列教育改革，包括科举制度的变通和废止、西学领域的不断扩大以及近代学制的初建等，都是在“中体西用”大政方针下悄然发生的。

二、“新国民”人格的呼唤与国民教育思潮的兴起

洋务派的教育改革曾极大地冲击了中国传统教育的僵化板块和陈腐观念，有利于中国早期教育现代化的历史推进。但必须指出，“中体西用”的教育哲学观也在某种程度上限制了洋务派的理论视野，使他们局限于封建教育本身的修修补补，而不可能把目光投向下层国民，去关心国民教育问题。

---

① 周积明：《最初的纪元——中国早期现代化研究》，150～151页，高等教育出版社，1996。

诚然，国民教育的思想萌芽可溯源至孔子的“有教无类”主张，但这种不分贫富、贵贱和种类的办学方针在整个漫长的中国封建社会中并未变成现实。相反，中国传统教育是以培养治术人才为旨趣的国士教育。国民教育或国民义务教育实是舶来品，是西方自马丁·路德时代特别是工业化以来逐渐形成的新式教育。西方国民教育的“东渐”有一个十分复杂的历史过程，这其中固然包括传教士和早期改良派的极力提倡，但真正上升至政治文化高度来认识的当推清末维新派和革命派同仁们。与洋务派不同，维新派反对“中体西用”说，要求对封建专制制度进行资产阶级性质的改良。一方面，他们通过创办“万木草堂”、“时务学堂”等新式学校，大力培养“异乎常纬”的新型人才；另一方面，普遍重视国民素质教育，极力介绍和引进西方近代国民教育制度。1898 年，康有为在《请开学校折》中对近代西方国民教育制度深致赞赏，称其“乡皆立小学，限举国之民，自七岁以上必入之，教以文史、算数、舆地、物理、歌乐，八年而卒业，其不入学者，罚其父母。县立中学，十四岁而入，增教诸科尤深，兼各国文，务为应用之学”。①强调其基础教育的目的在于造就有现代意识的新型国民，与“鞭一国之民以事于八股”的中国传统教育迥异。在梁启超看来，这种新型国民就是要摈弃传统教育所造就的奴性人格，通过各种渠道培养国民的爱国心、公共心、独立心、自治心，做到自新而新人，以改善和提高中华民族的整体文化素质。严复更进而把梁启超的“新民”说，具体化为“鼓民力”、“开民智”、“新民德”，以追求德、智、体和谐发展的新国民人格。

与维新派一样，资产阶级革命派也十分注重国民教育问题。所不同的是，革命派主张的国民教育乃革命教育，认为新国民的出现离不开革命先行。他们不赞同维新派“先教育后革命”说，强调“人心愚昧，公理未明”，正当“恃革命以开之”（章太炎语），“改造中国之第一步，只有革命”(孙中山语)。在革命派看来，国民教育就是要培养具有独立自由意识和坚强革命斗志的新国民。依邹容之见，应养成“上天下地惟我自尊独立不羁之精神”；“冒险进取赴汤蹈火乐死不避

① 汤志钧编：《康有为政论集》,上册，305～306 页，中华书局，1981。

之气概”；“相亲相爱爱群敬已尽粹义务之公德”；“个人自治团体自治以进人格之人群”。①这样的国民是摆脱奴性之后的新国民，而摆脱奴性，实现自由、民主、平等的共和理想，非革命不可。邹容说：“我同胞今日之革命，当共逐君临我之异族，杀尽专制我之君主，以复我天赋之人权，以立于性天智日之下，以与我同胞熙熙攘攘，游幸于平等自由城郭之中”。②应该肯定，资产阶级革命派以满腔的热忱，甚至宝贵的生命，唤醒了沉睡千年的同胞国民，为中华民族的解放事业和教育发展作出了不可磨灭的贡献。但革命派重在革命教育，确实相对忽视了国民基础文化教育，则是可以理解的。

随着国民教育思潮的崛起和发展，清政府亦不能熟视无睹，开始有意识地反映到清末颁行的有关教育章程之中。1902 年，《钦定小学学堂章程》第一章第六节规定：“儿童自六岁起受蒙学四年，十岁入寻常小学堂修业三年；俟各处学堂一律办齐后，无论何色人等皆应受此七年教育，然后听其任为各项事业。”③ 1904 年，《奏定初等小学堂章程》则把国民的义务教育年限改为五年，并称：“国民之智愚贤否，关国家之强弱盛衰；初等小学堂为教成全国人民之所，本应随地广设，使邑无不学之户，家无不学童，始无负国民教育之实意。”④为了督促普及义务教育的实施，清政府还于 1906～1907 年厘定强迫教育章程十条。民国初年，政府依据国家的经济实力将义务教育年限缩短为四年。1915 年，袁世凯责令教育部颁布《国民学校令》，将初等小学改为四年制的国民学校，大力提倡以“忠孝节义”为核心的国民教育，妄图使国民教育沦为其复辟帝制的工具。其后，新老军阀都不时高喊“国民教育”、“义务教育”、“普及教育”的口号，甚至颁布相应章程。但遗憾的是，这些章程与清末章程一样多流于形式，未能得到切实贯彻。

---

① 邹容：《革命军》，见《猛回头——陈天华 邹容集》，205 页，辽宁人民出版社，1994。

② 同①。

③ 舒新城编：《中国近代教育史资料》，中册，404 页，人民教育出版社，1961。

④ 同③，417 页。

三、国民教育思潮的特点与意义

清末民初的国民教育思潮是中国传统教育走向现代化教育的重要环节，它体现了中国教育理论工作者在社会转型期的理性思考，特点鲜明，意义深刻。

其一，提倡国家意识和近代国民的主体精神。国民教育提倡者思考教育的一个重要特点，就是将教育与国家兴亡和民族振兴联系在一起。康有为明确指出，西方各国之所以强大，不在于其“炮械军器”，而在于其从小对国民进行普及性的“穷理劝学”。梁启超更进而强调，国民教育的根本在于塑造具有近代国民意识的主体精神。在他看来，一个连国家观念都没有的人，当然不够资格作为一国之国民。但由于长期专制主义统治，中国人的国民性确实十分柔脆，做惯了皇帝的顺民，而意识不到自己是国家的主人。有鉴于此，梁启超对传统教育的奴性人格进行了无情抨击，主张彻底摈弃国民的种种传统陋习，自觉养成符合新时代精神旨趣的公德、权利、义务、自由、自尊、自治、独立、合群、尚武等诸多品质，以适应近代社会经济发展的客观需要。此后，陈独秀、鲁迅、胡适等新文化领袖们又依据新的时势对国民性问题进行了更加深刻的反省和批判，从而极大地推动了国民教育思潮的理论深化，有助于近代国民主体精神的自觉生成。

其二，强调身心和谐与德智体协调发展的教育方针。国民教育提倡者深刻地认识到，中国传统教育落后于近代西方，不只在体育方面，而是德、智、体诸育全面溃败。按严复之见，中国是“民力已苶，民智已卑，民德已薄”，只有“鼓民力”、“开民智”、“新民德”，以西方近代教育精神来全面改造中国传统教育，中国才有可能脱离危难而重光于世界。而康有为的《大同书》则更加具体地展示了其理想教育的宏伟蓝图，主张在各级各类学校中有所侧重地实施其德智体协调发展的战略构想。很显然，这些问题直接关系到国民教育的发展方向，值得肯定。

其三，关注教育平等和民族素质的普遍提高。国民教育提倡者对西方近代教育的平等思想十分赞赏，康有为说：“人类平等是几何公理”①，神圣不可侵犯。梁启超对卢梭的“天赋平等”奉为圭臬，热衷宣传。在他们看来，人生来就有受教育的权利，每个人的素质提高了，民族素质才能普遍得到相应的提高，整个国家才能因此而强大。正是在这个意义上，国民教育提倡者常常把国民教育与普及教育相提并论，强调每个国民都有平等受教育的机会，都对国家繁荣和民族昌盛负有自己神圣的历史文化使命。

概言之，国民教育思潮与军国民思潮一样，体现了近代中国的民族主义觉醒，它对中国传统文化教育的消极性一面能够给予无情的批判，同时对西方近代文化教育的基本精神亦能予以理性吸收。应该肯定，国民教育思潮直接推动了中国近代教育理论发展和观念更新，促使清末朝廷和民初政府颁布了许多相应的国民教育或义务教育条例法规，出版了一定数量的普及型国民教育读物，从而推动了中国教育现代化的历史进程。

但是，我们注意到，国民教育思潮本身也存在一些问题，如国民教育的年限问题就几度变更。特别是，由于提倡者身份复杂，致使官方颁布的国民教育宗旨和内容常带有一定程度的封建性，而实际执行过程中更不乏形式化，甚至事倍功半，扰民伤财。

第三节　五四新文化运动与基础教育改革

辛亥革命的胜利标志着二千多年封建专制帝国的终结，人们热望已久的国民教育此时在制度上得到了进一步的肯定，并突出表现在《普通教育暂行办法通令》、《普通教育暂行课程之标准》等一系列章程法令之中。但遗憾的是，由于新军阀袁世凯很快夺取了辛亥革命果实，封建复古教育沉渣泛起，致使基础教育发展一度迷失了方向。1915 年，陈独秀创办《青年杂志》（后改《新青年》），提出了以“科学”、“民主”为核心的新文化主张，之后便与五四运动一起，汇聚成波澜壮阔的五四新文化运动。与之相应，中国教育观念发生了革

① 康有为：《实理公法全书》，见《康有为全集》，第 1 集，279 页，上海古籍出版社，1987。

命性变革，各级各类教育进行了许多重大改革。其中，基础教育改革尤为突出，它为其后中国教育发展奠定了基本框架，产生了十分广阔而深远的影响。

一、五四新文化运动与中国教育观念的根本变革

与近代中国社会文化变革相适应，中国教育先后进行了以“器物”和“制度”为核心的两次教育大变革，前者由经世派和洋务派主持，后者由维新派和革命派倡行。其中，由孙中山领导的辛亥革命最终推翻了长达两千多年的专制主义封建统治，建立了中华民国，完成了人们梦寐以求的制度变革。但由于袁世凯公然复辟帝制，之后又有黎元洪、段其瑞、张勋等人次第出演政治闹剧。诚然，“共和招牌”已挂了出来，但当时政府文官考试制度仍然以旧学说为考题，国会议员则疾呼“尊重孔教”，学士文人依然沉浸于所谓高雅文学之中，而乡里人家所供奉的照例是“天地君亲师”的牌位。种种迹象表明，旧观念并没有被驱除，人们还是拿民国前的旧心理来运作民国后新事物。由此，陈独秀宣称“伦理的觉悟，为吾人最后觉悟之最后觉悟”。①李大钊进而指出，孔教失去其存在意义并不奇怪，这是传统农业经济与现代工业经济深刻冲突的结果。胡适也极力阐扬旧伦理教育与新时代精神的内在矛盾，指出曾经是天经地义的“三纲五常”，现在已成了废语。鲁迅更以其犀利的目光，透视出“礼教吃人”的本质。很显然，以陈独秀、李大钊、胡适、鲁迅为核心的文化激进主义者公开批判中国传统文化，指责孔教礼法不合现代生活，强烈要求把标志现代学术文化的科学、民主精神引入中国，并宣言哪怕是断头流血，也在所不辞。毫无疑问，一批先进的中国知识分子已理性地认识到，没有观念心理变革的根本自觉，任何形式的制度变革都只能流于虚妄，不可能有真正意义上的深层次文化和教育变革。

① 陈独秀：《吾人最后之觉悟》，见《陈独秀著作选》，第1卷，179页，上海人民出版社，1993。

在新文化领袖陈独秀看来，东西方文化冲突并不是不同民族的文化冲突，而是不同时代的文化冲突，是落后的东方文化与先进的西方文化的冲突。这种冲突反映在教育上，二者即呈现出明显差异。其一，西方近代教育是“自动的而非被动的，是启发的而非灌输的”，而中国教育则是死读书、读死书。其二，西方近代教育是“世俗的而非神圣的，是直观的而非幻想的”，它强调科学实证和动手能力，而中国教育崇尚幻想，整天想做大学者、大书箱、大仙、大佛、大圣贤。其三，西方近代教育是“全身的，而非单独脑部的”，它注重德、智、体、美全面发展；与之相反，“中国教育大部分重在后脑的记忆，小部分在前脑的思索，训练全身的教育，从来不讲究”。中国教育培养出来的人，多半是“弓着背，勾着腰，斜着肩膀，面孔又黄又瘦，耳目手脚，无一件灵动中用”①;“手无缚鸡之力，心无一夫之雄，白面纤腰，妩媚若处子，畏寒怕热，柔弱若病夫”②。有鉴于此，陈独秀愤激之余，干脆提倡“兽性主义”教育，意在以兽性般的“顽狠”、“善斗”之强力，养成健全的独立个性人格，去破除手脑分离的传统教育，去批判专制主义的封建文化，去抵御帝国主义的野蛮侵略。除陈独秀外，李大钊、胡适、鲁迅等启蒙思想家也都不同程度地对东西方文化教育的差异作了剖析，突出了以科学民主和个性独立为旨趣的西方新教育精神，从而为当时教育改革指明了前进的方向。

事实上，无论是对中国传统文化的激烈批判，还是对东西方文化教育差异的比较探索，都是指向人的现代化，并通过人自身素质的现代觉醒，去进一步促进社会的现代化进程。正是在这个意义上，五四时期的启蒙思想家都不同程度地注目于国民性的改造和民族整体素质的提高，且理所当然地视为自己的神圣使命。近代国民性问题的讨论虽早于五四时期，严复的“开民智”与梁启超的《新民说》实倡先声，但这一问题真正成为社会学术焦点，则不能不归功于陈独秀等一

① 陈独秀:《近代西洋教育》，见《陈独秀著作选》，第1卷，325页，上海人民出版社，1993。

② 陈独秀:《今日教育方针》，见《陈独秀著作选》，第1卷，146页，上海人民出版社，1993。

批启蒙思想家的共同努力。在陈独秀看来，国家兴亡“随着国民性质的好歹为转移”①，中国之土地、利权和主权之所以屡遭侵夺，与中国人退缩苟安之民性有关，苟安之民性必然贻笑于万国。李大钊进而认为，“哀莫大于心死，痛莫深于亡群。一群之人心死，则其群必亡。”②胡适则劝人“要吃一点硬骨药”，对丑恶的社会多发一点善意的批评。而鲁迅对国民性的批评更是入木三分，他所塑造的自大而无知的阿Q形象，即是中国传统奴性人格的典型写照，是长期专制主义统治所造成的人性变形。很显然，没有国民性的根本改造，就不可能实现中国教育的整体创新，以科学民主、个性独立为核心的新文化教育也就不可能得到真正的落实，人的现代化乃至整个社会现代化也都将成为一句空话。

二、五四新文化运动激励下的基础教育改革

与五四新文化领袖把目标指向国民性改造与人的现代化相默契，当时教育界有识之士很快将这一新文化理想落实到教育宗旨、学校系统、课程结构以及教学法等一系列改革上，并突出基础教育改革在整个教育改革中所占的重要地位。

其一，教育宗旨的修订。一定的教育宗旨总是隶属于一定的社会政治经济制度的，袁世凯为了复辟帝制，便明目张胆地大搞复古主义教育，不仅颁布《祭孔令》、《通令尊崇孔圣人》，公开表彰孔子，而且将民初“注重道德教育，以实利教育、军国民教育辅之，更以美感教育完成其道德”的教育宗旨，变更为“爱国，尚武，崇实，法孔孟，重自治，戒贪争，戒躁进”。很显然，这一宗旨与清末教育宗旨“忠君、尊孔、尚公、尚武、尚实”并无二致，具有十分浓厚的封建主义色彩。随着新文化运动的展开，各种西方教育思潮蜂拥而至。其中，实用主义教育思潮对当时的教育改革产生了直接影响。1919

---

① 陈独秀:《亡国篇》，见《陈独秀著作选》，第1卷，80页，上海人民出版社，1993。

② 李大钊:《风俗》，见《向着新的理论社会——李大钊文选》，5页，上海远东出版社，1995。

年，蒋梦麟、沈恩孚等人曾明确提出新教育宗旨，即“养成健全人格，发扬共和精神”。尽管这一提案并没有被当时教育部所采纳，但事实上产生了实际影响，并在其后“新学制”的七项标准中得到了进一步发挥：“(1)适应社会进化之需要；(2)发挥平民教育之精神；(3) 谋个性之发展；(4)注意国民经济力；(5)注意生活教育；(6)使教育易于普及；(7)多留各地方伸缩余地。”①不难看出，五四新文化运动期间教育宗旨的修订，标志着中国教育现代化进入了新的历史阶段，不仅在理论上而且在制度上反映了由“传统人”向“现代人”的理性转型，尽管这种转型深深地烙上实用主义教育思想的印记，但毕竟在如何实现“人”的现代化的问题上迈出了可贵的一步。

其二，新学制的厘定。与教育宗旨的重新修订相应，学制在五四新文化运动期间也得到广泛而热烈的讨论，许多学者对仿效日本的壬子—癸卯学制提出尖锐批评。诚然，壬子—癸卯学制在一定程度上反映了资产阶级教育家改革旧教育的主张，如：废除小学读经、初等小学实行男女同校、取消出身奖励等。但这个学制毕竟仓促而就，不能完全摆脱清末学制的影响，且照搬日本成法，缺乏灵活性，不能满足不断发展变化的社会需要。特别是第一次世界大战期间，由于民族工业的迅猛发展，这就必然对教育提出许多新的要求，各种专门技术人才尤为社会所急需。在这种情况下，过于僵化的壬子学制便很快显露出其固有缺陷。陶行知说：“壬子学制，经十年之试验，弱点发现甚多。近一二年来，教育思潮猛进，该学制几有不可终日之势。故此次所提草案，确实是适应时势之需求而来的。”②就基础教育而言，新学制主要表现在三个方面：一是，小学由原来七年缩短为六年，规定“义务教育年限暂以四年为标准”，有利于教育普及，是符合国情的。二是，中学由原来四年一贯制改为三、三两段制，从而提高了中等教育水平，并加强了办学的灵活性。三是，加大中等教育改革力度，实行学分制和选科制，拟在中学设立各种职业科，这显然有助于

① 璩鑫圭等编:《中国近代教育史资料汇编·学制演变》，860～861页，上海教育出版社，1991。

② 同①，900页。

学生的个性自由发展，克服了壬子学制片面追求升学率的弊病，兼顾到升学与就业的两方面需要。

其三，课程结构的改进。与学制改革相呼应，全国教育会联合会开始着手进行课程改革，并于1923年6月颁行《中小学课程标准纲要》。该纲要明确规定，小学取消修身课，国文改为国语，体操改为体育。将课程分为国语、算术、公民、卫生、历史、地理、自然、园艺、工用艺术、形象艺术、音乐、体育等十二科；后又将初小的公民、音乐、历史、地理四科合为社会科，自然、园艺合为自然科。这些改革突出了新文化运动成果，其中将“国文改为国语”是对新文化领袖提倡白话文和新文学的直接反映；而废除修身科，增设公民、社会、自然科，更充分体现了中国教育走向现代化的理性选择。初中课程分社会科(含公民、历史、地理)、言文科(含国语、外国语)、艺术科(含图画、手工、音乐)、体育科(含生理卫生、体育)。高中课程则分设以升学为目的的普通科与以就业为目的的职业科(含农、工、商、师范、家政)，其中普通科又分为文学及社会科学、数学及自然科学两组，每一组再分必修科(含公共必修科与分科必修科)、选修科(含纯粹选修科与分科选修科)。职业科的课程在公共必修科方面与普通科相同，分科必修科及选修科则依各自实际情形厘定。很显然，课程设计者力图通过科目调整，反映新文化精神旨趣，解决升学与就业矛盾；但由于开设大量选修科，急需相应的师资、教材与之配套，这在实际操作中确实带来了一定困难。同时，选修科的增多也必然削弱基础科的份额，影响学生对学科基础知识的掌握。

其四，教学法的更新。中国传统教育特别是其中“蒙学教育”，盛行的是个别教学方式，其基本方法是教师照本宣科，学生死记硬背，奉行的是“读书千遍，其义自见”。清末以来，西方班级授课制及赫尔巴特的五段教学法传入中国，极大地促进了当时新式学堂的教学改革。但赫氏教学法偏重教师权威、强调知识灌输、忽视儿童个性的缺陷在实践中逐渐暴露出来。五四新文化运动以来，西方另一些针对赫氏五段教学法而兴起的新教学法，如设计教学法、道尔顿制、智力测验法等，均被相继引入中国，并结合中国国情进行实验探索。其中，设计教学法旨在打破学科界限，废弃课堂讲授，变教室为作业室，学生可按兴趣选择作业研究，教师重在适时指导。这些新教学法确实在一定程度上克服了赫尔巴特五段教学法的缺陷，极大地调动了学生的学习积极性和自主性，但这些教学法对教师要求极高，掌握不好，则易于使学生放任自流，不利于对学科系统科学知识的掌握。

第四节 回应“新文化”与基础教育的反思性探索

以科学、民主、个性独立为旨趣的西方“新文化”精神在1922年“新学制”中得到了较充分体现，该学制借鉴了美国“六三三”制，并在一定程度上反映了当时中国教育界同仁的集体智慧。但实践证明，外来文化教育的引入还存在一个与本国文化教育如何结合的问题，那种无视国情民性的盲目西化必然要流于虚妄。这一点，文化保守主义集大成者梁漱溟的担心绝非毫无道理。国民政府时期，蒋介石出于集权政治的需要大力提倡“三民主义”，并责成国民政府教育部对基础教育进行一系列调整。应该指出，这些调整在教育“规范化”方面确实有所建树；但由于蒋家王朝本身的复古性和专制性，致使其不可能对基础教育的发展方向作出正确判断。与此同时，以陶行知、陈鹤琴、雷沛鸿等为代表的教育家坚持中西文化融通说，致力于新教育的中国化实验探索，从而为基础教育改革作出了重要贡献。中国共产党领导下的革命根据地则高举“新民主主义”文化旗帜，对基础教育改革进行了十分可贵的探索，积累了许多宝贵经验(因论题本身独特性，此处不拟讨论)。

一、“新文化”的回应与“新教育”的批评

五四新文化运动及稍后“新教育”改革(含1922年“新学制”)极大地推动了中国教育现代化的历史进程，但新文化领袖激烈反传统的文化态度——欲将传统文化“连根拔除”(梁漱溟语)，这不能不引起文化保守主义者的深切疑虑和反思。

事实上，作为文化保守主义集大成者的梁漱溟，他并没有简单否

定西方“新文化”的科学、民主精神；相反，他认为这些正是西方近代文化教育的特别成就，值得学习。但是，他又明确指出：光看中人家“科学”、“民主”的好东西，一心只想把西方“这两样东西引进便了”，非但学不来，而且“贻害很大”。①在他看来，应该更进一层，去认真审察其文化路向，细心体会西方人在该路向行进中所表现出来的心理、态度和精神，离开这一步也就无从学起。他说：“考究西方文化的人，不要单看那西方文化的征服自然、科学、德谟克拉西的面目，而须着眼在这人生态度、生活路向。要引进西方化到中国来，不能单搬运，摹取他的面目，必须根本从他的路向、态度入手”。②他认为，西方文化自“文艺复兴”之后所走的始终是以“向前要求”为根本精神的生活路向，在这一路向上行走的西方人所信奉的就是崇尚理智、征服自然，并在科学、民主等领域取得了重大成就。但另一方面，理智活动太盛太强必然使他们在精神上和生活上受到严重伤害，只知道向外追求，却不知道因此而“抛荒了自己，丧失了精神”，致使“内里生活”极度贫乏。

与过于理智化的西方文化及其“向前要求”之生活路向相呼应，梁漱溟认为，西方近代教育是重知识而轻情志。他说：“西洋人所以教人的，除近来教育上的见解不计外，以前的办法尽是教给人许多知识：什么天上几多星，地球怎样转。……中国人的教育偏着在情志的一边，例如孝悌……之教；西洋人的教育偏着知的一边，例如自然科学……之教。这种教育的不同，盖由于两方文化的路径根本异趋。”③梁漱溟对西方的“知识教育”给予了充分肯定，但他又指出“知识教育”只是人类教育的一个方面，另一方面的“情志教育”无疑更为根本。他说：“生活的本身全在情志方面，而知的一边——包括固有的智慧与后天的知识——只是生活之工具。工具弄不好，固然生活弄不好，生活本身（即情志方面）如果没有弄得妥帖恰好，则工具虽利将

---

① 梁漱溟：《东西文化及其哲学》，见《梁漱溟全集》，第1卷，370页，山东人民出版社，1989。

② 同①，385页。

③ 梁漱溟：《东西人的教育之不同》，见《梁漱溟全集》，第4卷，655～656页，山东人民出版社，1989。

无所用之，或转而贻戚，所以情志教育更是根本的。"①梁漱溟承认，中国传统文化教育有其"未进"的一面，但他又认为西方人在情志方面显然不如中国人。他说："从来中国人的教育很着意于要人得有合理的生活，而极顾虑情志的失宜。从这一点论，自然要算中国的教育为得，而西洋人忽视此点为失。"②其言下之意，西方教育当从中国儒家传统的"情志教育"中吸取精华而调剂之。

既然中西教育各有其优长点，且西方近代教育是建立在工业化和城市化的基础之上，这就提醒我们绝不可以完全照搬西方"新教育"，而必须注意与中国国情民性的结合。1922年的"新学制"虽然在"标准"中强调要"适应国民经济力"、"多留伸缩余地"，但在实际运行中仍不免脱离中国国情，而在很大程度上办起都市化的"新式教育"。其结果，"就是一批一批地将农村人家子弟诱之驱之于都市而不返。又以我工商业之不发达，麇集于都市之人乃不得不假政治名义重剥农民以自养；乃不得不争夺其所剥削的地盘而酿发战祸。故新式教育于乡村曾无所开益，而转促其枯落破坏。然中国固至今一大乡村社会也，乡村坏则根本摧"。③更为严重的是，这些都市化的"新式教育"非但造就不出现代人才，反而带来了许多弊端："譬如学生在学校里或学生在社会里养成的一种城市生活习惯，而且在城市里亦是完全不平民化的生活，使得乡间儿童到县城里入了高等小学以后，便对他旧日乡村简朴生活过不来：旧日饭亦不能吃了，旧日衣亦不能穿了；茶亦没得喝，烟亦没得吃，种种看不来，种种耐不得。而乡村农家应具的知识能力，又一毫无有，代以学校里半生不熟绝不相干的英文、理化等学科知识；乡间的劳作一切不能作，代以体操、打球运动与手足不勤的游惰习惯。在小学已如此，再进一步而入中学，再进一步而入大学，则其习惯之濡染一级高一级，其所学之无裨实际，不合

① 梁漱溟：《东西人的教育之不同》，见《梁漱溟全集》，第4卷，658页，山东人民出版社，1989。

② 同①，658页。

③ 梁漱溟：《丹麦的教育与我们的教育》，见《梁漱溟全集》，第7卷，678页，山东人民出版社，1989。

于社会需要，亦弥以愈远。……这大概是因为我们的社会与外国社会在种种方面都差离得很远很远，人家所具备的条件，我们统通没有；而独此学校制度则生吞活剥从人家那里搬过来，安得不凿枘呢？”① 在这里，梁漱溟对移植西方现行学制的状况作了十分形象的揭露，并给予无情的抨击。在他看来，这种都市化和贵族化的学制仿佛是为外国人办教育，与以乡村生活为主体的中国社会格格不入，严重脱离中国社会生活实际。

应该肯定，梁漱溟对“新文化”和“新教育”的批评有其合理性的一面，但他强调中国从来就是“伦理本位，职业分途”的乡村社会，则是错误的。他要求以传统意义上的“村学、乡学、县学、省学和国学”去取代现代“新学制”，把教育重心落实到“吕氏乡约”式的村学或乡学上，并以此为基点去融合西方现代文明。这一建立在对中国近代性质误诊基础上的新学制，显然是不切实际的幻想。

二、“三民主义”纲领与基础教育的“规范化”调整

“三民主义”本是孙中山精心构筑的现代化蓝图，主张把“民族”、“民权”、“民生”作为中国现代化的三大目标，将西方的“物质文明”与中国的“心性文明”结合起来，走有中国民族特色的现代化道路。为了保证这一宏伟目标的实现，孙中山于1924年确定了“联俄、联共、扶助工农”的三大政策，从而使“三民主义”在新的历史条件下获得了新的内涵。

然而，通过“四·一二”政变上台的蒋介石却公开背叛革命，肆意篡改和歪曲“三民主义”真义，致使“三民主义”教育完全蜕变为国民党一党专政的专制教育——党化教育。对此，南京国民政府并不讳言，宣称：“我们所谓党化教育，就是在国民党指导下，把教育变

① 梁漱溟：《抱歉一苦痛——一件有兴味的事》，见《梁漱溟全集》，第4卷，837页，山东人民出版社，1989。

成革命化和民众化。"①但由于"党化教育"概念过于露骨，不久又改为"三民主义教育"，并于1929年4月经国民党第三次全国代表大会第十次会议讨论通过。会议要求以"三民主义"精神统摄东西方文化，认为中华民国教育当"根据三民主义，以充实人民生活，扶植社会生存，发展国民生计，延续民族生命为目的；务期民族独立，民权普遍，民生发展，以促进世界大同"。②这一"三民主义"纲领实际上成为其后国民政府教育改革的精神向导，不容忽视。

依据"三民主义"指导思想，南京国民政府于1928年制定了壬戌学制——即"中华民国学校系统"，对1922年学制作了相应调整。尽管这种调整的力度并不大，并没有推翻1922年学制的总体框架，但在一些关节点上还是作了较大变更。以"学制原则"为例，1928年学制参照了1922年学制的"七项标准"，但特别增加了"根据本国实情"、"适应民生需要"两项，这显然融入了"三民主义"的精神旨趣。就变动较大的"中等教育"而言，1928年学制废除了美国式的综合中学制，让职业科、师范科从综合中学中独立出来，形成职业学校、师范学校、普通中学三足鼎立之势；普通中学则取消学分制，实行学时制，取消选修课，加强基础课。此后，国民政府又先后颁布了《小学法》(1932年)、《中学法》(1932年)、《小学规程》(1933年)、《中学规程》(1933年)、《实施义务教育暂行办法大纲及其施行细则》(1935年)等一系列教育法规。抗战爆发后，国民政府逐步确立了"战时须作平时看"的教育方针，制定了包括《战时各级教育实施方案纲要》(1938年)、《国民教育纲要实施纲领》(1940年)等一系列教育条例。应该肯定，南京国民政府并不削弱教育；相反，它在基础教育"规范化"方面作了一些可贵的探索，从而在一定程度上保证了教育发展的可持续性。

但另一方面，我们应该看到，国民政府的基础教育"规范化"调整绝非完美无缺。以中学阶段的"选科制"为例，其目的在于尊重和培养学生的自主性和独立性，与现代社会的个性教育精神是一致的，

① 《学校施行党化教育办法草案》，载《教育杂志》，第19卷第8号，1927年8月。

② 《第二次中国教育年鉴》，第1编，2页，商务印书馆，1948。

这本是 1922 年学制的一个优点；但由于实际运行的偏差，而 1928 年学制起草者则怀疑是“选科制”本身的问题，并冒然以不符合“中国实情”而废除之，这不能不引人深思。更为严重的是，国民政府常常把复杂的教育问题简化为政治问题，不遗余力地宣传传统意义上的“四维八德”(即礼义廉耻，忠孝仁爱信义和平)之教，增设“党义课”(后改公民课)，宣传“一个党，一个主义，一个领袖”，颁行《青年训练大纲》以“整饬学风”，实行童子军训练和军事化管理，强化毕业生会考和总考制。凡此种种，都在很大程度上体现了国民党独裁统治的专制性和封建性。

三、文化融合说与新教育的“中国化”探索

与文化保守主义者对“新文化”持激烈批评态度不同，也与国民党政府力图以“三民主义”统摄东西方文化不同，以陶行知、陈鹤琴、雷沛鸿等为代表的民间教育家大都坚持较为通达的中西文化融合说，并藉此从不同侧面致力于“新教育”——特别是“新教育”中基础教育的“中国化”探索。

作为中国现代著名教育家，陶行知是西方“新文化”和“新教育”的最早传播者之一。从回国之日起，他便全身心地投入到教育科学化和教育民主化之中，参与各种教育实际调查，与人合编《平民千字课》，提倡新式教学法，并对传统的“伪知识”文化和“老八股”教育展开激烈斗争。同时，通过长期的乡村教育实践，陶行知深知“仪型他国”的教育而不与国情相结合，必然要走向失败。他说：“我国兴学以来，最初仿效泰西，继而学日本，民国四年取法德国，近年特生美国热，都非健全的趋向。学来学去，总是三不像。”①即使对像杜威这样世界级的大教育家，也不能不进行理论上的再探讨与实践上的再求索。他把杜威的“教育即生活”、“学校即社会”改造成“生活即教育”、“社会即学校”，绝非简单的词序颠倒，而是其“新

① 陶行知:《我们对新学制草案应持之态度》，见《陶行知全集》，第 1 卷，190 页，湖南教育出版社，1984。

教育”中国化的独特创造。他强调，对待中西文化就如同对待古今文化一样，应该结合实践，以观其适用与否。他说：“至于外国的经验，如有适用的，采取它；如有不适用的，就除掉它。去与取，只问适不适，不问新与旧。”①应该指出，这种“只问适不适”，不问新旧古今的博大文化胸襟，是值得肯定的。

与陶行知齐名，陈鹤琴亦十分重视中西文化教育的融会贯通。他对“读死书”的中国传统教育有很严厉的批评，但同时又认为“因材施教”、“个别教学”、“行重于知”的中国私塾教育优点与西方新教育精神不无互补沟通之处。他肯定欧美新教育的基本主张，但又强调要结合中国自己的实验进行再创造。正是在这一思想指导下，陈鹤琴由幼儿教育入手，逐渐扩充到中小学乃至师范教育层面，展开其新教育中国化的系列实验，并最终形成了其独具特色的“活教育”理论体系。他提出的“做人，做中国人，做现代中国人”，“大自然、大社会都是活教材”，“做中教、做中学、做中求进步”，直至今天对当代基础教育改革仍具有一定的指导意义。②

除陶行知、陈鹤琴外，雷沛鸿的新文化主张及其新教育的“中国化”探索亦颇具特色。与陶、陈相近，雷沛鸿也曾远渡重洋，留学美国，对西方近代文化的自由民主精神有很深刻的认识。他说：“倘若欧美的民主国家，一如中国的采取统制政策，言论自由长期濡滞于愿望与空想的阶段，则世界断不会有今日民主自由的新纪元。……今后中国的教育，诚不可不负起神圣的使命，把民主与自由的精神，传播于广大民众，使它在老百姓的日常生活中生根，相与培成现代文明的花朵。”③但另一方面，雷沛鸿又十分理性地认识到，西方的“新文化”和“新教育”自有其自身存在的社会基础，这一点与中国的情形迥异。他说：“外国的社会是产业革命后之社会，因之，他们的教育

① 陶行知：《我们对新学制草案应持之态度》，见《陶行知全集》，第1卷，191页，湖南教育出版社，1984。

② 参见黄书光著：《陈鹤琴与现代中国教育》，251~262页，上海教育出版社，1998。

③ 雷沛鸿：《自由与民主》，见《雷沛鸿文集》(续编)，74~75页，广西教育出版社，1993。

是产业革命下之一个制度，曾经多次变易而造成今日之形态；中国的社会现在还滞留于中世纪一般的农村社会，所以这种制度的移植不当徒事剿袭。"①在他看来，"东抄西袭的教育制度"必然不适合本国国情，关键是要开展实实在在的"中国化"再探索。他说："晚近以来，全国教育界同人，尤其是有心于教育改造的同人，极力想谋现有教育制度之中国化；近年来我们在广西的努力，亦即属于这一种工作。"②正是在这一思想指导下，雷沛鸿就任广西省教育厅厅长期间对全省教育尤其是国民基础教育进行了一系列改革探索，力求将西方先进文化和民族优秀文化相融通，走有民族特色的中国教育现代化之路，给后人留下了十分深刻的智慧启迪。

当然，"新教育中国化"作为二三十年代的热门话题还有许多人做过专门探讨。其中，也有一些人对这一命题本身提出尖锐批评，如：全盘西化论者陈序经就认为，提倡"新教育中国化"的结果，"若不是新教育的退后化，至少也有新教育的古董化的危险。"③在他看来，"中国化"是一个似是而非的模糊概念，"除非我们把这个'中国化'的中国，叫做旧的中国，那么'新的教育'这回事，是无从发生的。"④但事实上，"中国化"的中国绝非特指旧的中国，而是新陈代谢过程中的中国；"中国化"不仅要研究中国的历史，而且要研究中国的现状，同时更要关注历史和现状的辩证关系。

毋庸置疑，如何使"新教育中国化"并不是一件轻而易举之事。依庄泽宣之见，它至少需要符合以下四个条件："一、合于中国的国民经济力；二、合于中国的社会状况；三、能发扬中国民族的优点；

① 雷沛鸿：《中国教育之新要求》，见《雷沛鸿文集》，上册，9～10页，广西教育出版社，1993。

② 雷沛鸿：《整个教育体系的演进》，见《雷沛鸿文集》，下册，187页，广西教育出版社，1993。

③ 陈序经：《教育的中国化和现代化》，见《走出东方——陈序经文化论著辑要》，205页，中国广播电视出版社，1995。

④ 同③。

四、能改良中国人的恶根性。"[1]而满足这些条件，"非经专家长期的研究与实验不可"。[2]前文所列的陶行知、陈鹤琴、雷沛鸿诸家正是结合自己长期的中国化研究与实验，从而为中国教育现代化和基础教育发展作出了突出贡献。

第五节 新中国基础教育改革的曲折发展

1949 年 10 月 1 日，中华人民共和国成立标志着新民主主义革命的胜利，中国历史开始进入崭新的社会主义社会。与半殖民地半封建的中国旧教育不同，新中国的教育性质发生了根本变化，它是服从和服务于最广大的人民大众需要。中央政府制定了新民主主义文教纲领，并确定了以社会主义俄国为师法对象——即"以俄为师"的价值导向。实践证明，这一历史抉择是正确的，无论在改造旧教育还是在建设新教育方面都做出了许多有益的探索。但由于后来教条主义思维偏向以及"极左"思想泛滥，片面强调"阶级斗争"，致使人们不能正确对待中外文化遗产，基础教育也一度陷入困境。直至"改革开放"时期，特别是十一届三中全会以后，整个教育战线包括基础教育领域才重新焕发了生机，并通过一系列改革举措，取得了历史性进步。

一、新民主主义文教纲领与建国初期的教育方针

依毛泽东之见，一定的文化教育必然是一定社会的政治经济在观念形态上的反映。近代以来，由于西方资本主义入侵，中国社会逐渐演变为半殖民地半封建社会，中国文化教育也就由原来的封建主义文化教育逐渐演化为半殖民地半封建文化教育。另一方面，一定的文化教育反过来也会对一定社会的政治经济产生重要影响。如：五四之前的资产阶级新文化教育就曾与封建社会旧文化教育进行过殊死斗争，

① 庄泽宣：《如何使新教育中国化》，23 页，民智书店，1929。

② 同①。

并直接推动了中国早期文化教育现代化的历史进程。但遗憾的是，中国资产阶级十分软弱，其新学思想“只能上阵打几个回合，就被外国帝国主义的奴化思想和中国封建主义的复古思想的反动联盟所打退了，被这个思想上的反动同盟军稍一反攻，所谓新学，就偃旗息鼓，宣告退却，失了灵魂，而只剩下了它的躯壳了。”①与之相反，五四之后无产阶级开始独立登上历史舞台，并在中国共产党直接领导下，以特有方式向帝国主义和封建主义展开最英勇的革命斗争。与新民主主义革命相配合，毛泽东曾明确指出：“中国国民文化和国民教育的宗旨，应当是新民主主义的；就是说，中国应当建立自己的、民族的、科学的、人民大众的新文化和新教育。”②

所谓“民族的”，是指新民主主义的文化教育必须具有民族特性。毛泽东说：“它是反对帝国主义压迫，主张中华民族的尊严和独立的。它是我们这个民族的，带有我们这个民族的特性。”③这是对中华民族尊严和其文化独立精神的肯定，是对近代以来中国人民反对帝国主义侵略而进行英勇斗争的肯定，认为中国新文化首先应该是“革命的民族文化”。这种“民族文化”绝非狭隘的民族主义文化，它不但要与“一切别的社会主义文化”相联合，而且要求大量吸收包括资本主义国家在内的一切外国进步文化，“凡属我们今天用得着的东西，都应该吸收”。④很显然，这与盲目排外的“国粹派”观点决然不同，主张放眼世界，对世界文化持理性汲取的开放心态。另一方面，毛泽东又极力反对“全盘西化”论者的观点，认为对世界文化不能进行无批判地吸收。他说：“一切外国的东西，如同我们对于食物一样，必须经过自己的口腔咀嚼和胃肠运动，送进唾液胃液肠液，把它分解为精华和糟粕两部分，然后排泄其糟粕，吸收其精华，才对我们的身体有益，绝不能生吞活剥地毫无批判地吸收。所谓‘全盘西

① 毛泽东：《新民主主义论》，见《毛泽东选集》，第2卷，697页，人民出版社，1991。

② 毛泽东：《论联合政府》，见《毛泽东选集》，第3卷，1083页，人民出版社，1991。

③ 同①，706页。

④ 同①，707页。

化'的主张，乃是一种错误的观点。"①甚至于对待外国好的东西也不能主观地公式地照搬照套，而应该与中国国情相结合，采取本国人民所喜闻乐见的民族形式。他认为，对待马克思主义也应该采取这样的态度，使之与中国革命的具体实践相结合，才能取得革命的最终胜利。他总结说："中国文化应有自己的形式，这就是民族的形式，新民主主义的内容——这就是我们今天的新文化。"②

所谓"科学的"，是指新民主主义的文化教育必须高扬科学精神。毛泽东说："它是反对一切封建思想和迷信思想，主张实事求是，主张客观真理，主张理论和实践一致的。"③在这里，毛泽东着重强调要以无产阶级的科学思想，即马克思主义的科学世界观和方法论为指导思想，联合有进步性的资产阶级的唯物论和自然科学家结成反帝反封建反迷信的统一战线，去完成五四以来的科学启蒙事业。与文化教育不同，毛泽东认为在政治行动上还可以进一步扩大统一战线。他说："共产党员可以和某些唯心论者甚至宗教徒建立在政治行动上的反帝反封建的统一战线，但是绝不能赞同他们的唯心论或宗教教义。"④毛泽东认为，高扬科学精神，不仅要理性地对待一切外国文化，而且要正确地对待本国的文化遗产。在他看来，中国现时的新政治新经济新文化都是从旧政治旧经济旧文化发展而来，这就要求我们"必须尊重自己的历史，决不能割断历史"。⑤这种尊重历史，并非颂古非今，而是要求我们辩证合理地对待历史，力求给历史以一定的科学的地位，并以之为滋养引导人们向前看。他说："中国的长期封建社会中，创造了灿烂的古代文化。清理古代文化的发展过程，剔除其封建性的糟粕，吸收其民主性的精华，是发展民族文化提高民族自尊心的必要条件；但是决不能无批判地兼收并蓄。"⑥他强调清理传统文化时，务必坚持严谨的科学态度，努力"将古代封建统治阶级的一切腐朽的东西和古代优秀的人民文化即多少带有民主性和革命性的东西

---

① 毛泽东：《新民主主义论》，见《毛泽东选集》，第2卷，707页，人民出版社，1991。

②③④ 同①。

⑤ 同①，708页。

⑥ 同①，707~708页。

区别开来”,①以便最大限度地承继中国传统文化教育的优秀遗产。

所谓“大众的”，是指新民主主义的文化和教育必须坚持大众方向。毛泽东说：“这种新民主主义的文化是大众的，因而即是民主的。它应为全民族中百分之九十以上的工农劳苦民众服务，并逐渐成为他们的文化。”②即是说，新民主主义的文化和教育是为绝大多数工农劳苦民众服务的，而不是少数人的专利品。因而，毛泽东要求文化教育工作者必须与人民群众的意愿保持一致。他说：“一切进步的文化工作者，在抗日战争中，应有自己的文化军队，这个军队就是人民大众。革命的文化人而不接近民众，就是‘无兵司令’，他的火力就打不倒敌人。为达此目的，文字必须在一定条件下加以改革，言语必须接近民众，须知民众就是革命文化的无限丰富的源泉。”③诚然，资产阶级教育家胡适、晏阳初等人也曾宣扬“平民政治”、“平民教育”、“平民文学”，但是，他们并不可能为平民谋求政治上和经济上的解放。一句话，他们并没有真正体会到劳苦大众的切身利益和需要。从这个意义上说，资产阶级教育家所说的“民主”只能是少数人的民主，他们所宣传的文化仍然是“小众”的文化而不是大众的文化。与之相反，毛泽东认为，共产党人所倡导的文化乃是大众的文化，这种文化与劳苦大众在政治上、经济上的革命需求是一致的，它本质上就是革命文化。毛泽东强调指出，这种革命文化对于新民主主义革命事业具有十分重要的意义。他说：“革命文化，对于人民大众，是革命的有力武器。革命文化在革命前，是革命的思想准备；在革命中，是革命总战线中的一条必要和重要的战线。”④

应该肯定，毛泽东对新民主主义的文化教育纲领进行了十分深刻的理论阐述，它成功地配合了伟大的新民主主义革命战争，并取得了革命的最终胜利。新中国成立后，毛泽东所提倡的这一新民主主义文教纲领仍然是文化教育工作的指导思想。中央人民政府明确规定：“中华人民共和国的文化教育为新民主主义，即民族的、科学的、大

① 毛泽东：《新民主主义论》，见《毛泽东选集》，第2卷，708页，人民出版社，1991。

②③④ 同①。

众的文化教育。"①这不仅是因为从新民主主义到社会主义需要一个适当的过渡时期，更主要是两者在精神内涵上是完全一致的。不过，在实际教育方针把握上，新中国领导人特别强调以下两个方面。

首先，教育必须为工农服务。这首先是由新中国的国家性质所决定的，新中国实行的是无产阶级领导的以工农联盟为基础的人民民主专政，并以此取代了帝国主义、封建主义和官僚资本主义的法西斯专政。工、农占全国人口总数的80%至90%，是他们创造了文化。但由于"三座大山"的压迫，他们根本没有机会接受必要的文化教育。据统计，当时全国有"大学和专科学校共200所，学生约15万人；中等学校共约5000所，学生约150万人；小学约30万所，学生约2000余万人。这些学校除老解放区的小学和中学已有极少数的学生是农民工人的子女以外，其他地区的各级学校的学生绝大多数还是中农以上和城市小资产阶级以上的子女；占全国人口80%以上的工农大众及其子女基本上还被关在学校门外。"②很显然，这一教育现状与人民民主专政的新中国形象是极不相称的，因为"人民民主专政好比一所房子，工农联盟是屋基，屋基打得不坚固，不用钢骨水泥，而用普通泥土，那我们的房子就不结实，就不能盖成高楼大厦。"③从这个意义上说，面向工农的办学方针显然已到了迫在眉睫的紧要关头。在具体贯彻这一方针时，中央领导人明确要求"为工农服务的新教育"必须是"彻底的民族的"、"彻底的科学的"和"真正的大众的"，强调要以"民族的、科学的、大众的标准，严肃和认真地审查自已的教育内容，使之适合于工农劳动人民及其干部的需要。"④

其次，教育必须为生产建设服务。这与新中国的历史使命分不开。如果说新民主主义革命的目的在于推翻"三座大山"，建立人民民主专政，那么，革命之后的首要任务无疑就是发展生产力，进行社会主义经济建设。"在新中国，如果首先没有这种物质生产力的发

---

① 瞿葆奎主编：《中国教育改革》，3页，人民教育出版社，1991。

② 钱俊瑞：《当前教育建设的方针》，见瞿葆奎主编：《中国教育改革》，15页，人民教育出版社，1991。

③ 同①，14页。

④ 同①，20页。

展，就是说，如果首先没有人民经济的恢复与发展，那么新民主主义的政治建设与文化建设，就没有确切的依靠，就没有根基。而谁都知道，世界上没有确切依靠和根基的东西是一定要垮台的。"①那么，教育应该如何为生产建设服务呢？这除了要树立尊重劳动和热爱劳动的正确态度外，中央领导人强调要"着重发展科学与技术的教育，并将这种教育与经济建设的需要(包括目前的需要与长远的需要)密切地联系起来。在广大人民群众中，特别在广大农民中，要反对一切迷信思想和陈旧的保守思想，要普遍宣传自然科学和工业农业等生产技术的常识。我们要用世界上最新的科学成就来培养各项建设专家。这里我们特别要学习苏联的科学与技术的成就，并使之结合中国生产建设的实际，逐步地求得普遍的应用。自然，我们也要学习资本主义国家的自然科学和技术的成就，藉以推进我们的建设。"②应该肯定，当时中央领导人实际上已经注意到理论联系实际、外国教育经验与中国建设需要相结合等重大问题，同时还提到要学习资本主义国家的科技成就。但遗憾的是，当时新生的人民共和国正处于以美国为首的资本主义国家封锁和包围之中，意识形态的斗争十分激烈，因此，学习资本主义国家的科技成就并没有得到真正的落实；而是向社会主义苏联"一边倒"，并在很短的时间内掀起了一场全面学习苏联教育经验的高潮。

概言之，建国初期中央政府依据新民主主义文教纲领，确立了教育为工农服务和为生产建设服务的基本方针，原则上是正确的。但在具体实行过程中，不仅牵涉到对非工农子弟的教育定位以及对旧教育的历史评价问题，而且关联着如何对待外国教育以及如何贯彻"以俄为师"的问题，而这两个问题都与新中国基础教育改革的文化发展方向密不可分。

---

① 瞿葆奎主编：《中国教育改革》，20页，人民教育出版社，1991。

② 同①，33页。

二、旧教育改造的成功与失误

如果说，建国初期教育方针的确立体现了对老解放区教育的继承发扬，那么，旧教育改造则主要是针对国统区教育制度和思想的批判总结。

众所周知，国统区的学校教育系统是以 1922 年新学制为底本的，其间虽有过几次修订，并在教育规范化等方面进行了某些有益的探索，但在根本上仍然摆脱不了美国实用主义教育思想的深刻影响，且深深地烙上国民党专制统治的印记。这一点，毛泽东曾给予无情的揭露。他说："谁都知道，国民党统治下一切文化教育机关，是操在地主资产阶级手里的。他们的教育政策，是一方面实行反动的武断宣传，以消灭被压迫阶级的革命思想，一方面实行愚民政策，将工农群众排除于教育之外……全国文盲数目占人口百分之八十以上。"①毫无疑问，国民党的教育政策及其制度与新民主主义教育方针有着根本的冲突，必须予以相应的改造。

其一，确立政治教育新秩序，摈弃国民党的专制训育制度。依据共产党人的理想信念，中央政府在建国初期十分注重对学生进行革命人生观和世界观教育，要求普遍设立新民主主义革命史、马克思主义原理、社会发展史等新课程，取消国民党训育制度，废除"党义"、"公民"、"童子军"等旧课程，并组建由共产党领导的新的学校组织系统。

其二，废除旧学制，厘定新学制。中央政府认为，"我国原有学制(即各级各类学校的系统)有许多缺点，其中最主要的，是工人、农民的干部学校和各种补习学校和训练班，在学校系统中没有应有的地位；初等学校修业六年并分为初高两级的办法，使广大的劳动人民子女难于受到完全的初等教育；技术学校没有一定的制度，不能适应培养国家建设人才的需求。"②因此，新学制将小学年限缩短为五年，另

① 毛泽东：《毛泽东论教育工作》，4～5 页，人民教育出版社，1992。

② 瞿葆奎主编：《中国教育改革》，50 页，人民教育出版社，1991。

增工农速成初等学校、工农速成中学、技术学校等。与之相应，中小学教学内容也都做了相应的调整，调整的总趋势是“削减内容，放慢进度，减少习题、作业”。①

很显然，建国初期中央政府对旧教育制度的改造抓住了实质和要害，而在制度上保证了新中国教育沿着新民主主义和社会主义方向不断前进。但同时，我们也应该看到，新中国这一学制改革确实过于匆忙，它没有建立在对中国国情的系统调查基础上，也没有经过相应的实验探索，致使其中存在某些主观主义错误。如：将小学的“四·二”制改为“五年一贯制”，这有利扩大初中招生数，加速基层人才培养，但不顾相应的师资、设备等客观条件，用战争年代的“革命精神”去办教育，则必然削弱基础教育的办学质量。又如：工农速成中学的设立，可视为新中国学制改革的一个创新，其中不乏普及基础教育和培养工农干部的美意，但用这种“速成”的办法培养人才，绝非长久之策。

与旧教育制度改造相呼应，中央政府在建国初期十分重视对旧知识分子的思想改造和对旧教育思想的批判总结。所谓旧知识分子，是指从旧社会中过来的知识分子。由于他们大部分出身地主或资产阶级家庭，身上不可避免地存在某些本阶级的观念意识，不可能一下子就站在工农立场上去认识和分析问题。这就要求对他们进行必要的思想改造，使之认同于新民主主义和社会主义新文化。中央政府认为，思想改造的方式很多，但首先要站稳立场，端正态度；在此基础上，才谈得上学习马克思主义理论，并力求做到理论联系实际，开展批评和自我批评，自觉改造世界观。应该肯定，通过建国初期的思想改造运动，极大地推动了马克思主义学说在中国社会的传播，有助于观念转变，引导人们自觉树立集体主义、社会主义和共产主义的远大理想。

另一方面，知识分子思想改造绝不可一蹴而就，需要有一个转化的过程，应该“采取适当的方法”。② 但遗憾的是，当时在具体执行

---

① 高奇主编：《中国教育史研究·现代分卷》，391 页，华东师范大学出版社，1994。

② 毛泽东：《论联合政府》，见《毛泽东选集》，第 3 卷，1083 页，人民出版社，1991。

过程中政策失误，采取了较为粗暴的方法，随便上纲上线，把复杂的思想问题简化为政治问题，要求人人“过关”，从而极大地伤害了知识分子的人格和自尊心。此外，当时对旧教育思想的批判也多失之偏颇。如：对杜威教育思想的批判，往往是先确定其“为美帝国主义服务”的反动政治本质，然后对其整个教育思想予以全盘否定，避而不谈杜威教育思想的理论建树及其对中国新教育改革的正面影响，缺乏起码的理性分析。与之相关，胡适、陶行知、陈鹤琴等人的教育思想均被污为“杜威教育思想在中国翻版”，遭到不同程度的批判和否定，根本无视其数十年来自觉的实践探索和理论再创新。另外一些旧教育思想，如晏阳初、梁漱溟等人的教育思想也因被机械地认定为资产阶级属性，被简单否定了。

三、“以俄为师”的是非曲折

“以俄为师”文化战略确定由来已久，它是“十月革命”胜利以后中国共产党的理性选择。在战争年代，“以俄为师”表现为要师法俄国的暴力革命，去推翻压在中国人民身上的“三座大山”；在和平时期，“以俄为师”则是要学习苏联的建国经验，去建设社会主义新中国。“苏联所走的道路，就是我们现在和将来所要走的道路。”①反映到基础教育领域，是要全面学习和移植苏联社会主义教育模式。

平心而论，作为社会主义教育的惟一样板，苏联教育确实有许多地方值得新中国学习，其中凯洛夫《教育学》被认为是苏联社会主义教育实践的理论总结，要求予以系统而全面地学习。凯洛夫《教育学》的特点在于：它能够以马克思主义为指导思想去分析教育现象，注重系统知识的传授，提倡人的全面发展，强调教师、教材与课堂教学的核心作用，突出了教育的社会主义性质。这些特点与面向工农大众的新民主主义教育有着内在的一致性，它在很大程度上满足了新中国的社会政治需要，为新中国基础教育建设提供了某些学理依据。

但另一方面，凯洛夫《教育学》的缺点也十分明显：“它对学生

① 《光明日报》社论，1953－02－14。

主体的重要性，对发展个性、培养能力，对学习与社会生活相联系的重要性没有给予充分的重视。”①而注重学生主体意识、独立个性和生活能力的培养，恰恰是西方进步主义和实用主义教育的精华所在。然而，这些精华在教条主义盛行的50年代不可能得到认可，代之而起的是“一边倒”的全面学习苏联教育模式，而凯洛夫本人也于1956年亲自来华讲学，一时轰动了中国教育界。就基础教育而言，当时中小学教师对凯洛夫《教育学》可谓顶礼膜拜，有许多学校做到了人手一册，经常开展有关学习苏联教育经验的大型辅导班和小型交流会。在此基础上，我国中小学开始全面参照苏联十年制教材，调整教学计划与教学大纲，重新编写教科书，广开俄语课，实行苏联式的5分制管理，等等。

苏联教育经验是苏联国情的产物，它与其本国社会经济发展紧密相关。而我们如果简单地搬用他国经验而不与本国实际情况相结合，则必然要流于虚妄。不可否认，有些个人和地方在学习苏联教育经验时能够保持清醒的头脑；但总体而言，当时教育界在学习苏联教育经验问题上确实存在着主观主义和教条主义倾向。1956年，毛泽东在《论十大关系》中已觉察到问题的严重性，强调学习外国经验“不能一切照抄，机械搬用”。② 1957年6月，周恩来在《关于教育改革问题》中更明确指出，我们“在学习苏联经验的时候同我国实际情况结合不够”。③与之相应，50年代中后期，有些学者开始思考“教育学中国化”问题，并对凯洛夫《教育学》提出大胆质疑和批评，指出其过分“强调统一”，“忽视学生个性发展”，从而引发了关于全面发展与因材施教问题的学术大讨论。

遗憾的是，50年代中期开始对凯洛夫《教育学》的学术讨论和反思很快被政治运动所打乱，并演化为简单化的政治大批判。一方面，是由于苏联社会主义渐渐走向“修正主义”；另一方面，则是中

---

① 崔相录主编：《东方教育的崛起——毛泽东教育思想与中国教育七十年》，250页，河南教育出版社，1993。

② 《毛泽东文集》，第7卷，41页，人民出版社，1999。

③ 周恩来：《关于教育改革问题》，见瞿葆奎主编：《中国教育改革》，224页，人民教育出版社，1991。

国正准备“多快好省地建设社会主义”，力争“在过渡时期内扫除文盲，普及教育，普遍提高人民群众的政治文化水平，使全国广大人民群众成为有文化有教养的人。同时还要大量培养社会主义的知识分子干部，满足社会主义建设事业的广泛需要。”①虽然当时中央政府已提醒人们不要“急躁冒进”，但“多快好省”的社会主义总路线不允许人们有丝毫的思想松懈，行动上的“大跃进”与思想上的不断“左倾”便奇妙地结合在一起。这时候，人们并不是从学术上，往往更多的是从政治上对凯洛夫《教育学》进行口诛笔伐：“批判它不要教育与生产劳动相结合，批判它不要教育为无产阶级政治服务，批判它不要共产党的领导，也批判它的书本中心、课堂中心和教师中心。……20 世纪 50 年代初期，对凯洛夫《教育学》惟恐学得不认真、不系统、不全面、不彻底。50 年代后期，则对凯洛夫《教育学》惟恐批得不认真、不系统、不全面、不彻底。”② 60 年代以后，特别是“文化大革命”期间，凯洛夫《教育学》的命运更是不堪闻问了，动辄欲置之死地而后快。

四、“极左”思潮泛滥与基础教育的毁灭性灾难

“极左”思潮泛滥于“文化大革命”期间(1966 ~ 1976)，但它的萌生则可溯源至解放初期的思想改造运动。如前所述，思想改造运动的初衷在于引导旧知识分子走与工农相结合的社会主义道路，其形式应该是“和风细雨”，但在实际运行过程中由于过多地强化意识形态斗争，过多地否定旧文化和旧教育中的某些合理内核，致使陶行知、陈鹤琴等这样一批颇有建树的教育家也遭到粗暴的批判。

遗憾的是，建国初期这一工作偏差在其后的历史演化中不但没有

---

① 张奚若：《目前国民教育方面的情况和问题》，见瞿葆奎主编：《中国教育改革》，215 页，人民教育出版社，1991。

② 瞿葆奎：《中国教育学百年》，见瞿葆奎主编：《元教育学研究》，394 页，浙江教育出版社，1999。

得到及时纠正，反而在1957年“反右”和1958年“教育革命”中得到进一步强化。1956年，中央政府提前宣布我国已由新民主主义社会过渡到社会主义社会，这时候中国社会的突出矛盾无疑是人民日益增长的物质文化需求与落后的生产力之间的矛盾。但由于当时国际上“匈牙利事件”的爆发和国内少数学生罢课、工人罢工等原因，致使毛泽东得出“阶级斗争并没有结束”的论断。在他看来，“无产阶级和资产阶级之间在意识形态方面的阶级斗争，还是长期的，曲折的，有时甚至是很激烈的。无产阶级要按照自己的世界观改造世界，资产阶级也要按照自己的世界观改造世界。在这一方面，社会主义和资本主义之间谁胜谁负的问题还没有真正解决。”①与政治上“兴无灭资”的阶级斗争相呼应，1958年毛泽东明确指出；“教育必须为无产阶级政治服务，必须同生产劳动相结合。”②从而极大地突出了教育的政治功能，大鸣、大放、大辩论的政治学习十分频繁，生产劳动在很大程度上挤占了正常的课堂学习，许多学术权威被冠上了“资产阶级知识分子”又一次遭到猛烈批判，如：著名教育家陈鹤琴就是在这个时候被迫离开自己心爱的工作岗位的。就基础教育而言，此时出现了群众性办学热潮，不仅工厂办学，机关、街道办学，人民公社和生产大队更是大办学校，有些省、市自治区甚至宣称当年即可扫除文盲，普及小学教育，做到乡乡有中学。但由于“不顾办学的经费、设备、师资实际条件和实际需要，盲目发展追求高指标，刮起浮夸风，出现了所谓教育事业‘大跃进’的失误”。③很显然，在“左倾”思想指导下，1958年的“教育革命”带有极大的主观性和随意性，违背了教育发展的客观规律，致使从1961年开始，中央人民政府不得不花上数年时间予以必要的调整。其中，1963年3月颁行的《全日制中学暂行工作条例(草案)》和《全日制小学暂行工作条例(草案)》

① 毛泽东：《关于正确处理人民内部矛盾的问题》，见《毛泽东论教育工作》，261页，人民教育出版社，1992。

② 毛泽东：《一九五八年的一次讲话》，见《毛泽东论教育工作》，273页，人民教育出版社，1992。

③ 郭笙：《曲折前进的历程》，见顾明远主编：《马克思主义与中国教育》(下)，1313页，湖南教育出版社，1994。

(简称《中学五十条》和《小学四十条》),即是对建国以来特别是1958年“教育革命”以来正反两方面工作的经验总结,有助于基础教育改革的稳步发展和不断完善。

但另一方面,即使在“调整”时期,“毛泽东同志在关于社会主义社会阶级斗争的理论和实践上的错误发展得越来越严重,他的个人专断作风逐步损害党的民主集中制,个人崇拜现象逐步发展”。① 由于“把社会主义社会中一定范围内存在的阶级斗争扩大化和绝对化”,这就使得他错误地认为党内存在一批“走资本主义道路的当权派”;同时,“在对待知识分子问题、教育科学文化问题上发生了愈来愈严重的‘左’的偏差,并且在后来发展成为‘文化大革命’的导火线”。②

与政治上的错误判断相契合,毛泽东认为在教育领域始终存在着一条反社会主义的资产阶级和修正主义路线,并把正规化教育制度所带来的某些弊端统统归于“教育路线”问题。在他看来,要改变这一“教育路线”,只有通过自下而上的“文化大革命”,狠批封、资、修,才能夺取本应属于无产阶级的文化教育阵地。有鉴于此,毛泽东先后发表了一系列对基础教育改革产生重要影响的“最高指示”。如:在1966年的《五·七指示》中,毛泽东写道:“学生也是这样,以学为主,兼学别样,即不但要学文,也要学工、学农、学军,也要批判资产阶级。学制要缩短,教育要革命,资产阶级知识分子统治我们学校的现象,再也不能继续下去了。”③ 紧接着,中共八届十一中全会通过了《中国共产党中央委员会关于无产阶级文化大革命的决定》,该决定明确提出:“我们的目的是斗垮走资本主义道路的当权派,批判资产阶级的反动学术‘权威’,批判资产阶级和一切剥削阶级的意识形态,改革教育,改革文艺,改革一切不适应社会主义经济基础的上层建筑。”此后,“斗”、“批”、“改”即成为学校教育工作的基本指针,成立了无数个工人宣传队和贫下中农宣传队予以具体实施。

---

① 中共中央文献研究室编:《三中全会以来重要文献选编》(下),808页,人民出版社,1982。

② 同①,807页。

③ 《人民日报》,1966-08-01。

依据毛泽东的指示，工宣队和贫宣队很快驻扎进各类学校，并普遍设立革命委员会，将学校的管理人员和广大教师变成批斗对象。一方面，他们提出要“砸烂旧世界”，诬告建国以来的教育路线为资产阶级“黑线专政”，要求予以全面否定，许多业务骨干被诬为“走白专道路”和“反动学术权威”遭到无情打击；另一方面，他们又急于树立无产阶级教育经验，先后炮制许多形形色色的“教育革命方案”，严重干扰和破坏学校教育发展的客观规律。以基础教育的“招生制度”为例，1966年6月，中央批转教育部党组《关于改革高级中学招生办法的请示报告》，指出“现行的招生考试办法，是资产阶级的办法，没有突出无产阶级政治”。要求废除现行高级中学招生考试办法，实行推荐与选拔相结合的新招生办法，以利劳动人民子弟优先入学。与此同时，在课程与教材问题上也进行了所谓重大“革命”。1966年6月，中共中央还批转了教育部党组《关于1966～67学年度中学政治、语文、历史教材处理意见的请示报告》，指出当时中学教材没有以毛泽东思想挂帅，违背毛泽东关于阶级和阶级斗争的学说，要求中学历史课暂停开设，政治与语文合并，强调以毛泽东著作为基本教材。具体而言，要求中学生“认真学习毛主席著作，学习党中央关于文化大革命的文件，批判资产阶级的教材和教学制度，并以必要的时间复习数学、物理、化学、外语和各种必要的常识”①；小学生“五、六年级和1966年毕业的学生，结合文化大革命，学习毛泽东语录，学习老三篇和三大纪律八项注意，学习文化革命十六条，学唱革命歌曲。一、二、三、四年级学生，由革命教师或高年级学生作辅导员，组织他们学习毛泽东语录，兼学识字，学唱革命歌曲。在文化大革命期间，小学生也必须学习一些算术和科学常识”。②很显然，毛主席著作以及“文化大革命”文件无疑成为中小学的核心课程，而数、理、化和一些科学常识则完全演化为政治附庸，并被随

---

① 《关于中学无产阶级文化大革命的意见》，见瞿葆奎主编：《中国教育改革》，527页，人民教育出版社，1991年。

② 《关于小学无产阶级文化大革命的通知(草案)》，见瞿葆奎主编：《中国教育改革》，525页，人民教育出版社，1991年。

意肢解和任意发挥。有些城市中学被改造为厂办式的半工半读学校，如：兰州第五中学自 1968 年 10 月工宣队进校后即改为兰州铸造厂厂办中学，实行半工半读制，把原来 17 门课合并为 5 门课程，即毛泽东思想、工业基础、农业基础、革命文艺、军事体育。有些农村中小学则演化为大队办小学、公社办中学，实行开门办学，小学设语文、算术、革命文艺、军事体育、劳动等 5 门课程，中学除继续开设革命文艺、军事体育、劳动外，另授毛泽东思想、农业基础课；并推行贫下中农、革命干部和民兵做兼职教师或组成讲师团，登台为学生讲课。有的学校改革更为奇特，干脆让学生自己上台主讲，从而演绎出一幕幕“小将上讲台”的闹剧，中小学基本文化知识和基础技能教育被剥夺殆尽。

概言之，文革期间的“教育大革命”是教育领域的一场空前灾难，是政治经济发展错位和“极左”思潮大泛滥的结果。它不仅疯狂地践踏了人性和人的基本尊严，而且严重地违背教育和教育发展的基本规律，致使中小学教育质量大幅度下降，人的思想道德观念和科学文化素质普遍滑坡，从而给中华民族带来了无可估量的损失。

五、“改革开放”政策与基础教育的突破性进展

粉碎“四人帮”以后，特别是 1978 年党的十一届三中全会作出把全党工作重心转移到经济建设上来，提出实行“改革开放”的重大战略决策，从而开创了中国教育特别是中国基础教育发展的新局面。具体而言，“改革开放”以后的中国基础教育着重在以下几个方面取得了突破性进展。

其一，调整教育结构，确立基础教育的战略决策地位。“文革”期间，由于片面强调“以阶级斗争为纲”的教育政治功能，整个教育结构特别是中等教育结构趋向单一化和模式化：普通中学盲目发展，而与实际生活密切相关的职业技术教育则严重滞后。有鉴于此，中央政府早在 1978 年的“全国教育工作会议”上即注意到各级各类的学校发展比例与自身结构问题。从 1980 年 10 月国务院转发的教育部和

国家劳动总局《关于中等教育结构的意见》，到1986年国家教委、国家计委、国家经委联合下发的《关于大力发展职业技术教育的决定》，再到1991年10月国务院签发的《关于大力发展职业技术教育的决定》，中国教育结构特别是中等教育结构经过一系列改革发生了重大变化，增设了许多职业技术学校，并将一部分普通高中直接改为职业技术学校，从而改变了清一色的普通中学状况，使教育与社会文化发展更加紧密地联系在一起，强化了教育的经济与文化功能。与之相应，中央政府十分重视基础教育的本身改革，逐步确立了基础教育的战略决策地位。其中，1993年颁行的《中国教育改革和发展纲要》更明确提出基础教育是提高民族素质的“奠基工程”，要求全国按地区、分阶段、有步骤地普及九年义务教育。之后，《面向二十世纪的教育行动计划》等中央文件也都进一步强化了这一基本构想。

其二，更新教育观念，全面树立素质教育理念。作为奠基工程的基础教育，它首先是与人的素质的现代化紧密地联系在一起。从这个意义上说，所谓更新教育观念，就是要用具有现代意义上的“素质教育”去取代落后于时代的传统意义上的“应试教育”；它着眼的不只是教育的某一个功能，而是整体关注教育的政治、经济和文化诸功能的耦合互动，并以新世纪人的道德文化素养、社会实践能力和自我创新精神为理论旨趣，促进学生个性主动的生动活泼的全面发展。诚然，要树立这一素质教育理念，只能立足国情，放眼世界，开展扎扎实实的现实教育改革实验，循序渐进，逐步深化。改革开放初期，我们的基础教育改革，往往只是着眼于某些单项改革，如：中等教育结构改革，基础教育课程改革，中小学教学法改革等，但随着实践的推移，我们的基础教育改革逐渐进入整体改革阶段，这个时期的基础教育改革不再局限于某一个方面，而是以实验学校为单位进行多方面的整体改革探索。有人依据“整体改革”所呈现的形态，将此类改革归纳为“主题式”、“目标式”、“纵联式”、“综合式”①等几种形式。应该肯定，整体教育改革只有指向人的素质的全面提高，融入素质教育

① 参见黄河清：《中国基础教育改革述评》，见刘佛年主编：《中国教育的未来》，286~292页，安徽教育出版社，1995。

潮流，才能在新世纪获得新的发展动力。

其三，抓住基本问题，系统开展学制、课程、教材和教法的改革探索。无论是教育结构调整，还是教育观念更新，最终都必须落实到学制、课程、教材和教法等基础教育领域的基本问题上。在学制上，针对“文革”带来的学制单一化和模式化，从80年代起各地纷纷根据实际情况重新探索“六三三”制和“五四三”制，有的地区更进而开展两种学制的比较研究，以期更好地适应不同地区经济和社会文化发展的特殊需要。在课程上，其突出问题表现在课程设置过分依赖“升学率”，片面强调与升学有关的学科教学，不断增加学生的课业负担，忽视非升学科目设置与非智力因素培养。针对这些问题，从中央到地方的基础教育部门普遍要求更新课程观念，开展课程实验研究，调整课程结构，全面贯彻“三个面向”指针与“素质教育”思想。在教材问题上，我们长期以来多半采用全国统编教材，十分注重基础知识的传授与基本技能的训练，但过于规范化的统编教材显然不利于多样化的信息时代的需要，容易影响学生的个性独立发展。在教法问题上，中国基础教育领域也进行了一系列改革，取得了很好成绩，兹不一一详述。

第二章
当代中国文化问题及其对基础教育的内在影响

文化，是人类的栖身之所，是人类的社会生活得以进行的舞台。它在人类的社会生活中无孔不入地存在，潜移默化地对人们产生影响。教育领域与文化间的关系尤为密切。一方面，教育是文化得以传承的手段，另一方面，文化方面的变动，对教育会产生特别重大的影响。在本章中，我们所要探讨的，是文化对基础教育的影响，更准确地说，是当代文化问题如何渗透到基础教育诸领域中，进而产生独特的影响。

第一节 从文化热到文化问题

文化，是一个难解的斯芬克斯之谜，尤其当社会生产力、经济、政治发生巨大变化时，更呈现出剪不断、理还乱的状态。进入近代以来，中国社会最主要的使命，就是现代化。与现代化的艰难历程相伴随，近代我国文化的发展也是步履维艰。从1840年开始进入近代社会以来，我国文化的现代转型历程一直持续至今。不过总的说来，从1949年到1978年，我国文化处于相对稳定的同一性发展期，惟政治论居文化的主流。自1978年确立并推行“改革开放”这一基本国策之后，我国进入了一个新的发展期，社会经济、政治产生了巨大的变化，生产力的发展得到极大的促进，社会文化在反思、总结以往的基础上开始发展，展现出多姿多彩的面貌。进入90年代，随着社会主义市场经济体制开始向计划经济体制的垄断地位挑战，我国社会相应地进入了一个文化多样性发展时期。这个由“一”而“多”的发展过程，使文化问题被推向时代舞台的前沿，在这特定的时期，它对社会其他领域的影响日益增强。

与暴风骤雨式的革命相比，文化变革给人们心理上带来的冲击并不逊色。但文化变革并不是一蹴而就的，而要经历一个发展蕴蓄的过程。当前我们对文化问题进行集中探讨，但追根溯源，它的端倪，肇始于 80 年代中期的文化热。

一、80 年代中期的文化热

中国文化源远流长，但由于众所周知的原因，在相当长的时期内对文化的专门研究乏人耕耘。进入 80 年代中期，人们蓦然发现，一道瑰丽的文化研究风景线出现在中国大陆，一股文化探讨浪潮涌动在各学术领域。以文化为题的讨论比比皆是，以文化为题的文章连篇累牍。称这种状况为“文化热”，可谓实至名归。

80 年代的文化讨论，首先源于对我国科学技术现代化的探讨。70 年代中期以来，实现“四个现代化”成为中国人民的理想。但当我们的国门开启时，经与国外发达资本主义国家相互比照，强烈的落后感给中国人以巨大的冲击。由此，人们开始思考：究竟是什么因素羁绊着中国，阻碍她走向进步和富强？这种反思，首先是从当时的文学界和思想界开始的。“伤痕文学”揭开了文学界的反思序幕，而在思想界，则由科学主义的思潮奏响探索中国前途的序曲①。

1981 年 10 月和 11 月，参加联合国教科文组织主持的《人类科学文化史》中国部分撰写工作的学者，分别在北京、剑桥举办了两次讨论会，提出了中国传统文化如何现代化这一课题。“文化热”由此开端。

1982 年 10 月，中国社科院《自然辩证法通讯》杂志社在四川成

① 陈奎德：《文化热：背景、思潮及两种倾向》，参见《中国大陆当代文化变迁》，37～42 页，台湾桂冠图书有限公司，1991；参见张宇、辛向阳、徐恕等著：《转轨的中国——改变我们社会的十大方面》，117～147 页，中国工人出版社，1994。

都举办了“中国近代科学技术落后原因”学术讨论会。与会的70多位中青年学者围绕“中国近代科学技术为什么落后”这一主题，从民族性格、文化背景、中西学术差异等角度，作了详细的阐发和剖析。

1982年12月，在复旦大学“中国文化史研究学者座谈会”上，学者们对文化与文明的定义、中国传统文化的评估、中西文化的交流与融合等问题进行了热烈的讨论，并决定编辑出版《中国文化》研究集刊。

1983年，香港中文大学主持召开了两次“现代化与中国文化研讨会”。

1984年下半年，北大汤一介教授等发起成立了一个准民间的学术团体：中国文化书院。

1984年12月，上海社科院发起召开全国首届“东西文化比较研究讨论会”。

1985年3月到1986年1月，中国文化书院在北京先后举办了“中国文化讲习班”和“中西文化比较研究班”等系列讲座。这将文化讨论推向了高潮。

1986年9月，上海复旦大学等单位主持召开了“传统文化与现代化”国际学术讨论会。

1986年底，“反资产阶级自由化”开始之后，文化热出现了逐渐降温的趋势。1988年夏，系列电视片《河殇》在中央电视台播放，在全国引起了巨大反响。片中对中国传统文化的批评和地理决定论的色彩，引发了许多思考和争论。

为什么会在80年代产生这次历时颇久的“文化热”？当时的社会背景无疑是直接的催生因素。

随着“四人帮”的粉碎，“文革”这场中华民族的梦魇宣告结束。但是，这场浩劫给人留下身心的创伤，却无法轻易地平复。痛定思痛，全社会都在思考着这样的问题：这一切是怎样发生的？经过总结经验教训，党中央确定了改革开放的基本国策。国门开始缓缓开启，向世界展现中国古老而又新生的面目。而在中国走向世界的同时，世界也向中国展示日新月异的变化，给全国各界带来了情感上进而是理智上的巨大冲击。国内外的强烈对比，使“中国向何处去”、

“中国如何繁荣昌盛”这样的问题成为新时期的主题。时代的呼唤，诱发了举国上下对中国文化的集体反思。

80年代的文化热，也是对单一的惟政治论主流文化的否定。十年浩劫是对中国社会的破坏，也是对中国文化的戕害。八出样板戏取代了一切文艺形式，却成为难以卒听的喧嚣与聒噪；将日常生活无限地上纲上线，造成积压在人们心头难以驱散的阴霾。物极必反。思想的解放使人们摆脱了惟政治论的单一模式，但也形成了思想上的真空，这种状况为各种各样文化思潮的引入与传播提供了温床。

80年代文化热的兴起，更源于一种历史使命。文革之后，当众多有识之士为命运多舛的中国扼腕长叹的同时，他们与近代中国的先驱者们一样，认为国家与社会的变革归根到底取决于人的变革，人总是生活在一定的文化背景下的，故而人的变革又应以文化变革为前提。因此，文化改革是其他一切必要改革的基础。

80年代的文化热，焦点主要集中于：

1. 什么是中国文化传统的主旋律？其中，有礼核心说、仁核心说、人文精神说、实用理性说等多种观点。

2. 中西文化的比较。主要包括中西方思维方式的差异；中国天人合一的传统思想与西方天人对立的思想；一元观与多元观。

3. 传统文化与现代化的关系。其中，又有复兴儒学、全盘西化、中西会通等观点。①

当时理论界对中国传统文化或辛辣指摘，或由衷辩护，展开了较为全面和深入的探讨。总而言之，关于中国传统文化的特质的代表性观点可以总结为：中国文化以不同于西方文化的理性主义和人文精神为基本特征，具有独特性。

首先，中国文化具有世俗性。中国传统文化关注现实人生，肯定人生的意义，追求现世幸福。因此，中国文化具有理性的乐观精神，成为所谓的“乐观文化”。中国传统文化的世俗性，使中华民族富于务实精神，但也因过度地执著于实用理性，而忽视了对现实的批判意

① 参见张宇、辛向阳、徐恕等著：《转轨中国——改变我们社会的十大方面》，117～147页，中国工人出版社，1994。

识和超越精神。

其次，中国文化具有群体本位的价值取向。强调个体价值必须依附于群体价值，人们应该自觉地压制自我价值。这就形成了以抑制个体价值为前提的集体主义，并且产生了公私对立、崇公抑私的文化观念。这种价值观，防止了个人主义的恶性膨胀，有助于调节人际关系，维持集体和社会的团结、稳定，但同时又牺牲了个体发展，弱化了自我意识，为封建专制主义打下了思想基础。

第三，中国文化具有道德中心化倾向。伦理道德在中国传统文化结构中具有中心地位，在世俗社会中，伦理原则成为普遍的文化规范。所谓的“德”，超越了道德范畴，具有政治等方面的其他涵义，还取得本体论的哲学地位。道德中心倾向导致中国文化注重实用理性，轻视科学理性；注重人际关系，轻视人与自然的关系；重视意识形态，轻视科学技术；重义轻利，崇德贱力。这种倾向强调人的道德本质，主张以理性节制感性，忽略了人的感性本质的一面。登峰造极之时，要求人们以道德来约束、压抑自己的欲望，从而否定了人的自由本性，甚而把人降为道德的奴隶。道德中心的传统文化，使中国成为礼仪之邦，使中国人民成为有强烈道德意识的民族，避免了社会的大动荡；但另一方面，道德中心文化又给封建专制蒙上面纱，使封建礼教成为麻醉人民的毒药、维护残酷统治的工具，在一定程度上使国民精神柔弱、萎缩，并造成人性的虚伪。

第四，社会政治权威和文化权威的一元化。王权与儒家学说高度一体化，形成中国式的政教合一、圣王一体的格局，即一元化的社会政治－文化权威，使异端思想难以发生，更难以产生文化变革。一元社会政治－文化权威保持了中国社会的长期稳定，也造成了思想僵化的经学传统，严重阻碍了社会、文化的进步。一元化文化权威，使文化变革缺乏选择机制，因此，文化转型找不到可以继承的思想资料，难以建立新的文化权威。

第五，中国文化的封闭性和保守性。中国地理上的闭锁性和文化上的孤立性，形成了封闭性文化和华夏中心主义。中国文化对异质文化在总体上持排斥态度，在核心价值观上采取封闭态度。中国传统文化又具有保守性，它重视经验和传统，崇尚权威，排斥变革创新。这源于小农经济以及传统家族制度的保守性。中国传统文化的封闭性、保守性，抵制了异质文化的冲击，保持了民族文化的独立性和延续性；但文化的惰性也造成了消极的后果，使中国文化的自我更新的能力较弱，不能自觉地适应历史发展的需要来施行变革①。

文化热现象的背后，蕴藏着人们所尊奉的一种基本信念："文化改革是其他一切必要改革的基础。实现文化改革——符号、价值和信仰体系的改革的最好途径是改变人的思想，改变人对宇宙和人生现实所持的整个观点，以及改变对宇宙和人生现实之间的关系所持的全部概念，即改变人的世界观。"②简而言之，当时人们感到中国的现代化首先应该是人的现代化，而人的现代化的实质，便是思想观念的现代化。现代化在某种程度上含有革故鼎新的意蕴，传统文化被当做批判的靶子，就不足为奇了。

作为社会领域的一个组成部分，教育起着传承与发展文化的作用，与文化有着特别紧密的联系。80 年代中期的这场文化热不可避免地影响到了教育领域。

在教育领域所进行的反思与探讨中，吸收了当时文化研究的成果，并将它们与本领域密切结合，从而掀起了一次教育思想大讨论。在教育界的这场讨论中，人们一般用的是对"教育"的通称，但实际上，由于当时我国的教育正处于文革之后的重建与发展的阶段，人们所关注的，实际上是基础教育。

在探讨中，与文化研究的主流一样，人们试图通过思考传统文化与教育间关系，理清无形的文化背景对于教育观念的影响，从而找到如何有效地改变教育观念的途径。当时，固然不乏讨论当前的教育应当如何继承传统，但更多的，则是批判传统文化中的消极因素对现存教育思想的阻碍。

当时文化研究中，有一个较为一致的观点，认为中国传统的价值观重伦理，以道德原则为准绳，重义轻利，重整体轻个体，重和谐轻

---

① 参见杨春时著：《中国文化转型》，10～15 页，黑龙江教育出版社，1994。

② 张宇、辛向阳、徐恕等：《转轨中国——改变我们社会的十大方面》，132 页，中国工人出版社，1994。

竞争。在教育领域，则表现为：视教育为消费性事业，忽视教育对于生产力的促进作用；对职业技术教育重视不够，致使职业教育与基础教育不能齐头并进，以满足社会需要；在教学观与学生观上，尽管已经认识到学生的主体地位，但在实际的教学过程中，仍习惯于教师讲、学生听的单一模式，不重视发挥学生的主动性，培养学生的创造性。进而，教育理论界开始探讨传统的思维对当前教育的影响。认为传统的思维存在着封闭性、经验性的弊端。认为我国传统的文化属于大陆文化，地理条件的封闭，造成人们心态缺乏与外界进行信息交流和接受新信息的主动性和积极性。而我国科学技术之所以长期得不到发展，是因为长期以来形成了重经验直观、轻理性论证的思维方式。作为这些弊端在教育上的反映为：我国的教育重传授书本知识，而轻创造能力的培养；重求同思维，而忽略求异思维的培养，甚至进行压制；在办教育的过程中，就教育论教育，没有看到教育与社会之间纷纭复杂的联系①。

二、社会转型与文化转型

80年代中期的文化热，标志着人们在新时期里，对文化现象产生了浓厚的兴趣，并将它作为一个独特的研究领域加以探讨。这股热潮，是在思想解放的背景下进行的。它揭示了无形的文化对人类社会的作用，向人们展示了以往被忽略的广袤图景，为人们考察人类社会提供了一个新的视角。从这些方面来说，这次文化浪潮，确实在当时的文化界产生了重大的影响。

不过，评判某种思想观念的影响时，除了要了解它在思想界、文化界传播的广泛程度，更要考察这样的思想观念在现实生活中起多大的作用。当一个社会的个体成员以新的方式对环境变化作出反应时，变迁也就开始发生了。但只有在新反应方式为足够数量的人们所了解

① 宋德民：《传统思维方式的变革与教育的现代化》，载《教育理论与实践》，1987(6)；顾冠华：《克服传统文化和教育的负面因素》，载《教育研究》，1987(9)；丁钢：《中国传统教育的结构特性和特征及其文化与文化的关系》，载《教育研究》，1987(12)；童跃年：《传统文化的消极因素对当前教育思想的影响》，载《教育研究》，1988(1)。

并被接受，从而成为这个民族的特征以后，实际的变迁才会发生。因此惟当一种思想观念不仅被广为宣传，更深入到人们的日常生活，指导人们的行为举止时，才能说它真正在社会上得到广大民众的响应，站稳了脚根。

"'文化热'的兴起与发展从横向观察有三条线索。第一条，是其主线，即学术文化界的线索。……第二条，是文学界中的线索，以阿城、韩少功等作家的创作活动为其代表。……第三条，则是改革派官方出面举办的各式各样的'文化发展战略研讨'。"①

据此，当年的文化探讨在很大程度上仍停留在学理层面，多限于文化学术界。它确曾在广大青年人的心里荡起涟漪，但还远未对大众的日常生活产生影响。当时，文化的不足尚未成为社会必需解决的严峻问题，这决定了文化热在当时必然只能产生有限的影响。这与中国经济、文化落后有关。

文化是上层建筑的组成部分，上层建筑的变动取决于经济基础。长期以来，我国社会一直是计划经济占主导地位，党的十四大确立了我国经济体制改革的总方向是建立社会主义市场经济的目标，此后，我国社会的宏观结构开始松动，社会文化也产生了相应的变化。人们不仅从书刊、影音传媒里感受到文化的存在，更切身体会到文化已经浸润到身边的世界，对日常生活方式产生影响。文化问题真正成为一个必须面对的问题，成为与社会生活休戚相关的领域。这，实际上体现了社会转型与文化变迁之间的关系。

社会转型是社会学藉以表征特定社会变迁阶段的名词，"意指社会从传统型向现代型的转变，或者说由传统型社会向现代型社会转型的过程。"②有学者对这一概念进行了更为详尽的界定："社会转型是一种整体性发展，也是一种特殊的结构性变动。"③"这有三层基本涵义：一是指它不仅意味着经济结构的转换，还意味着其他社会结构

---

① 陈奎德主编：《中国大陆当代文化变迁》，40页，台湾桂冠图书有限公司，1991。

② 郑杭生等：《转型中的中国社会和中国社会的转型》，"前言"第1页，首都师范大学出版社，1996。

③ 袁方等：《社会学家的眼光——中国社会结构转型》，31页，中国社会出版社，1998。

层面的转换，是一种全面的结构性过渡；二是指它是持续发展中的一种阶段性，特征是在持续的结构性变动中从一种状态过渡到另一种状态。……三是指它是一个数量关系的分析概念，是由一组结构变化的参数来说明的，而不仅仅是一般的宏观描述和抽象分析。”①

自步入近代以来，我国社会一直向现代社会艰难过渡。19 世纪下半叶在列强的铁蹄和封建专制的双重束缚下艰难挣扎。20 世纪初在武昌起义的炮声中推翻清政府统治。1949 年人民当家作主。这都是中国人民对世界现代化浪潮的响应，以或温和或激烈的方式推进社会的变迁。其中 1912 年民国建立和 1949 年中华人民共和国崛起，更标志着中国社会两次急剧的现代转型。与以往的革故鼎新相比，当前的社会转型又呈现出不同的形态。学者们认为，当前中国社会正在从自给、半自给的产品经济社会向有计划的商品经济社会转型，从农业社会向工业社会转型，从乡村社会向城镇社会转型，从封闭半封闭社会向开放社会转型，从同质的单一性社会向异质的多样性社会转型，从伦理社会向法理社会转型。

这次转型，不仅有中华民族先进分子的促动，更有全民族理性的选择；变革的领域不再仅仅局限于政治等单项指标，而是扩展到社会的各个领域、各个层面。称之为整体的和全面的结构状态的位移，恰如其分。当前我国稳定的政治形势和充满生机的经济发展趋势，使这次社会转型具备了比以往更好的外部条件，使我们有信心预期转型的成功。

社会转型一般包括结构转换、机制转轨、利益调整和观念转变等方面。所有制结构由原来的单一公有制转变到以公有制为主，多种所有制并存，为社会主义市场经济体制的运行创造了更为良好的外部条件，保障了市场经济竞争机制的良性运作。所有制结构的调整，也使得物质利益得以重新配置，社会财富在总体上为国家、集体、私人三级所有。结构、机制、利益配置的变化，导致社会关系的重新调整。在市场经济体制下，通过运用契约形式来明确界定契约双方的“关系”，这种获得性的社会关系较之以往的血缘关系、隶属关系是一种

① 袁方等:《社会学家的眼光——中国社会结构转型》，34 页，中国社会出版社，1998。

进步，有利于激励人们的责任心和负责精神，有利于市场经济的发育和完善。

转型社会的变化特征，深深地渗入到社会生活中的各个层面，最终将落实到具体的个人身上，影响、改变着人们的“观念态度和作用世界的方式”。观念是指导人们的社会活动的一种精神动力。它产生于现实社会，反映现实生活；同时，它又是指导和激励人们从事某种活动、参与某种实践的重要思想根据。在社会转型时期，观念的变化就内部而言，是人们的价值体系发生变更，就外在而言，则表现为行为方式、生活方式的明显改变。人们的这些变化，可“称为最深层次的转型，即中国人的生存意识和生存方式的转型：在生存的时间意识上，从重视过去向重视未来转化；在生存方式上，从稳定向发展转化；在生存的价值追求上，从趋同、统一向多元、自主转化。”①

观念及行为方式、生活方式的变化，实质上是文化变迁在个人身上的体现。所谓文化变迁，“指文化内容和形式、功能与结构乃至于任何文化现象或文化特质，因内部发展或外部刺激所发生的一切改变。”②文化变迁，意味着文化为了适应社会发展而进行新陈代谢。惟其如此，文化才能一方面不断适应社会的需要，创造出更多的文化“产品”，供社会“消费”，另一方面，又引导着社会向更高的文明进发。正是在文化的不断代谢和变化过程中，人类文明的生命力才得以体现。因此，文化变迁是人类社会发展的必然。

根据上述定义，文化变迁可能是内发的，也可能是外生的，可能舒缓地潜移默化，也可能狂烈地摧枯拉朽。进入近代以来，中国社会的文化变迁多是响应外界的强烈刺激，被动对原有的文化加以改造。近代中国坎坷的发展历程，又时不时地羁绊着文化的前进。与以往的文化变迁相比，当前的文化变迁虽然没有与革命或战争相伴生，相对不那么剧烈，但由于处于特殊的历史时期——社会转型期，因此，这场变迁也不是纯然的平静过渡，而与转型社会的总体特征相适应，具有自己的特点。在速度上，由于社会处于大调整、转型时期，为了适

① 叶澜主编：《“新基础教育”探索性研究报告集》，196 页，上海三联书店，1999。

② 克莱德 . M. 伍兹著，何瑞福译：《文化变迁》，4 页，河北人民出版社，1989。

应社会的需要，使新的思想模式和行为模式能及时地更替旧的思想模式和行为模式，文化变迁和代谢较正常状态下的文化变迁为快。在内容上，转型期的文化处于新旧交替的阶段，无论新旧文化，都有一定的影响，因此，整个社会文化更显得丰富、庞杂，而且，彼此间的更替快速而频繁。就多样性而言，在转型期，原有的文化开始逐步地失去其绝对的统治地位，但并非全然失去影响，新的文化因素开始初现端倪，却也没有建立起稳定的地位，没有哪一种文化占据社会的主导地位，这种主流文化的“真空”状态，使多种文化取向在社会上并存。这种文化多元的状况，造成了文化图景的纷繁复杂，但也增加了人们进行比较和选择的可能性。最后，就影响来说，转型时期的文化变迁波及社会的各个层面，具有整体性、全面性，因而其形态比一般的文化变迁剧烈，对人们所造成的影响更为深刻。这种特定的文化变迁，不妨称之为文化转型。

文化转型是特定历史时期的文化变迁，意味着在特定社会背景下文化处于一种过渡性形态。由上文的分析，也许有人会得出这样的结论，既然文化转型以社会转型为基础，那么文化转型将在时间上落后于社会转型，也就是说，文化转型应当在社会转型完成之后开始进行。诚然，文化属于上层建筑，它的发展变化受制于经济基础。我们所提倡的现代文化，只有当市场经济体制真正确立并开始良性运作，才会逐渐地发展完善；先进的观念体系，只有在具备了一定的社会条件时，才会为人们广泛接受，才会外化为人们的行为。但这并不意味着当前新文化的建构只能消极地等待。

社会转型是一个革故鼎新的过程，它在摒弃旧有社会机制的同时，需要建立一整套新的社会运作规则，才能维持社会正常有序的运转。而这一套新体制需要在先行形成的观念体系的指导下才能确立。因此，文化转型中观念的变革，又必须先于社会体制的转型。就此，有学者总结道，社会转型与文化转型的逻辑顺序与时间顺序是不同的。①

根据上述的分析，我们可以说，文化转型与社会转型两者间是一

① 吴秀生：《论文化转型与社会转型及其关系》，载《教学与研究》，1997(10)。

种双向互动、相辅相成的关系：文化转型必须以社会转型为依托，社会转型必须以文化转型为先导。所以，为了使社会转型和文化转型都能顺利地进行，需要采取措施，保证两者之间能够协调进行。

三、当前文化问题聚焦

文化转型具有不同于一般文化变迁的特征，与我国社会发展的实际相结合，使我国当前的文化问题具有特殊性，对社会生活产生了重大的影响。

进入近代以来，中华民族可谓是命运多舛。社会的动荡与激变，不能为深入探讨文化的发展提供一个稳定的环境，甚而产生所谓“文化断层”的现象。

现代对中国传统文化的猛烈批判始于五四运动。五四运动的功绩，已有历史定论，但另一个事实也存在。清末民初社会的守旧僵化，使当时的志士形成一个基本的假定：凡是旧有的都是坏的，凡是新来的都是好的。因而，导致对传统的轻率否定与简单化。40年代之后，已经有人开始反思传统积极的一面，但国家危难的加重，使文化建设无法顺利进行。

新中国成立之后，很长一段时间内，我们将中国传统文化主要视为封建文化，将西方近现代文化主要视为资本主义文化、帝国主义文化，采取了相当严厉的批判态度。发展到极端，“文化大革命”原意是要全国人民都做批判家，与包括传统在内的全部旧思想、旧文化彻底决裂，却造成文化上的一场浩劫，反而倒退到文化蒙昧主义和原始的图腾崇拜。

历史给我们留下的教训是深刻的。任何新文化都不可能脱离具体的历史情境和原有的文化传统，凭空地得以建立。因此，现代文化建设必须奠基在继承和批判传统文化的基础上。出于传统与现代二元对立的思维方式，我们缺乏对传统文化的深刻反思，更多地看到传统文化消极的一面，因而在继承与发展方面有所欠缺。文化的发展当然不可能完全地断裂，但对传统文化的继承不力，却会使得新一代对于自己的文化产生陌生感。这种文化脐带脆弱的状况，一旦受到外来异质性文化的冲击，便会加重文化不适的现象。

自五四以来，传统文化与现代文化、本土文化与外域文化之间的抗争就一直是文化研究中的重要课题。随着历史的沉积和社会转型期的到来，异质性文化之争显得尤为激烈。当前，我国社会呈现出传统文化与现代文化、本土文化与外域文化并存的文化多元现象。

在历史上，中国本土文化与外来文化间的冲突有三个阶段。第一阶段（古代），印度佛教的传入；第二阶段（近代），大炮、科技、人文的冲击；第三阶段（现代），主义、思潮和制度的冲击。①由于不同历史时期，我国的社会发展状况不一，这三个阶段的文化冲突，呈现出不同的结果。第一阶段，我国本土文化以蓬勃的生命力和宽容自信的态度，吸收外来文化的丰富养料，使之融入到本土文化中。第二阶段，落后的封建专制国家在新兴的资本主义国家的冲击下，一败涂地，颟顸的统治阶级先是盲目自大，继而恐惧狼狈，最终对侵略者唯命是从。这种从极端自信到极端自卑的心路旅程，是当时普遍的国民心态。第三阶段，外来的诸般主义、思潮和制度，给觉醒了的中华民族以诸多启示，但太久的落后让我们还不能及时地消化囫囵吞下的外来文化，而太迫切的追赶意识有时又把事情的发展引向另一方面。当前我国文化多元现象，仍属于这种状况。而交通的日益发达，信息传播技术的日益发展，使得我们能接触到的外域异质文化的数量日益增多，内容日益丰富，影响日益扩大，几乎渗透到了每个领域、各个家庭。外域文化带给人们的冲击是现实而巨大的，它冲刷着原有的各种观念、思潮，消解着人们心理的平衡。现代化的进程也加剧了对传统文化的猛烈冲击。商品经济、引进的现代西方文化、民族强胜心理，使现在成为一个文化大冲突的时代。②综合而言，具体的社会冲突体现在：横向联系要求与纵向隶属传统的冲突；对外开放要求与封闭传统的冲突；（民主）法制要求与（专制）人治传统的冲突；“核心家庭”结构要求与大家庭传统的冲突；经济目标与道德目标同步要求与“重义轻利”观念传统的冲突；抢时间争效益与不讲时效观念传统的

① 参见李述一、李小兵著：《文化的冲突与抉择》，47～63页，人民出版社，1987。

② 同①，90页。

冲突；重视知识重视人才要求与轻视知识轻视人才观念传统的冲突；强胜心理要求与求稳心理传统的冲突；提高民族心理素质要求与愚昧心理传统素质的冲突，等等。①

社会的发展促进了观念的发展，尤其是重视个性发展的价值观念得到了宏扬。人们开始重视自我、重视未来，开始用一种崭新的目光审视自己，审视生活，并把个性、自由放到了从未有过的高度，这一切，都促使人们更多地去追求自我价值的实现，从而强化了价值多元化的取向。

淡忘传统的同时，也使得精神得以归依的家园不易寻觅，价值多元又加重了选择时的痛苦，这两者都使文化冲突加剧。但文化冲突更突出地表现在规范性文化方面。在社会转型过程中，原有的一系列行之有效的制度性规范和非制度性规范显得与社会现实严重不协调，以致无法奏效。因袭的文化规范受到冲击，新文化又未能正式确立，反映在人们的规范意识领域，则表现出某种程度文化规范上的失范现象；对于整个社会来说，由于未能找到一种适度的社会控制目标，则表现为一定程度的社会文化规范上的失控现象。

有学者总结，当今社会存在着六大病态社会心理：（1）物欲化倾向：重物质，轻精神；（2）粗俗化倾向：报复原来极端政治化的倾向，向原始的、本能的方向的复归；（3）冷漠化倾向：人际关系淡漠，缺乏同情，见义不为，甚至见死不救；（4）躁动化倾向：情绪化和非理性；（5）无责任化倾向：无兴趣（情绪冷淡，精神空虚、情感萎缩、厌世不振）、无所谓（虚无主义，玩世不恭）、无意义（缺乏积极性、主动性、创造性）；（6）浮夸化虚假化倾向：说假话，吹大牛，经济功利性取向。②

这些心理及行为就其表现而言，确乎是病态的、丑恶的，但它们的存在有其合理性。中国缺乏适应现代社会所需要的文化传统，只能从异质文化中汲取力量，从而实现文化转型。文化转型过程中，必然

---

① 参见李述一、李小兵著：《文化的冲突与抉择》，90～100页，人民出版社，1987。

② 参见沙莲香等著：《社会学家的深思——中国社会文化心理》，229～250页，中国社会出版社，1998。

出现多种价值观并存于同一时空的现象，它们之间不可避免地会互相碰撞和冲击，从而引发社会的文化冲突和文化失范。

文化在社会的各个子系统都得到反映，教育系统也无法与文化冲突绝缘。学校是传递社会所要求的文化的场所，一堵围墙无法将校园与社会隔离。学校内不仅存在传统文化与现代文化的矛盾，还存在着外来文化与本土文化的矛盾，而且由于学校文化是社会文化系统下的亚文化，因此学校内的文化冲突还有其特殊性：学校内部的文化发展与外部社会文化变革之间可能存在矛盾，学校内部所存在的不同文化观念之间，也可能产生矛盾。

首先，校园外社会文化的传统、现代、外来文化一同对学校进行着冲击，社会文化变革中的问题在学校内部都有不同程度的反映。原有的教育目标、教育内容都与之发生着冲突。而且，“当代中国的校园似乎越办越封闭，几乎成为与世隔绝的孤岛，而从这些孤岛中输送出来的所谓人才，往往不是因狂妄自大而在冷酷现实面前碰得头破血流，就是因胆怯自卑而在陌生的人群当中畏缩不前。”①

其次，外界文化的影响深入到校园的各个角落，不同的人在外界文化变革的氛围中接受了不同的文化熏陶，从而形成了不同的文化观念。例如教师和学生就因文化背景、文化感受不同而形成了一对主要的学校文化矛盾。

此外，青年教师与中老年教师之间价值观上的矛盾、新旧教育观念的冲突、校内文化氛围中原有传统被打破等等，这些都是学校内文化变革的具体表现。

第二节 教育观念的重新定位

文化转型所带来的文化问题，在教育领域的各个层面都产生了深远的影响。由于文化问题主要属于精神层面，因此最直接的是对教育观念的影响。而谈到新时期以来我国教育观念的转变，不能不提到关于传统教育与现代教育的讨论。

---

① 徐新建：《试谈校园文化》，载《教育研究》，1989(10)。

80 年代以来，我国教育界关于教育观念转化问题的宏论甚多，以“传统教育向现代教育转变”来概括其基本观点，还是较为恰当的。十一届三中全会之后，改革开放打破了闭关锁国的局面，经济建设成为国家工作的中心。通过考察西方，特别是考察日本和原联邦德国战后经济崛起的经过，人们得出了这样的结论：经济腾飞的关键是人才，而人才的培养要靠教育。因而教育事业与经济建设的联系得到了空前加强，教育得到了重视。邓小平关于“现代化的关键是科技，科技的基础是教育”的提法，得到了广泛的认可。然而，当人们把视线投到现实中的教育时，发现存在着不少亟待解决的问题。其中最引人注目的是，恢复“文革”中被破坏的教育的同时，矫枉过正，把升学率作为衡量教育质量的惟一标准。不少论者认为这种情况与现代化建设不相适应，迫切需要进行教育改革。而改革的第一步就是评价现实的教育，析其利弊，以革故鼎新。由此引发了关于“传统教育与现代教育”的探讨。

以 1985 年（中共中央颁布《关于教育体制改革的决定》）和 1993 年（中共中央、国务院颁布《中国教育改革和发展纲要》）为界，传统教育与现代教育的讨论可以分为 3 个阶段。

第一阶段（1978～1984 年）。1978 年后，思想的解放，社会主义经济建设的大规模开展，激发了对教育理论的深入探讨。这阶段，论者对“现代教育”这一概念进行了较为系统的理论思考。通过运用历史唯物论对教育进行分期，树立了教育应为现代大生产服务的观念，逐步摆脱了“教育是阶级斗争的工具”的左倾认识。1983 年 10 月，邓小平“教育要面向现代化，面向世界，面向未来”的题词，引起了教育理论工作者的共鸣。在题词的激励下，教育理论界进一步考察教育的现状，借鉴外国教育理论，总结世界教育发展趋势，在此基础上，倡导教育改革。

第二阶段（1985～1992 年）。全国教育工作会议的召开，万里在会上的讲话，以及《关于教育体制改革的决定》的颁布，在社会上引起巨大的反响。理论工作者基本取得了这样的共识：要改变我国教育的落后状况，革除教育体制的弊端，首先必须改变陈腐落后的教育观念，树立现代教育思想和新教育观，因而教育思想的改革十分重要；

要改革教育体制，首先应对现实教育有一个认识，判定现阶段教育的性质。这样“传统教育与现代教育”的讨论自然就提上了日程。

万里的讲话批判了陈腐的传统教育思想和僵化的教学方法，以此为依据，以实现教育观念的转变为要旨，教育理论界全面展开了有关传统教育与现代教育的讨论，并于1987年前后达到了高潮。人们热烈并较为深入地探讨了：传统教育与现代教育概念的界定、传统教育与现代教育的比较、传统教育的评价、传统教育向现代教育的转化、教育现代化等论题，认识上有了一定的提高。80年代末，当改革与经济建设不相适应的教育成为人们的共识之后，论题逐渐转化为如何改革教育思想。

第三阶段（1993年之后）。1993年《中国教育改革和发展纲要》颁布之后，理论界激起了对教育现代化的讨论热情。在一定程度上，这是“传统教育与现代教育”讨论的延伸。随着中国教育改革的深化，素质教育逐渐出现，并成为教育界广为接受的教育思想，尽管这一提法还有许多值得进一步商榷、完善的地方，但它表达了20世纪末中国教育界提高教育质量的强烈愿望，并在一定程度上指明了今后一段时间内中国教育的努力方向。

一、传统教育的批判与反思

教育向来是人们期望甚高而责备又甚痛切的领域。随着改革开放的逐步深入，对人才的要求也逐渐提高。在这种背景下，教育中存在的弊端日益显现，引起了人们广泛的关注，引发了对传统教育的批判与反思。在诸多批判言论中，也许万里在全国教育工作会议上的发言流传最广：“我国陈腐的教育思想和教学方法，可以说是一种封闭型的教育思想和教育方法。教育内容是固定的、僵化的，教育的任务就是灌输这些内容，不能稍加发挥，不能问个为什么，更不能怀疑，考试按固定的内容和格式照答就行，把学生引导到追求高分数上去。这种教育思想和教育方法培养出来的人才，只能是‘唯书’、‘唯上’，必然缺乏创造性和进取精神。”①

在当时，人们从多方面批判了传统教育的主要弊端。在宏观方面，人们认为，传统教育主要存在着以下不足：

(1) 教育事业观上，把教育看成是纯消费性行业，没有认识到也不重视教育具有生产性的一面，这实质上是小生产的自然经济活动与传统农业文明的社会意识形态在教育思想上的反映。

(2) 教育管理上，重视宏观控制，轻视微观搞活，重视纵向结构，轻视横向联系。结果是集中过多，统得过死，不利于调动广大教育工作者的积极性，也不利于教育的合理构成和合理发展。

(3) 在人才观上，对人的培养“惟书”、“惟上”、“惟师”，忽视学生独立思考、独立获得知识以及创造能力的培养，所培养的人不适应社会主义建设事业的要求。

(4) 教育目的观（教育宗旨）上，不重视把全体学生都培养成社会主义建设的合格劳动者，常常轻视生产劳动教育，脱离生产劳动的要求。

(5) 培养目标观上，只重视学生掌握知识的多少，忽视学生德、智、体、美诸育的全面和谐发展，并错误地把学生的全面发展，归结为文化知识学习的面面俱到。这又是不正确的教育评价观的思想根源。

(6) 在教育观上，只重视书本知识的传授和机械记忆，而不重视学生智能的培养和发展②。

若从微观来看，传统教育主要在教学方面反映出一些不良倾向：

(1) 教学任务上，只重视传授知识，不注意培养和发展能力，培养的人“唯书”、“唯上”，缺乏创新和开拓精神；

(2) 教学内容上，严格按分科教学系统传授文化科学知识，只强调教材逻辑系统，重知识，轻实践，有的知识陈旧，要求一律化，不考虑学生的心理和可接受性；

(3) 教学组织形式上，强调班级授课，忽视课外、校外的形式；

---

① 瞿葆奎主编：《教育学文集·中国教育改革》，792 页，人民教育出版社，1991。

② 瞿葆奎主编：《教育基本理论之研究（1978～1995）》，915 页，福建教育出版社，1998。

(4) 教学方法上，多以讲授为主，忽视自学方法，忽视能力的培养，不注意区别对待地发展每个学生的爱好特长；

(5) 师生关系上，强调教师主导作用，忽视学生主体性，培养的学生盲目听话，“唯师”是从，缺乏民主平等的关系；

(6) 教学管理上，强调统一化、同步化、规划化，忽视学生的主动发展和个性多样化；

(7) 强调智育，通过教学进行德育，不能德、智、体、美等一齐抓，强调各科平均发展，缺乏评定学生全面发展的科学标准，往往以分数、而不是全面发展素质来评价教育质量。①

传统教育的这些不足，并非是一朝一夕形成的，而是经过了漫长的历程。要分析这些不足，进而提出改造的意见，就有必要对中国传统教育思想形成的历史原因进行剖析。这方面较为一致的意见认为：

(1) 封建社会以分散的、自给自足的小农经济为主要形式的生产方式，产生了中国传统教育思想的封闭性；

(2) 封建社会的社会制度、政治生活产生了传统教育思想的保守性；

(3) 传统文化与传统伦理价值观造就了传统教育思想的循旧性；

(4) 传统的思维方式培植了传统教育思想的僵化性；

(5) 近代半殖民地半封建社会以及它所提倡的“中学为体，西学为用”，严重阻碍了传统教育思想的变革；

(6) 在封建社会长河中沉淀下的传统教育思想，又渗入了西欧传统教育思想家的教育理论；

(7) 解放后，凯洛夫的教育学说，对我国的教育思想有着很大的影响②。

从以上所引的讨论内容来看，“传统”被当做“旧的”、“保守的”、“陈腐的”等诸如此类的代名词。到了讨论的后期，人们开始注意到以或褒或贬的二元选项方式对传统教育进行评价有欠妥之处，故

① 瞿葆奎主编：《教育基本理论之研究（1978～1995）》，916页，福建教育出版社，1998。

② 同①，914页。

而开始注意发掘传统教育积极的一面。比如认为我国传统的启发教育仍有其积极的实践意义，强调系统知识的传授不无合理之处，等等。

二、现代教育的展望和追求

所谓的现代教育，“是反映现代大生产、与现代社会的物质文明和精神文明的发展相适应的教育，是现代经济政治、文化和科技发展的结果，包括教育制度、教育内容、教育思想、教育手段、教育方法等诸方面。”①

现代教育是与传统教育相对应而提出的。如果说人们将传统教育作为教育弊端的集中体现而进行批判，那么在现代教育身上，人们则寄托了对美好教育未来的憧憬与期望。现代教育是传统教育的对立面，人们赋予它种种的先进性。因此要认识现代教育，可以通过将它与传统教育进行比较，来达到目的。

有论者从宏观方面探讨了传统教育与现代教育的区别，认为，二者存在着本质差别。

首先，现代教育是面向未来的开放型教育，传统教育是面向过去的封闭型教育。现代教育的社会职能，除了发挥上层建筑的作用，还要促进生产力发展；传统教育的社会作用则主要是发挥上层建筑作用。

第二，在教育目标方面，现代教育特别强调培养学生的全面素质，要求学校培养出来的人才具有：合理的知识结构；完善的智能结构；良好的个性品质结构；良好的思想品德结构；健全的身体素质。同时，现代教育注重发展个性，力求培养具有创新、进取、开拓精神的人才。而传统教育则只注重培养具有一定的知识和生产技能的人才，而且所培养的学生一味顺从、缺乏个性。

第三，在教育内容方面，现代教育的教育内容系统综合化，主张教学内容能反映当代社会的需要，体现时代的精神；传统教育的内容系统单一化，主张崇尚书本，按固定的知识体系进行教学。

第四，在师生观上，传统教育中的教师是教育教学过程中至高无

---

① 瞿葆奎主编：《教育基本理论之研究(1978～1995)》，908页，福建教育出版社，1998。

上的力量和绝对权威，而学生只是被灌输的对象，缺乏主动积极性，其个性、创造性和进取精神被严重抹杀。现代教育中的教师在教育教学过程主要充当了引路人、服务者的角色，学生则成为学习过程中的主体，学生是主动积极的富有进取精神和创造性的学习者。

第五，教学方法方面，由于传统教育以讲授知识体系为主要目的，强调知识的系统传授、书本的绝对作用以及传统学科的力量，忽视智能培养和知识更新，因此传统教育则以教师“会讲授”为重点，把教师的讲授提到“高于一切”的程度，学生只能被动地听、读、记。讲授法成为学校教学中最有效的方法。现代教育观则认定知识是与智力、能力结合的，其获得不是靠教师的灌输，而是通过学生的主动参与学习、思考与动手。因此，现代教育以引导学生“会学习”为教学的主要任务， 主张“教”为“学”服务，故而提倡具有启发性、发现性、独立性和个别化特点的教学方法。

第六，教育组织形式方面，传统教育思想中关于教学组织形式的观念是封闭性、保守性的，把教育活动的最佳环境限制在课堂上、学校中，以课堂为中心，以单一的班级授课制为主。现代学校是处于现代网络型、多维型的社会之中，故而相应地，现代教育的组织形式多样化，是个别教学、分组教学、班级教学、电视广播教学和自学相互配合。

第七，教育手段上，现代教育的教育手段是“电化教育”，传统教育则一般采用教科书（文字和符号）、粉笔、黑板、图表、模型等静态设备进行教学。

第八，教育制度方面，现代教育体制是普通教育、高等教育、职业教育、成人教育乃至老年教育等纵横交错、互相衔接，它面向全社会，不断地为提高全社会成员的素质发挥作用，而传统教育体制是普通教育、高等教育和职业教育并行的双轨制，只面向青少年。因此，在时限方面，现代教育是终身教育，传统教育是阶段性教育。

第九，教育管理上，现代教育的领导和管理，主要靠领导集体的智慧和科学管理， 而传统教育的领导管理，主要靠领导者的个人经验和行政命令。

第十，教学评价方面，传统教育中学业成绩的评定依据，是死记硬背的知识量的多少；现代教育以更广泛的评定方式补充考试形式。①

传统教育与现代教育的区别，是传统教育与现代教育这一论题中讨论较为活跃的部分，论者或从传统教育与现代教育的狭义理解出发，或从其广义理解出发；或由宏观着眼，或由微观、具体方面入手，阐发了对两者区别的认识。这种分析对了解传统教育与现代教育确实有一定的裨益，但其中也不乏尚待解决的问题。

首先，在比较传统教育与现代教育时，各人对这两个概念的理解不同，区分也不一样。如有的论者认为传统教育是机器大工业的产物，而有的论者则认为现代教育才适应了机器大工业；有的论者把班级授课制、统一化、标准化作为传统教育的具体表现，而在有的论者看来，这些恰恰是现代教育或者现代化教育的凸显。因此，比较的对象不同，此传统教育或现代教育非彼传统教育或现代教育，也就失去了可比性。

其次，在上述的区分中，传统教育与现代教育多作为两个极端出现，对它们的褒贬也泾渭分明：传统教育始终是被指斥的对象，现代教育或现代化教育则无庸置疑地被大为嘉许。然而，传统教育就一定有害，现代教育就一定无弊吗?“现代”与“传统”其自身并不表明褒贬利弊。假如“现代”果真臻于完善，西方后现代主义思潮就无由出现，假如“传统”确实处处与“现代”格格不入，就不必继承传统了。再者，传统教育与现代教育能否截然分开？我们不认为两者之间能像梁柱那样接榫，也不认为历史上曾出现过“真空”时代。

其三，论者动辄言及传统教育与现代教育的质的区别或本质的区别，然而，第一，传统教育与现代教育有否质的或本质的区别，这得依对传统教育与现代教育的界定而定；第二，传统教育与现代教育的质的或者本质的区别是什么？论者们列出的区别少则五六条，多则十条。所谓本质，是事物所表现出的稳定的、一贯的特征，是事物自身所固有的特殊性。如此之多的质或本质的区别不由得让我们怀疑其所触及“质”的程度。

① 参见瞿葆奎主编：《教育基本理论之研究(1978～1995)》，917～922页，福建教育出版社，1998。

哲学界认为，从发展的观点来看，传统是历史上的东西，现代化是当代的现实，因而现代化无疑是对传统的否定。而对于传统教育与现代教育而言，同样存在类似的关系。无庸置疑，现代教育更为适合当前社会，但是，就像现代化对传统的否定并不是断裂而是连续的一样，现代教育并非是空中楼阁，它与传统教育之间并非泾渭分明，毫无瓜葛，相反，现代教育与传统教育有着千丝万缕的联系。

理论界从三个方面讨论了传统教育与现代教育之间的关系：

(1) 传统教育是相对于现代教育而言的一个特定历史概念，是就同一教育培养目标而言的，并在时间上有着不可倒置的顺序。

(2) 现代教育思想的产生与发展，不能离开对历史上优秀教育遗产的继承与发展，传统教育是现代教育的条件和基础，现代教育是传统教育发展的必然结果，是在对传统教育进行批判、继承的基础上，在新的历史时期中逐步发展起来的。两者之间相互渗透，相互吸收，相互补充。对于传统教育应有所分析，有所取舍，当做历史的遗产，分清其精华与糟粕，批判地加以继承或扬弃，不应采取历史虚无主义的态度。

(3) 教育思想改革的进程中，必须实事求是地正确对待传统教育与现代教育，做好纵向继承和横向借鉴。传统教育的主导一面虽是陈旧落后的，但至今仍有其合理的优良传统；现代教育其主导面虽是先进的，充满时代精神，但也有其不完善之处。对待它们都应采取科学的、分析的态度，都不能全盘肯定或否定，应以教育实践作为检验它们是否正确的惟一标准，进行具体分析。①

讨论了传统教育与现代教育间的关系之后，下一步就是如何使教育界、全社会摆脱陈腐的不适应现代化建设的旧教育，树立新教育观念，也就是如何使传统教育向现代教育转化。当时普遍的看法是应改革旧教育思想，树立现代教育观念。

传统教育向现代教育转变，应树立如下观念：(1)教育“本质观念”的转变。现代教育应牢固地树立“教育必须为社会主义建设服务，社会主义建设必须依靠教育的根本指导思想”。(2)教育“价值观

---

① 瞿葆奎主编:《教育基本理论之研究(1978～1995)》,923页,福建教育出版社,1998。

念”的转变。教育不仅是上层建筑，同时也是生产力的重要组成部分；教育不是纯消费事业，而是一种生产事业，是一种能够获得经济效益的生产性投资。(3)教育“作用观念”的转变。由教育的作用只是“保存过去”和“适应现在”的旧观念，转为教育的作用是“改造现在”和“开辟未来”的新观念。(4)教育“目的观念”的转变。由把教育看做是“谋生手段”和“学而优则仕”的旧观念，转为教育是社会物质文明和精神文明发展需要的新观念。(5)“育才观念”的转变。由培养安分守己、安于现状的保守型人才的旧观念转为培养勇于探索、勇于思考、勇于创新的有时代精神的新型人才的观念。现代教育的人才观应当具有这样的特点：人才的广泛性，强调量上的多与行业上的广；人才的多样性和特殊性，认为应放弃平均发展的思想，为不同的个性创造发展的条件，即按照各个学生不同的特长、不同的兴趣和爱好施以不同的教育，使个性充分发挥；人才的和谐性。强调人的全面发展；人才的超前性，强调社会未来阶段对人才的要求。(6)教育“正规观念”的转变。实行多层次、多规格、多种形式的教育体系。要树立全时空的教育观。年龄上，终身教育；活动范围上，不再限于学校教育。(7)教育“要求观念”的转变。由强求划一平均发展、培养“标准件”的旧模式变为区别对待、注重个性、多向发展的新观念。(8)教学“内容观念”的转变。由以传授知识为主要任务的传统观念，转为以培养能力为重点的新观念。(9)教学“方式观念”的转变。转为“开放型”、“多渠道”、“多种方式”培养人才的新观念。(10)教学“方法观念”的转变。树立以学生为主体的观念，由重“教法”转为重“学法”。注重传授知识与发展能力，实现教学内容的综合化和现代化，逐步实现教学过程的终身化、回归化，教学途径多样化，教学方法灵活多样化。

关于传统教育与现代教育的讨论，有一个容易让人进入的误区，那就是如何看待传统与现代。在初期，有一种颇具代表性的观点，认为传统代表着旧的、陈腐的，现代则代表新的、充满生机的。如何看待这种观点呢?《辞海》中是这样界定“传统”与“现代”的：“传统，由历史沿传而来的思想、道德、风俗、艺术、制度等。现代，即帝国主义和无产阶级革命的时代；历史学上通常指无产阶级取得社会主义革命胜利的时代”；而对“现”的解释为：“现有的，正在进行的”。①若是再参考哲学界的有关研究成果，也许对两者的理解会更清晰一些。我国哲学界有学者认为，对于传统的解释虽然众说纷纭，但也有共同点：认为传统是由历史上形成的东西所构成。而在美国学者E·希尔斯看来，“传统意味着许多事物。就其最明显、最基本的意义来看，它的涵义仅是世代相传的东西，即任何从过去自传至今或相传至今的东西。……决定性的标准是，它是人类行为、思想和想象的产物，并且被代代相传。……它是现存的过去，但它又与任何新事物一样，是现在的一部分”②。由这些观点，也许我们可以说，相对而言，“传统”应强调其时间的延续过程。而“现代”，似乎应为即时性概念。“现代”是由“传统”发展而来，“现代”中蕴含着大量的“传统”内容，与“传统”隔绝的“现代”是不存在的。因而，将“传统”与“现代”作为绝对对立的范畴加以并举，恐怕并不适当。相反，“传统”与“现代”是不可分割的“连续体”，任何一个社会都是处于这个连续体中的，并且都是双元的、混合的，即任何一个社会制度都是传统与现代的结合体。因此，对于现代应采取一种动态的、发展的看法，才能避免将传统与现代二元对立、人为割裂。

将传统教育与现代教育对立，实际上反映了一种对待传统的态度。长期以来，我们对传统多怀有轻率否定和简单化的倾向，不能客观地对待，因而在继承传统方面，走过许多弯路，甚而有文化断层的端倪。所幸在实践中，人们终于认识到这种失误。在讨论过程中，出现了一种“教育传统”的主张。执这种观点者分析了我国教育传统的构成，认为至少包括6种成分：（1）自古以来的封建社会与近代以来的半封建教育残余；（2）西学东渐后的资产阶级传统教育影响；（3）五四运动以后资产阶级现代教育的余波；（4）从根据地到建国以后苏联教育模式的烙印；(5)各革命时期根据地教育的影响，建国以后人民教育事业建设的经验；(6)若干年来，特别是近些年来西方

① 《辞海》，1206页，上海辞书出版社，1980。

② [美]希尔斯著，傅铿等译：《论传统》，135页，上海人民出版社，1991。

教育思想的影响①。这一观点，可以认为是对关于传统教育的误解进行了纠偏。

三、教育现代化的再求索

无论是批判传统教育，颂扬现代教育，还是探讨传统教育如何向现代教育转化，教育界实际上最终的目标是如何破除旧的教育思想和观念，树立新的教育思想和观念。这是教育界为了满足社会和文化变革的需要而作出的反应，是教育作为社会子系统对社会文化变迁的应和。

当代社会变迁的总体目标即实现现代化。与此相一致，教育现代化也成为教育界的努力方向。教育界认为教育现代化是现代教育发展到当前的时代特征，它的基本特征是不断改革，探索最能适应现代化要求的教育内容、方式和组织形式，寻求最能反映、指导教育现代化的理论，使教育更能适应现代化社会的需要，培养符合新时代需要的具有创造精神的新型人才。可以看出，教育现代化是人们通过传统教育与现代教育的讨论，对教育观念进行清理之后的结果。

教育对于社会现代化具有举足轻重的作用，这是一个已被广为接受的真理。美国学者英格尔斯就“人的现代化”进行过一项大型的跨国研究。该研究对人们达成共识的这一论点进行了验证与分析，结论是，教育与现代性的高度相关性，“在某种程度上，是教育与其他社会特性——例如他们的职业、出身、接触大众传播媒介——之间联系的一种人为结果。”这一结论揭示出人们对教育促进现代化赋予了过高的期望。但即便如此，该研究也仍然承认，“在决定个人现代性之中，教育本身是一个非常强有力的直接的和独立的因素。”②

我国人民对教育与现代化之间密切关系的认识，对教育现代化的追求，可以追溯到19世纪中叶。当清末的先进分子开始放眼世界，寻求救国图强的有效方法时，他们就把视线投到了教育。创办新学

① 瞿葆奎主编：《教育基本理论之研究（1978～1995）》，913页，福建教育出版社，1998。

② [美]阿列克斯·英格尔斯等著，顾昕译：《从传统人到现代人——六个发展中国家中的个人变化》，201页，中国人民大学出版社，1992。

堂，废除科举制，颁布新学制，清末和民初所采取的这些措施，都可以视为教育现代化的初步尝试。建国之后，我国通过向苏联学习，创建了社会主义教育体系，也是教育现代化的举措。在新历史条件下，人们对实现教育现代化有了新的要求，从而要求对教育现代化进行不同于以往的再探索。

关于什么是教育现代化，可谓见仁见智。进行全面、系统的分析，教育现代化至少具有3个不同的层面：（1）教育在数量、规模上的发展，以及在办学条件、校舍、设备、技术手段、教育经费等方面的先进程度。（2）教育在制度层面的现代化。（3）教育价值、教育思想等方面的现代化。教育现代化必然要求教育在“硬件”和“软件”两方面的同时更新，而后者作为教育现代化的真正内涵和深层目标，则更为重要。“软件”制约着教育的实际功能和效用，决定着一种教育的真正属性①。

在社会学家眼中，中国现代化运动本质上是一场文化与社会的变迁，大致沿着3个层次演变：器物技能层次的现代化、制度层次的现代化、思想行为层次的现代化②。这与上述关于教育现代化的观点是一致的。在这3个层面中，器物技能不侵害中国人生活方式的内部价值，因此所受阻力较小。制度层次的现代化深入了一步，难度也增大了一些。思想行为层次的现代化牵涉到一种文化的信仰系统、价值系统、社会习俗等最深层的因素，事关个人，因此最深刻、最不容易，遇到的阻力最大，变化也最缓慢。教育界讨论传统教育与现代教育，探讨教育现代化，标志着思想行为层次开始自觉发生变化。尽管还只是渐微之举，但毕竟迈出了第一步。

美国社会学家列维把现代化国家分为“内发性发展者”和“后来者”两类。前者的现代化是由本土自发发展而成，后者则是在外力促进下而进行的，属于外发性型。将这一理论运用到我国的教育发展进程，显而易见，我国的教育现代化是一种“后发型”的现代化。我国教育现代化实施过程中，必定要吸收、借鉴西方国家的经验，并根据

① 瞿葆奎主编：《教育基本理论之研究（1978～1995）》，927～928页，福建教育出版社，1998。

② 金耀基：《从传统到现代》，131页，中国人民大学出版社，1999。

我国教育的实际加以提炼、改造与发展。①因此，我国的教育现代化就像社会转型一样，势必不可免地会受到西方文化的冲击，经受急剧的结构性变革，会感到痛苦，付出一定的代价，甚而会像文化失范一样，出现“教育失范”。

尽管教育现代化势必要求付出一定的代价，但随着全社会前进的步伐，教育的发展也如弦上之箭，不得不发。如何促进我国的教育向现代化发展，已成为普遍关注的问题。

教育观念的现代化最先被纳入人们的视野，认为要使教育现代化成为人们的自觉目标，首先要实现教育观念的现代化。因为我国悠久历史传统中的某些弊端，在变革时代显得尤为突出，陈腐过时的教育结构和教育措施往往借某些陈腐的传统观念禁锢人们的手脚。只有在观念上来一次跃进，教育现代化才能得到保证。由此，论者提出应树立6种教育现代化观念：不断发展、变革的教育观念；新的教育价值观念；多元化的教育观念；民主化的教育观念；终身教育观念；现代化的教育科研观念。

若从社会现代化的全局来看待，社会现代化的任务是以经济建设为中心，建设社会主义民主政治和市场经济，与此相一致，教育现代化的主要任务至少应包括：(1)适应市场经济体制，满足经济增长和社会各方面的教育需求，在规模、规格、质量、效益上都达到较高水平。(2)实现教育民主化，与社会主义市场经济体制和民主政治建设相促进，这表现在资源配置、决策过程、领导和管理体制、学术权利、学术自由、教学过程、普及教育等诸多方面。(3)伴随着知识权威和教育主体地位的建立，保持以人为中心的主体价值。(4)更新和重建民族的、科学的、现代的教育文化。根据教育现代化的任务，以及世界文明所体现的现代教育的基本价值，并考虑到我国教育面临的特殊问题，我国教育现代化所追求的价值目标应当包括：(1)教育的普及化。(2)教育的公共性。(3)教育的科学性。(4)教育的实用性。而教育变革——走向教育现代化的来源主要有三：本国的教育传统，

① 郑金洲：《教育现代化与本土化》，载《华东师范大学学报（教科版）》，1997(3)。

与外国的交流接触，本国教育实践。①

关于教育现代化的探索使人们进一步了解了当前教育发展的趋势，明确了发展教育事业应采取的相应措施。随着理性探讨的深入，实践也开始加快步伐。从90年代中期开始，我国经济发达地区奏响了向教育现代化进军的进行曲。上海、江苏、珠江三角洲明确提出了“教育现代化”、“一流城市，一流教育”的要求，并采取了相应的措施。以江苏省为例，根据苏南地区经济较为发达的条件，提出了教育现代化的目标，要求这些地区基础教育的初步现代化应大致包括以下几方面的内容：

1. 教育思想现代化。确立教育为市场经济服务的思想，以人才观的现代化为先导，转变在高度集中的计划经济体制下形成的旧的教育观念，树立市场经济的新的教育观念。

2. 教育结构现代化。在巩固普及九年制义务教育成果的基础上，加快发展和普及高中阶段教育，探索高中阶段教育办学模式和初中后教育改革，及与其他类教育的沟通和衔接。

3. 办学条件现代化。校舍设备、硬件软件不低于世界发达国家的水平。

4. 师资队伍建设现代化。教师的思想、文化、身体、心理素质，教学、科研能力与教学效果，教师的经济地位和待遇水平，能有较大幅度的提高。

5. 教育管理的现代化。建立间接调控的宏观管理体制，实行科学民主决策，鼓励公平竞争，采用现代化的管理手段。

6. 教育质量现代化。以培养适应21世纪需要的建设者和接班人为基点，制定人才规格，改革课程结构和教学内容，运用现代化的教学手段、教学方法及评价手段培养高素质的人才。②

教育实践所采取的措施，与所得出的理论认识是一致的。不过，无论我们如何设计教育现代化，从文化发展的角度而言，有一点很值

① 瞿葆奎主编：《教育基本理论之研究(1978～1995)》，929～930页，福建教育出版社，1998。

② 万迪人、朱卫国：《苏南农村教育发展和改革的新趋向》，载《江苏教育研究》，1994(2)。

得我们注意。我国的教育现代化是社会现代化的一个组成部分。基于我国属于后发型现代化的实际情况，就必须向先进国家学习、借鉴，吸收其有益的经验。这个学习的过程是一个选择的过程，同时也是一个现代文化与传统文化、外来文化与本土文化接触与冲突的过程。对此，“后来者国家的教育现代化一方面要借鉴已现代化国家的模式，以更有效地变革自己的社会，另一方面又要保持本民族的一体性，以防止教育结构的解体。”①

文化变迁是人类社会的永恒现象，“当环境的改变有利于新的思想模式和行为模式时，社会文化变迁的先决条件就具备了。”②我们通过回顾关于传统教育与现代教育以及教育现代化的讨论，追溯了当代教育观念变革的脉络，可以说，当代教育观念变革是在社会文化变迁的特定阶段——社会及文化转型期应运而生的。它是教育界对文化问题的首先回应，为教育改革的深入创造了舆论基础和先决条件，具有积极意义。

第三节 文化转型下的师生

文化属于上层建筑，它对社会的作用，最根本的体现在对人的深层意识和行为表现产生影响。因此，文化问题在基础教育中产生的作用，归根到底在于对基础教育中人的因素产生影响。在当前的社会文化状态下，教师和学生都受到与以前不同的文化的影响，所感受到的文化冲击的剧烈程度，也是前所未有的。

一、教师：理想与现实之间

“太阳底下最光辉的职业”、“点燃自己，照亮别人”，无论中外，人们都毫不吝惜地对教师这一职业给予诸多赞美。这些褒奖之

① 郑金洲：《教育现代化与本土化》，载《华东师范大学学报(教科版)》，1997(3)。

② 克莱德.M. 伍兹著，何瑞福译：《文化变迁》，第22页，河北人民出版社，1989。

词，是基于教师在社会生活中的重要地位，基于教师为社会所作出的贡献。

在现实生活中，教师确实承担着不可替代的工作，同时充当了多种社会角色。台湾学者林生传认为，教师至少扮演5种重要角色，即传道者的角色、授业者的角色、选择者的角色、辅导者的角色及协商统合者的角色。美国学者格兰布斯则将教师角色分为两大类，一类是学习指导者，另一类是文化传播者。前者具体包括7种角色：学生成绩的评判者、知识与技能的择定者、纪律维持者、儿童的保护人、道德气氛的创造者、教育机构的成员、学校教育传统的支持者。后者则具体包括9种角色：中产阶级文化的恪守者、青年人的楷模、理想主义者、思想界的先锋、有文化教养的人、社区事务参与者、社区中的陌生人、教育机构中的路人、社会的公仆①。由这些分析，教师工作的繁重与复杂程度可见一斑。在社会文化转型时期，教师感受到文化方面的变化，所承担的多种角色之间发生冲突。

(一) 传统的教师角色

在我国，尊师一直是备受推崇的观念。封建社会，“天地君亲师”，强调对教师的敬畏；“一日为师，终身为父”，则把师生间的关系与血缘关系相比拟，要求学生对教师的服膺和尊敬。这些说法的前提，便是承认教师在社会中扮演了极其重要、不可或缺的角色。封建社会的尊师传统，在当代社会得到了延续，相应地，人们对教师的角色要求，在现代也有一定的一致之处。

教师在社会中扮演着多种多样的角色，但就人们对这一职业的期望来说，大致可以分为三类：道德的象征、知识的传授者、学生的监护人和管理者。

1. 道德象征

我国的传统文化是一种道德中心的文化。因此，作为延续社会文化的重要手段，教育也鲜明地反映了这一特点。除了教育内容体现社会的道德要求之外，教师作为教育活动的维持者，同时又是知

①转引自吴康宁著：《教育社会学》，202～203页，人民教育出版社，1998。

识分子（士）的一员，较之社会的其他角色，有更大的责任来履践“铁肩担道义”。所谓“道之所存，师之所存也”，在很大程度上把教师等同于道统的化身；而在诸种道统之中，道德规范又占了非常重要的地位。

对教师提出更高的道德要求，首先要求教师具有高度的社会责任感。教育是社会文化延承的重要手段，关系到下一代是否能继承与发展特定社会的文化。教师承担着教育下一代的责任，因此，应当把教育工作视为社会付予的光荣使命，把“得天下英才而教育之”看做最有价值的活动。这样的要求，是我国传统的集体取向的价值观的体现，它在一定程度上保证了主流文化的正常延续，具有积极的意义。但是，过分的强调，可能加重教师的心理负担。

教师作为道德象征，还要求教师加强自我修养，追求道德的自律，以淡泊名利、安贫乐道作为自己的精神追求。由于我国文化有仁义道德至上、鄙视世俗价值观的传统，“君子喻于义，小人喻于利”，因此，教师作为知识分子（士）的一员，应当以高尚的道德标准要求自己，以纯洁的道德操守出现在学生面前，无私奉献。在现代社会，人们对教师仍然有这样的期望。诸如“捧着一颗心来，不带半根草去”、“燃烧自己，照亮别人”这样的话语，都体现了这种价值取向。这样传统的要求，是为了给尚未完全社会化的学生提供一个切实可见的道德楷模，从而有效地影响学生的价值观。所谓“师者，人之模范也”。①但是，在当前的社会里，功利主义的思想势不可免地要影响到教师这个行业。这就必然使广大教师产生理想与现实间的矛盾冲突，从而影响正常的教育教学工作。

2. 知识的传授者

“师者，传道、授业、解惑者也”，韩愈在《师说》中的论断，长期以来，成了教师职业的传统定位。其中向学生传授知识，是教师十分重要的一项职能。特别是在传统社会中，由于教育尚不普及，传播知识的途径非常有限，教师是最主要的传播知识的渠道，承担了最主要的开发民智、传递文化的任务。教师不仅是道德的典范，也是知

① 扬雄：《法言·学行》。

识的象征，正因为这样，教师得到了人们的尊重。

3. 学生的监护人和管理者

当历史进入到近代社会之后，正规教育逐渐出现并完善。工业社会的发展，使得家庭原来所承担的教育任务，逐渐地移交到学校里，由教师承担。

由于学生一天中的大部分时间在学校中度过，因此，家庭不仅希望教师能承担起向学生传授知识，发展他们的智能和增进修养的职责，还将一部分监护权利转让给了教师。学生在校期间，教师实际上承担着监护人的角色，要保证学生的健康、安全，指导学生的行为，促使其良好地发展。

另外，在教学上，为了实现良好的教学效果，教师必须对一定的教学条件作出安排，设置一定的教学情境，处理课堂上的突发事件；在课外，教师也必须关注学生的活动，注意学生的动向，消除不安全因素，杜绝可能的隐患。教师的这些工作，实际上相当于一个管理者的工作。

（二）现代教师角色的转换

在社会快速前进的大背景下，当代的教育事业无论在质还是在量上，都得到巨大发展。势易时移，人们势必会对教师这一教育系统中的重要因素，提出新的要求，这是不言而喻的。教师的角色因而发生转换。

当代社会里，教师在传播知识、培养观念方面仍然起到不可替代的作用。但时过境迁，外在环境的变化，对教师的要求已远远超出了传播知识的局限。

人们获得知识，一般有这样几种渠道：个人直接经验、大众传媒、教育。其中教育尤以有目的地传授知识而被认为起了最主要的作用。从事教育活动的教师被视为知识的象征，是学生获得文化知识的主渠道。但在当前，随着信息技术的不断发展和推广，传媒日益深入人们的日常生活，占据不可替代的地位。大量的报刊书籍的印行，满足了人们的求知欲和文化娱乐需要。尤其是电视的普及化，提供了丰富多样的视觉信息，突破了文字的局限，使广大受众可以足不出户地了解全国乃至全球的信息，扩展知识。而因特网的迅猛发展，又带来了一场新的传媒革命。可以预见，藉此人们了解世界的方式可以更为丰富。此外，社会交往的日益密切，也使得学生接触的人员日益增多，他们有可能从学校外获得更多的间接经验。在这种状况下，教师知识权威的不可替代性大为动摇，逊色不少。

教师知识权威的削弱，意味着教师不再作为知识库供学生提取，意味着教师不再是学生获取知识的最主要来源，但这并不意味着教师仅仅只能成为学生学习的旁观者，甚至可有可无。教育是教师、学生共同参与、共同创造的活动。学生学习资源的扩大、获取知识方式的增加，恰要求教师花费更大的精力指导学生正确选择学习的内容和方式，为学生学习创设良好的情境，以增进学习的效果。因而，教师由知识传授者转为学习的指导者，由单纯地传授知识转为设置复杂的学习情境、指导学习方法。由“授人以鱼”而“授人以渔”，这是向更高层次的越升。

教育具有自我保存的功能，本身是保守的，传递传统价值是教育体系所担负的职责。①现代社会的教育仍旧具有这些特点，这决定了教师在平时的教育、教学工作中，依然要传递人类已积累的知识，倡导社会所认同的价值观。不过，在变化了的社会背景下，尤其是在转型社会中，教师所代表的主流文化，不再居于惟一正确的地位，而成为价值丛林中的一员。因此，教师不可能向教育对象灌输主流价值观，而只能起倡导、推介的作用，以濡染代替灌输。教师成为主流文化的推介者。

不论是管理者还是监护人，以往的观念都强调教师与学生间的上级与下属的关系。社会民主化的倾向在现代社会表现得十分明显，成为世界潮流，并已侵染到日常生活中。在教育领域，师生间的平等交往是体现这一趋势的要求之一。教师应具有权威，但这种权威取决于教师自身的学识与个人魅力，而不是由传统、习俗或教师职业决定。教师对学生持负责态度，对学生加以指导，这与师生平等相处并不矛盾。教师应是学生的引导者和朋友。

---

① 参见联合国教科文组织国际教育发展委员会编著，华东师范大学比较教育研究所译：《学会生存——教育世界的今天和明天》，85页，教育科学出版社，1996。

时代的进步，要求教师承担比以往更为繁杂的角色。进行60年代以来，在西方国家兴起了一股“教师成为研究者”的潮流，要求教师在日常教育教学工作中，不仅执行传统意义上的工作，更需要以研究者的眼光，来看待自己所遇到的问题，并尝试以进行科学研究那样的态度进行钻研，加以解决。这是对教师提出的更高要求，以促进教师职业的专业性。

（三）理想与现实的落差：教师的文化冲突

尊师是中华民族的优良传统之一，在社会意识形态层面一直得到倡导，但当我们把目光投到民间日常生活时，却会发现一些不和谐音调。尊师行为固然占主导地位，但也同样流传着揶揄塾师的笑话，上演讽刺教书先生的喜剧，甚至有“家有三斗粮，不当孩子王”的俗语。这表明，在理想的伦理规范和现实的行为表现之间，存在着某种差别。人们一方面将教师视为知识的象征，但另一方面，评价职业又不是纯然以该职业对社会的精神贡献为标准。这种差别，古已有之，但在转型时期，价值观的变迁使得理想与现实间的差别进一步扩大，形成一种较大的落差。在这种落差之中，教师感受到剧烈的文化冲突，从而对他们的工作、生活产生影响。

对于教师职业的看法，在理想与现实之间存在落差。这可以通过考察教师职业的社会声望，从而反映出教师职业在社会中的真实地位，得到证实。

欧美国家曾进行过职业声望调查，得出的结论是欧美国家中小学教师并未被认为是专业人员，与医生、律师、工程师等相比还有一段距离，其职业声望稍高于中级地位而已。台湾地区的调查却与之有显著不同：教师职业声望等级迄80年代，仍然属于较高的水平①。那么在我国的大陆地区，情况又是如何呢?

1992年，据复旦大学国际政治系和上海社会科学院青少年研究所在上海市联合进行的抽样调查，声望较高的职业依次为：外商在华代理人、出国自谋职业者、三资企业职工、厂长经理、公关人员。“大学教授”排第7位，医生排第11位，律师为第13位，中学教师

① 参见陈奎熹著：《教育社会学》，206~211页，台湾师大书苑有限公司，1980。

则在所有26类职业中排倒数第二。①

这一调查虽然仅在上海地区进行，不过，上海是我国经济发达地区，教师的职业地位尚且如此，遑论其他地区了。

教师职业的社会声望，是外界对教师职业的评价，属于外部环境对教师的影响。文化转型对教师更为深刻的影响，还在于导致教师价值观念和思想状态发生变化。这是内部因素发生作用，因而影响更大，更为根本。

20世纪90年代以来是我国文化急剧转型的时期。相应地，人们价值观念的变化在这一时期也最为明显。在社会各个群体中，青年由于各个方面都处于上升期，充满活力，富于想像，勇于摸索，敢想敢干，对外界变化反应敏锐，容易接受新鲜事物，因而表现最为活跃。他们是转型期的弄潮儿。

有专家总结，自90年代以来，中国青年的人生价值观有3个基本变化：群体本位取向向个体本位取向的偏移；单一取向向多元取向的偏移；理想主义取向向世俗性、物质性价值目标的偏移。中国青少年研究中心的调查结果，证实了这一结论。

在回答“给钱多干劲大，给钱少干劲小”这一观点的看法时，16.5%的青年认为是对的，57.2%的认为不全对，26.2%完全反对这种想法。②在回答“就您的生活和未来而言，下列因素的重要程度如何”这一问题时，其中关于“挣很多钱”这一选择，27.5%认为非常重要，49.3%认为比较重要，1.4%认为很不重要，13.8%认为不大重要。③

这样的调查结果表明，当代青年更重实际，更重物质，考虑问题从更为现实的角度出发。他们顺应了市场经济的特点，相比较而言，对世俗性的目标更为重视。这种变化其实并非仅见于青年，而是当前社会的一种共同趋向。有社会学者对更广泛的人群进行调查，在问到

① 郑杭生等：《转型中的中国社会和中国社会的转型》，276页，首都师范大学出版社，1996。

② 中国青少年研究中心、中国青少年发展基金会：《新状态：当代城市青年报告，中国青少年发展状况研究报告（1997~1998）》，15页，中国青年出版社，1999年。

③ 同②，224页。

如何看待“给多少钱，干多少活”时，7.6%的被调查对象表示非常同意，33.2%同意，11.4%无所谓，41%不同意，6%很不同意，0.8%表示不知道或不予回答①。虽然不同意者仍占多数，但比例未过半数。这体现出以往重视对集体奉献的价值观，已经不再占主导地位，人们转而将注意力向个人利益倾斜，不再把精神追求当做惟一的目标，也重视物质利益的获得。这不能简单地理解为是从理想向功利的退步，而应看做是个人权利意识的逐渐明晰。这正是文化转型的结果。

教师是社会的特定人群，社会与文化的转型同样要在教师的价值观念上留下痕迹。因此，上述的调查虽然不是专门针对教师来进行的，但这些调查结论同样可用以说明教师在工作、生活中所遇到的问题。

有人曾在上海某区对700多位中小幼教师进行了调查。当调查者请被调查的教师把自己的工资收入，与可比对象（与自己年龄相近的、学历相当的亲戚或朋友）进行比较，结果，仅11.4%的教师认为比他们高，58.1%的教师认为比他们低。在福利待遇方面，43.1%的教师认为比可比对象低，20.6%认为较高，仅2.6%的教师认为高很多。②

教师对自己工资及福利待遇的感觉，与事实是基本相符的。1989年北京的调查、1991年上海的调查、1993年天津的调查比较表明，三个城市的中小学教师收入分别排在12个行业的第9位、末位和第11位；1990年全国教育系统职工年均收入仅为2139元，比全国职工平均收入低8.86%。③

长期以来，当我们谈到教师时，浮现出的总是默默耕耘、甘于清贫、无私奉献这样的形象，总倾向把教师与“燃烧自己、照亮他人”的蜡烛、“到死丝方尽”的春蚕相比拟。这样的看法，强调了教师这一职业的崇高特性，提倡教师应具有奉献精神和责任感。但在过分强调教师职业的道德感的同时，我们却忽略了教师作为普通人的一面。

① 郑杭生等：《转型中的中国社会和中国社会的转型》，272页，首都师范大学出版社，1996。

② 周彬等：《中小幼教师思想道德现状调查报告》，载《上海教育科研》，1998(3)。

③ 陈卫旗：《中学教师工作满意度的结构及其与离职倾向、工作积极性的关系》，载《心理发展与教育》，1998(1)。

教师不仅要在学校中尽教师的职责，还得在家庭里、社会上尽父母、子女的责任。他们同样生活在一定的社会现实中，也有自己作为正常社会人的欲望和需要。在这一方面，人们没有充分的认识，多倾向于把教师抽象化为某种道德上完美的象征。

由于多年的教育和工作中的熏陶，教师也自觉地认同了社会上这一普遍的认识。但当社会和文化转型期来临时，价值体系发生巨大的变动，由原来的单一评价标准到多种评价标准并存。理想与功利的对立，个人与集体之间的矛盾，广大教师对于这些陡然间出现的问题感到手足无措。特别是在日常工作与生活中，教师所付出的劳动与所得到的报酬和社会承认不成正比，极大地刺激了教师，使他们对自己的工作产生了不满情绪。

在广州的调查表明，中学教师对工作总体上倾向于不满意。在工作的各个层面上，除了对同事关系和社会认可感到满意，对社会地位持中性态度，对领导管理、工作成就、工作条件、福利待遇、工作压力、教育的社会环境，以及学生素质均感不满意。尤其对教育体制与社会环境、学生素质不满。①在上海地区的调查则显示，40.1%的中小幼教师认为如有机会他们会非常想或有点想“跳槽”。②

教师职业因其稳定和有寒暑假而具有一定的吸引力。但教师日常工作的繁忙却为人们所忽略。教师在学校中需要处理关于学生的大量事务，学校领导及校外有关部门名目繁多的检查、考核使他们穷于应付。新实行的竞聘制使不少教师不适应，担心失去职业。社会福利制度、保障制度，如住房分配制度、医疗制度的改革，也加重了教师的疑虑和不安。

有研究者运用SCL—90心理健康量表对辽宁省14个地市、168所城乡中小学的2292名教师进行抽样检测，结果表明，有51.23%的教师存在心理问题，其中32.18%的教师属于“轻度心理障碍”，16.56%的教师属于“中度心理障碍”，2.49%的教师已构成“心理疾病”。调

① 陈卫旗：《中学教师工作满意度的结构及其与离职倾向、工作积极性的关系》，载《心理发展与教育》，1998(1)。

② 周彬等：《中小幼教师思想道德现状调查报告》，载《上海教育科研》，1998(3)。

查显示，48.5%的教师认为自己“工作太累”，37.42%的教师工作时间已超过8小时，最长的达15小时。教师心理安全感不足，11.6%的教师担心下岗，21.3%对房改心存疑虑。在调查对象中，87.2%的小学教师有较强的自卑感，一方面是由于当年未考上理想大学，内心常感压抑，另一方面是认为小学教师的社会地位较低，收入较少。①

考虑到量表的效度、样本大小、调查对象的典型性、调查时间等因素，对这一调查的效度尚可进一步研究，但它毕竟反应出了在当前价值多元的状态下，教师们普遍存在的心理不适现象。教师是提高教育质量的关键，无论怎样的教育教学改革，最终的执行者都是教师。因此，要真正促进现阶段我国教育事业的进一步发展，应当注意教师工作与生活中存在的问题，关注教师的正常需要，除了提高福利待遇，减轻工作压力等具体措施之外，也应关注教师因社会文化转型而产生的文化不适。

二、学生：新时代的宠儿

社会与文化的转型，给生活在这一时期的所有社会人群都打上时代的烙印。当我们对各个社会群体进行更深入的考察时，就会发现，对社会与文化的变化反应最快、最容易适应的，还是青少年群体。而这一群体的主体组成，是正在接受基础教育的学生。

可以说，这一批学生所处的成长环境，是建国以来最好的。二十余年的改革开放，在各个方面都取得了辉煌的成就。物质供应的富足，使他们无缘得见花花绿绿的各色票证，不能理解物资的定额分配；精神生产的丰富，使他们体会到生活的绚烂多彩，不能想像父辈们单调的娱乐方式；与国外交流的频繁，使他们能源源不断地得到国外的种种信息，而不能体会闭关锁国的闭塞与狭隘。

文化转型给广大社会成员都造成了程度不同的冲击。但与其他群体相比，正处于基础教育阶段的学生所感受到的文化冲击相对是最小的。他们尚处于成长发育期，还没有全面地接触社会，社会与文化方

① 刘天时：《灵魂工程师的内心世界》，《南方周末》，2000-06-16。

面的矛盾冲突，只能通过父母家人“折射”到他们身上。由于他们的早期社会化正值社会转型加速期，他们所接受的大都是处于变动中的价值评判体系，他们身上没有留下沉重的传统负累。

基础教育阶段的学生作为尽得新时代恩惠的一代，较之以往的同龄人，有着显著不同的特点。他们自我意识显明、自主性强，见识广、眼界开阔，言行务实，对外界的变化反应敏捷；当然，他们也存在缺点，如缺乏坚韧、浮躁等。这些特点，都是在文化转型这一特定背景下形成的，但文化转型赋予他们最大的财富，还在于形成新型人生价值观，个体本位、多元取向、重实际、重物质，在他们身上，价值观的新取向体现得十分明显。

长期以来，集体主义价值观在我国始终处于主导地位，成为正统的意识形态。在这种价值观的支配下，人们在集体利益与个人利益之间，以绝对服从集体利益为应尽的义务，一味地强调无私和克己，把献身公益看做人生价值的全部。文化转型发生之后，正统价值观的主导地位开始松动，个人相对于社会的独立性得到了较多的强调，无条件地为集体或其他目标而牺牲个人的思想，不再得到认同。与此相适应，以往人们所追求的抽象而宏大的理想失去吸引力，青少年越来越看重现实的、功利的、物质性的目标，理想主义的、纯精神性的终极价值目标虽然不是被绝然摒弃，但它在学生心中的地位较之以往，大为减小。

基础教育阶段的学生由于得风气之先，形成了与转型后的文化较为适应的价值取向和行为模式，包括思想、态度、习惯、信仰、生活方式等。所谓“生活方式”，是指人们在一定的社会条件制约和在一定的价值观念指导下，形成的满足生活需要的生活活动形式和行为特征的总和。狭义的生活方式概念，限指日常生活和精神文化领域的生活活动①。基础教育阶段学生不仅在价值观念上，而且在生活方式上也与以往的同龄人有显著不同。对京沪两地 13 ~ 19 岁青少年的一项调查显示，对耐克鞋、阿迪达斯 T 恤等名牌商品表示很喜欢的中学

---

① 沙莲香等：《社会学家的深思——中国社会文化心理》，63 页，中国社会出版社，1998。

生占 49%。有 93% 的青少年认为名牌的价格虽然比非名牌高很多，但仍然对名牌消费情有独钟。对于名牌专卖店，7% 的被访青少年非常喜欢，近 1/3 的比较喜欢，认为一般的占 51%，不太喜欢的占 12%，很不喜欢的占 2%。经常去专卖店的有 9%，38% 的人有时去，偶尔逛的占 53%，从不去的只有 0.6%。①青少年学生对待名牌商品的这种热衷态度，不能简单地理解为是生活奢侈的表现。以往强调艰苦朴素这一传统美德，是基于生产力水平低下的实际情况，把维持生存作为生活的主要内容。当前，生产力得到较大发展，物质供应大为丰富，在这种情况下，追求更高质量的生活具备了一定的基础，改变生活方式可谓顺应实际。

在青少年学生成长过程中，偶像性重要他人能起到十分重要的作用。所谓偶像性重要他人，是指因受到学生特别喜爱、崇拜或敬佩而被视为学习榜样的具体人物。与我国的文化转型相适应，学生的偶像性重要他人的构成也发生了转型性变化，出现了这样的趋势：偶像性重要他人的构成渐趋多样化、日趋偏离学校教育长期宣传倡导的榜样人物、无偶像性重要他人者日趋增多。②有资料表明，80 年代后期，仍有 25% 左右的青年崇拜政治活动家，其中高中生的比例为 24%，大学生为 27%；有 23% 的人仍然崇拜科学发明家、文学艺术家。但到了 90 年代，青春偶像便主要集中在“三星一家”上，也就是歌星、影星、球星和畅销书的作家。1991 年，上海有关部门做过一次民意测验，经对 2500 封来自中学生的征答进行统计，结果表明，学生“最崇拜的人物”中，文艺、体育明星占 44%。③

上述学生的价值观念、生活方式以及偶像崇拜，实际上都是学生亚文化的组成。在社会文化转型的大背景下，学生亚文化也有别于以往，具有鲜明的时代特点。深入了解学生亚文化，是有效实施教育教学的前提条件之一。

---

① 中国青少年研究中心、中国青少年发展基金会：《新状态：当代城市青年报告，中国青少年发展状况研究报告（1997～1998）》，224 页，中国青年出版社，1999。

② 吴康宁：《教育社会学》，247～249 页，人民教育出版社，1998。

③ 孟繁华：《众神狂欢——当代中国的文化冲突问题》，53 页，今日中国出版社，1997。

三、新型师生关系的构建

师生关系是学校各种关系中最基本的组成部分。它制约着学生对教育的接受程度，影响着教育过程，在很大程度上决定着教育的质量和效果，因此，在学校教育中具有重要的地位。在文化转型的背景下，师生关系也呈现出与以往不同的景象。

师生关系是一种特殊的人际关系，它是教师与学生在日常的正式与非正式的交往过程中形成的。师生正式交往指教师与学生在教学活动中的交流和沟通行为。这种交往旨在完成知识的传授和接受，直接与学校的教学目标相联系。对于这种交往行为，教师和学生不能自行选择，不能依自己的主观态度和情感任意更改，而受制于一定的制度，受制于一定的教学规范。师生间的非正式交往，则在正式教学工作之外进行，不受规章制度的外来约束。它建立在师生友谊，尤其是教师对学生的热爱、尊重、理解和期望的基础上，体现师生之间的情感联系。与这两种交往行为相对应，师生关系可相应地分为师生间正式关系和非正式关系。应当承认，当前师生间无论是正式关系还是非正式关系，都存在不足。

在正式交往中，师生间主要是一种“教”与“学”社会角色或工作关系的交流，这时，个人的行为选择是否得当，“大抵取决于是否同个人承担的角色地位相宜”。①也就是说，要处理好这种正式关系，师生双方应对自己及对方的角色规范有共同的认识，从而可能相互理解，认同彼此的角色行为。然而，当前的状况是，师生之间远未达到对彼此社会角色的认同，因而两者之间的不理解、矛盾便难免了。

比如在师生的相互评价方面，教师与学生对“好教师”、“好学生”的理解就有显著不同。

国内有研究者对中小学生选择最有威信的教师的类型进行了研究。调查结果表明，学生对“最有威信的教师”类型的选择因年龄阶段而异。小学三年级学生所选择的最有威信的教师类型依次是：“纪

① 陈桂生：《略论师生关系问题》，载《教育科学》，1993(3)。

律严明、对学生要求严格”；“善于了解学生，理解、尊重学生”；“和蔼可亲，关心学生”。小学六年级学生则依次选择：“善于了解学生，理解尊重学生”；“和蔼可亲，关心学生”；“信任学生、待人处事公正”。初中二年级学生的选择则是：首位，“善于了解学生，理解尊重学生”；其次“信任学生、待人处事公正”；第三位的是“和蔼可亲，关心学生”。高中二年级学生的选择则依次是：“善于了解学生，理解尊重学生”；“信任学生、待人处事公正”；“知识广博、教学经验丰富”。①但总的而言，学生最佩服、最喜爱的教师都具有开明、温和、理解、信任等人格特征。

教师对于好教师的评价标准则多从纯粹的工作角度出发。班级荣誉多，学生成绩好，那么教师就是好教师，这恐怕是教师的共识。诚然，具备上好课、带好班的能力，是一位好教师必备的素质，但教育的效果不能以学生分数和外在荣誉为惟一的评判标准，相应地，好教师也不能只把它作为惟一的追求目标。教师更应注重学生的全面发展，应尝试对学生有更多的了解。有的教师感到自己花费了许多精力，却得不到学生的承认，其中的原因恐怕就在于教师心目中尽职的标准，与学生的标准相差甚远。

对“好学生”的评价，也存在着这样的问题。受传统思想的影响，教师往往从消极管理者的角度出发，认为“好学生”应该听话、“遵从”教师，不违反纪律，成绩较好等等。学生却不这样理解。一般而言，班级中受学生欢迎的往往是两类学生：一类成绩拔尖，性格随和，与人为善；另一类则成绩平平，但聪明、好动、风趣，乐于助人，在班级中具有一定的号召力。对于受教师宠爱的班干部，学生们则往往会“敬而远之”，甚至常常会怀疑他们会打小报告等等。但教师却往往未能清楚地认识到这一点，总认为自己喜欢的学生一定也是受大家尊重的好学生，从而在授予荣誉时，带有强烈的个人喜好色彩，甚而置学生的“民主选举”于不顾，故此常常激起学生心中的不公平感。

在正式交往活动中，由于师生往往对于各自的角色行为有不同的

---

① 吴康宁：《教育社会学》，212页，人民教育出版社，1998。

理解，在缺少沟通的情况下，师生之间形成隔阂，从而影响了师生关系。目前，许多教师仍然片面地理解严师出高徒，采取了许多限制性的管理措施。学生对教师的这些做法往往不能理解，觉得教师管得太多，觉得应该放手让学生自己去发展。尽管两方面的出发点是共同的，都是为了促进学生的发展，但由于双方理解的不同，致使不能认同彼此的行为。有时我们会听到教师对学生说："我这样做是为你们好，等你们长大以后，就会感激我。"这类话可以说是教师无奈的反应，是为了使交往行为持续下去而把问题暂时地搁置，但这无助于问题的根本解决。

除了相互间由于偏狭的理解而造成矛盾之外，当前，还存在着一种功利性的师生关系现象。在这种关系中，学生通过教师而升学，教师藉学生来追求荣誉，彼此之间成为相互利用的"工具"。这导致了师生在课堂上功能主义的教学行为：片面强调应考题，忽视基础知识的理解等等。甚至有的教师只关注有望考上大学或重点中学的学生，而放弃对差生的教育教学。最为严重的是有的学校为了提高升学率，采取所谓"保一部分"的行为，在升学考试之前先劝退一部分成绩差的学生，不让他们参加升学考，或者保送一部分成绩不够稳定的同学进大学，从而使"保送"失去了挑选优秀生的目的。与此相辅相成，学生也可能只把教师作为升学的"阶梯"，拼命想挤进重点学校、重点班级，甚至挑好的教师等等。在这种状况下，学生眼中的教师仅仅起垫脚石的作用，教师育人的功能则付诸阙如。这些功利性的行为会对教育造成极大的伤害，形成一种"异化"的教育。

师生的非正式关系在当前日益受到重视，但凭心而论，在这方面做得还远远不够。

师生非正式关系是以师生之间的友谊为基础的。这种友谊，在教师方面体现为对学生的爱。但有的教师把对学生的爱狭隘地理解为对学生的严格要求，把自己对学生的爱护体现为给学生布置大量的功课，让学生从早到晚地伏案苦读，不允许学生有任何所谓的"不良嗜好"。这样，完全排除了师生间的非正式交往，遑论情感交流和交往，反而更使学生产生了厌恶与反感的心理。

社会要求教师能以一颗爱心对待学生，广大教师对自己也有这方面的期望。但当教育沦落为应试教育时，升学率成为评判学校办学质量与奖励教师的单一标准，社会对教师的实际要求发生变化。学生家长期望学校帮助自己的子女升学，学校则要求教师以帮助学生升学为最主要，甚至是惟一的目的。在这样的情况下，理想的期望与实际的要求之间发生了矛盾。教师希冀能与学生进行更为亲密的非正式交往，但实际要求的束缚却使他们不可能实现这一愿望。

通过列举以上一些现象，我们注意到，当前师生关系中所存在的诸多问题，有很多是由于师生之间对于角色观念、角色行为理解的分歧而造成的。由于教师与学生具有不同的文化背景，所接受的文化也有差异，双方间有不同的理解是正常的。但在当前文化转型的大背景下，教师与学生的文化取向进一步多元化，这些相互不相容的认识共存于同一时空，就促成了师生关系观的矛盾与冲突，并加重了理解的分歧，深化了师生关系中所存在的问题。要解决这些问题，首先应解决师生间因文化差异而导致的文化分歧，进而形成新型的师生关系。

在前文，我们曾论述文化转型使我国社会开始形成新的价值体系，在这种氛围下，学校进一步确定将学生的个性自由与全面发展作为教育之鹄的。与此相适应，我们需要形成新型的师生关系——民主、和谐、进步的师生关系。所谓民主的师生关系，指师生关系应是以具有相对独立性的人为基础的人—人关系，师生应当具有客观的权威意识。和谐的师生关系指师生间相互理解，相互合作与互动。进步的师生关系则强调师生关系的非功利性，以及对促进师生的全面发展与进步的积极作用和功能。①

那么如何形成新型的师生关系呢？首当其冲的问题，是要解决师生间的文化分歧，对此，文化整合可能是一个可供采纳的合理策略。

文化整合有两种不同的情况：同一种文化内部各要素的整合；同一时空中不同文化之间的整合。前一种的文化整合实际上是指当社会处于一般的平稳发展期时，占据主导地位的主流文化弥散、渗透到社会的各种亚文化中。当社会处于转型、革命等剧烈变迁期时，由于原

① 关于新型师生关系的构想，曾有研究者进行了较为深入的探讨，如华东师范大学97届硕士翁璇的毕业论文《试从文化的角度论我国当代中小学的师生关系》。

有的主流文化受到挑战，逐渐失去主导地位，而新的主流文化还未形成，致使各种外来文化、本土文化、传统文化、现代文化交织在一起，相互碰撞和冲突，这时的文化整合是不同文化之间的相互适应、协调，并在此基础上，通过选择、综合合适的文化成分，进行文化创新，形成新的主流文化。与当前的社会文化背景相适应，文化整合在此指的是后一种含义。

要实现这样的文化整合过程，需要师生共同的参与，需要双方坚持宽容的精神，加强理解的意识，进行创造的活动。但在操作上，则要求教师付出更多的劳动，承担更多的责任。这是由学生的实际状态决定的，同时也是社会对教师更高的要求。

宽容的精神是进行文化整合的前提。惟此，不同文化的人们之间才能相互尊重，才能相互对话、理解，达成共识并加以分享，从而实现可能的创造。师生间的宽容，需要师生间相互尊重，在人格上实现平等。人们常以“严父、慈母”来形容教师，这表明师生双方在心理上处于不同态势：教师处于高势，学生处于低势。教师应避免由于这种心理态势而带来的不良影响。师生间的宽容，还需要提倡一种相对自由的民主的态度。与消极管理的思想相反，这种态度是让学生有自己思考、选择、判断的自由，但教师应适时地给予指导，以确保学生选择、判断的正确性。

加强理解意识，即要求师生间达成认同，追求平等的对话。这首先强调师生间在观念上要相互认同，从而才有可能在师生的具体交往过程中进行合作，使相互关系达到和谐的境界。因此，还需要强调师生间的“合作”精神。理解的实现，还需要注重师生间情感上的沟通。因此，可以通过加强师生间非正式交往，使师生实现内在体验的真实交流。

创造是在理解与沟通基础上的超越。这首先应实现新的意义上的“教学相长”。长期以来，我国教师与学生之间的关系多类似于玛格丽特·米德所说“前喻型”文化，即知识由教师传授给学生，两者之间以接受、模仿为主，不太注重突破和创新。随着社会文化的不断发展，主体性认识的不断提高，知识开始在教师与学生间相互渗透、对流和互补，师生关系开始出现向并喻型乃至后喻型转化的趋势。对此，教师应当认识到教学相长的新意蕴。要创造，师生间就注意开展批判性反思。教师应以思考、研究的目光重新看待师生间的关系处理，尽可能减少不必要的矛盾与误会。学生则应通过学会批判性反思，实现对老师的理解与配合教师。

第四节 课程与教学的文化反思

课程与教学是教育活动中最为核心的部分，它们构成了学校教育的主体，最能体现出教育子系统的独特性质。因此，文化问题对基础教育的内在影响，应该在这一部分最明显地反映出来。

一、关于文化载体

从文化角度考察，课程与教学实际上起到了教育文化载体的作用。

文化的核心是价值观、规范体系，它们以观念形态存在于人类社会，虽然无所不在，却既看不见、摸不着，不能以直观的形式展示在人们面前，又不能直接保存下来，流传后世。因此，为了保存文化，就需要时间之维的载体，即物质文明，通过建筑、书籍、绘画、工艺品等来体现当时的文化状况，并流传后世。为了在同一时空下展现文化，便于文化的积累和人们的交流，就需要空间之维的载体，即现实社会中人们所采用的符号、语言、文字以及相应的活动方式等，通过这些，文化的内容及相应的意义得以贯穿于特定社会的生活中。

文化与文化载体之间，是互动的关系。特定的文化，需要特定的文化载体加以表现，可以说，文化决定了载体的内容和表现形式。但文化载体并非一味地消极跟随文化的发展，当它产生之后，就具有了一定的独立性，对文化的发展能起能动作用。文化发展过程中，若文化载体的内容和形式落后于文化的发展，则可能起到限制的作用。比如科举制作为一种选拔制度，承载着封建社会的政治文化和教育文化，在漫长的时期里曾与我国封建社会文化的发展相辅相成，但在封建社会的后期，其落后性就禁锢了文化的发展与更新。在某种情况下，若文化载体在外来因素的影响下，发展速度更快，则会促进文化发生变迁。比如当中国的造纸术和印刷术传到亚洲其他国家及欧洲大陆后，为各国文化知识的广泛传播提供了条件，使文化受众大量增加，从而促使文化的发展进入了一个新的阶段。

我国社会当前的转型导致文化的变迁加速，文化载体相对落后于文化的发展。这要求文化载体加快发展的速度，以与文化变迁的速度相适应。文化载体的发展主要可以借助于两种方式：一是本国文化载体通过对自身的反思与改造，进一步提高，这是一种内发型的发展；另一种方式则是借鉴、吸收其他文化类型的有益成分，从而丰富自身，藉以发展自身，这是一种外铄型的发展。但无论哪一种方式，都需要对自身的文化传统进行较为深入的反思、分析、批判与继承。

具体到教育领域中，文化的空间载体便是课程、教学方式以及学校中的除教学活动之外的其他生活方式。课程与教学凸显了教育中蕴涵的文化，但这种文化具有特定性，它反映的是主流文化的要求。在当前文化急剧转型的时期，作为一个相对封闭的系统，教育的相对保守性体现得更为明显。在课程与教学方面，则体现为：教学内容的更新相对于社会事物的变化及学科的发展，显得比较滞后，内容较为陈旧；不能及时地反映学校之外的文化新变化，造成课程与教学所体现的文化趋向与学生所接受的新潮文化不适应；课程与教学更注重传承，创造力的培养相对倡导不够；对于当前信息传播的新方式反应不够灵敏，对于新技术在教育中的应用，过于谨慎，且投入的支持不够；在制定教育教学内容方面，教师及家长参与不足；多元化时代呼唤体现地方及学校特色的多元课程和多样化、个性化的教学方式，但在我国，由于过度集权体制的影响，这些方面的实现尚待时日，等等。这些弊端制约了教育的发展，从长远来说，也不利于我国文化的更新与发展。

二、课程的文化审视

在文化载体中，符号是意义的表现工具，语言则是最主要的符号。因此，要深入了解文化，应当透过语言文字的表面，研究其中所包含的意义。在学校教育领域，语言文字集中于课程，因此，我们可以通过对课程进行文化学意义上的审视，了解当代文化问题如何对课程产生影响。

课程与教学是学校教育领域中最核心的两个部分，关于课程与教学的理论则是教育理论中最富有特色的组成部分。但长期以来，由于各国教育研究的传统不同，各国的国情亦有差别，因此，对课程和教学领域的分野时有争论。要解决这些争端，首要的问题则是如何界定“课程”。

在各类教育著作中，在各个教育研究者心目中，对课程的定义可谓纷繁复杂，见仁见智。有学者对课程的定义作了梳理，认为已有的各种“课程”的定义，大致上可分为6种类型：“课程即教学科目”、“课程即有计划的教学活动”、“课程即预期的学习结果”、“课程即学习经验”、“课程即社会文化的再生产”、“课程即社会改造”。①这些定义都有其一定的道理，但结合我国长期以来以教学论涵盖课程论的具体情况，再联系本文具体的写作情境，在此，我们取课程的狭义，将它定义为“预期的教育内容”，与古德莱德所说的“正式的课程”②庶几相似。

关于课程的研究与实践，在我国经历了戏剧性的变化。长期以来，我国教育界受苏联的影响，在教育研究中只有教学论的研究，而没有课程论一说。80年代之后，由于受到西方的影响，逐渐出现了有关课程论的研究。课程问题也开始与教学问题相分离，独立门户。进入90年代以来，对课程的重视有增无减。这与我国教育改革的进

① 参见施良方著：《课程理论——课程的基础、原理与问题》，3~7页，教育科学出版社，1996。

② 施良方：《课程理论——课程的基础、原理与问题》，9页，教育科学出版社，1996。

行和教育体制的转变不无关系。1985年，我国颁布《中国教育改革和发展纲要》以前，教育领域一直实行的是中央集权制。这种教育行政体制曾为我国教育事业的发展起到不可替代的作用，但随着时间的推移，其不足之处也开始逐渐显露。由于过于追求整齐划一，过分强调一致，使得教育体制僵化，不能针对教育实践中出现的问题进行及时的调整，同时所制定的内容及所采取的措施有不符合地方具体情况之处，不利于调动地方的积极性和创造性。人们在实践中对这些不足之处深有体会，因而改革教育体制、发展我国教育事业的呼声日益高涨。《纲要》出台之后，我国教育体制逐渐松动，渐进地发生了变革。特别是明确了中央、地方分级管理的办学体制，理清了教育宏观管理的职权责，为教育事业的发展注入了活力。进入90年代，教育改革越来越接近教育活动的核心领域——课程与教学，其中，课程改革更是成为众人关注的焦点。

人们如此关注我国的课程，一方面体现了课程的重要，但从另一方面来说，又正说明我国的课程领域尚有许多亟待解决的问题。教育是一个公共关注的领域，无论在哪一个社会中，人们对教育都有不同的期望，这些期望承载了人们对教育的不同看法，相互之间有所凿枘是正常现象。这也导致了教育问题以及包含在其中的课程问题的复杂化。按照我们对课程的界定，课程的编制归根结底是对文化内容进行选择。因此，我们不妨可以从文化的角度出发，对课程问题加以审视。

那么，我国当前的课程领域，存在哪些问题呢？从1997年底开始，我国文化界、教育界掀起了一场关于语文教育的讨论热潮。我们不妨可以结合这次讨论，来探讨课程领域存在的不足之处。

1997年第11期的《北京文学》刊登了3篇文章：邹静之的《女儿的作业》、王丽的《中学语文教学手记》、薛毅的《文学教育的悲哀——一次演讲》，分别从学生家长、中学语文教师、大学中文系教师的角度，谈了对当前语文教育存在弊端的看法。这组文章引起了强烈的反响，多家报纸和电视台予以转载和报道。中央电视台“实话实说”栏目特地作了个专题，讨论语文教育问题。随后北京、上海等省市的报刊相继开辟专栏就语文教育问题组织了讨论。这场讨论也引起了副总理李岚清等中央领导的重视，李岚清批示教育部对语文教育问题进行调查，教育部基础教育司也召开了有关会议。可以说，这次讨论的参与面相当广，从教育界到文化界，从学生和学生家长到教师，从基层教育部门到中央领导，都关注着这一话题。

这次讨论不仅参与面广，而且讨论的内容也具有一定的深度，涉及了课程与教学领域的重要问题。

（一）这次讨论重新审视了语文教育的目的，认为当前的语文教育过多地受到意识形态的影响，其人文价值相对削弱。

在文学的思想性与艺术性之间，我们历来强调思想性。所谓“文以载道”，这是有历史传统的。文学上的是与非我们可以先存而不论，留待专家研究。不过课文选材与习题编制中存在的问题，以及人们对问题的意识，都与我们所处的文化背景息息相关，对此我们还可以吸收课程论和课程社会学的研究成果，从文化的角度来进行考察。

从根本上来说，课程问题就是文化选择的问题。学校教育是有目的、有计划、有组织地对未成年人施加社会影响的过程。在这个过程中，必须借助于一定的媒介——“教育材”，也就是运用什么资料来对学生进行教育。人类社会创造和积淀的文化不可胜数，把它们尽数纳入到学校教育的范畴之内，是不可能也没有必要的，而只能按照一定的标准，选取特定的部分作为“教育材”。课程是“教育材”中最重要的组成部分。因此，我们必须对课程进行更进一步的思考：什么样的课程最有价值？为什么目的而编制课程？如何编制课程？课程的编制是一项需要一定专业知识的工作，我们主要从文化角度对前两个问题进行一些探讨。

所谓价值，如果从最广泛的意义来说，指的是“能带给人们的某种实际功效或利益”①。课程的价值问题是近代才产生的。古代教育由于社会生活比较简单和稳定，对教育的要求比较单一，因而教育内容相对容易确定，课程问题尚不成其为问题。近代，随着工业化的开展与扩散，社会对学校教育提出了与此相关的种种要求，学校教育成为国家和国民关注的对象，这为课程价值问题进入人们的视野提供了

① 冯契：《哲学大辞典》，581页，上海辞书出版社，1992。

背景。同时，近代科技的进步，使知识大量增加并分化，学科门类增多，然而学校教育总是有一定的时间限制，这两者之间便构成了一对矛盾。在这种情况下，学习内容的选择便自然而然地提上日程，对课程价值的重视也就水到渠成地形成了。

对课程价值的探讨，是围绕着“什么知识最有价值”这样的问题，对不同知识领域展开比较。这一思路肇始于斯宾塞。他明确提出教育预备说：“为我们的完满生活教育作准备是教育应尽的职责；而评判一门教学科目的惟一合理办法就是看它对这个职责尽到什么程度。”在《什么知识最有价值》中，斯宾塞从分析人类生活活动出发，对课程中不同学科的价值作出功利主义的说明。他把完满生活的内容规定为：（1）直接保全自己的活动；（2）从获得生活必需品而间接保全自己的活动；（3）目的在抚养教育子女的活动；（4）与维持正常社会政治关系有关的活动；（5）在生活中的闲暇时间满足爱好和感情的各种活动。①学校的任务就是针对上述活动，开设相应的课程，以帮助学生适应未来的生活。这种思路暗含着这样一种假设：人的一生可分为两个阶段。第一个阶段是学习阶段，第二个阶段是生活阶段。学习阶段是生活阶段的预备，在这一阶段里，人们应以尽可能少的时间学到尽可能多的有用知识。

假如我们把目光投向人类历史长河，可以发现，不同的历史时期，在不同的社会文化背景影响下，对于课程价值的判定也是持各自的标准，因而形成了林林总总的课程价值观。课程是教育的组成部分，课程价值最直接地取决于教育价值。简单地说，教育价值可以认为是教育对现实社会和人的生活带来的益处。由此，教育价值可以依对社会的功用、对人的功用这两个向度进行划分。顺延这一思路，课程价值观的类型可以划分为：

1. 突出伦理政治的课程价值观。
2. 为社会经济生产服务的课程价值观。
3. 为将来生活作准备或适应社会生活的课程价值观。
4. 突出学生个人发展的课程价值观。

① 赵祥麟主编：《外国教育家评传》，第2卷，271页，上海教育出版社，1992。

一件事物是否具有价值，取决于它是否能满足一定社会和个人的需要。这决定了价值的主观特性，而且，由于不同社会、不同个人的需要不同，同一件事物对他们而言就需要不同的意义，因而价值又是相对的。

在当前语文教育的反思过程中，关于语文教材中的意识形态内容的讨论具有突出地位。首先我们应该承认，任何国家、任何制度都会对现有的知识总体按照一定的标准，进行筛选和加工，从而构成学校课程。在这一过程中，起决定作用的是社会中占主导（支配）地位的价值观。一种知识无论对社会发展有何价值，无论在现存知识总体中处于何种地位，无论是否符合受教育者身心发展的需要，都要经过社会主导价值观的过滤后，才能进入学校课程。西方新教育社会学兴起之后，这一现象成为研究热点，取得了丰富的研究成果，形成了日趋完善的理论体系。伯恩斯坦的“精制代码”、布迪厄的“文化资本”等学说得到了普遍的关注。

在西方新教育社会学的代表人物看来，学校教育中所传授的文化知识（课程），是掌握了国家权力的统治阶层炮制的结果，承载着统治阶层的观念。社会统治阶层为使学校课程切实体现本阶层的价值取向，运用所掌握的政治权力把自己认为值得传递的知识加以合法化，并施以科学化的包装，从而使之名正言顺地进入学校课程体系。因此，即便是所谓的“客观的”、“科学的”知识，其实也不能代表人类社会这一类知识的全貌，也经过了统治阶层的剪裁，是非客观的。除了对各种学科知识进行价值选择，将合其价值取向的学科知识纳入学校课程体系，从而确定各种教学科目及其具体内容，社会统治阶层还向课程内容注入特定的价值信息，从而使课程内容具有相应的观念倾向。通过这两项措施，统治阶层刻意创造了一个与真实社会有所区别的学校社会，旨在让学校中的学生接受主导价值观念。

学校课程中最能体现国家之间、民族之间、意识形态之间价值取向差异的是人文社会科学课程。因此，社会统治阶层对学校的各门人文社会科学课程的规定最为明确，都提出了明确的价值取向要求，并将这种要求体现在各科教学大纲中，体现在教学大纲对学科的教学目的、任务及内容的规定上。

由以上的西方新教育社会学的分析，我们可以得出结论，根据社会主导价值观对课程内容进行选择，是任何人类社会不可避免的行为，关键是据以选择课程内容的社会主导价值观是什么。

应该说我国的封建社会给我国社会带来的影响是深远的，封建社会作为一种社会制度虽然早已烟消云散，但直到现代，偏重伦理政治的课程价值观仍然占据主导地位。建国之后同样是这样，这在文革期间得到了登峰造极的体现。进入新时期以来，社会主导价值观有了很大程度的更新和转向，但这一点并没有完全体现在教育价值领域，尤其是日常履践的教育价值观上。这种状况，一方面是由教育系统的相对封闭性、保守性所决定的，但更重要的原因还在于较之其他领域，我国教育界，开放意识、观念更新意识较弱。在当前的改革开放、价值多元并存的社会现状下，我们应当通过反思与借鉴，创造适应时代发展趋势、反应知识价值、强调受教育者身心发展需要的新的、更为丰富的主流课程价值观念。

（二）这次讨论中指出，语文教育教材陈旧，与学术界新的研究成果有相当的距离，而且过分强调语言学的训练，内容过深过难，过于专业化。

讨论参与者们对当前语文教育的内容的非议十分强烈，他们的批评主要集中在选材缺乏时代性、有关经典著作的评析观点陈旧等。

教材陈旧涉及课程内容更新的问题。教育具有一定的保守性，重复是它的基本功能之一，教育体系中所传递的，主要是人类社会积淀下来的、广为认可的知识。但这并不意味着教育必然是落后、守旧的。教育培养的是未来的一代，面向未来必须是教育的一个发展维度。因此，教育者应当根据社会发展的实际情况，及时地把握社会发展趋势，实现课程内容的更新。对于我国而言，这方面具有特殊的意义。作为一个传统上以前喻型文化为主的后发型现代化国家，为了赶超内发型现代化国家，有必要吸取后喻型文化的有益成分。反映在教育上，应当注意对教育内容的文化选择，使课程、教学等都能适应国际发展的新潮流，体现先进文化的特性。

课程内容是根据预先拟订的课程目标，从社会总的文化知识体系中选择出来的。它一方面受制于社会文化知识体系的发展水平（对各个教学科目而言，即其母学科的发展水平），是对社会文化知识体系的客观反映，另一方面，课程内容又有别于原来的文化知识体系，它经过教育学、心理学的加工，加上了许多辅助性的文化知识成分，在强调具有教育意义的基础上，比原来社会形态的文化知识体系更丰富、更精炼。它具有独特的存在形态。因此，课程内容与母学科的知识不能完全等同。

课程更新是确定课程内容的一项工作，因此，也要注意确定课程内容的一些基本准则。首先，应当注意课程内容的基础性与前瞻性的结合。长久以来，人们多把学校教育的目标定位在知识的传授上。但是，在信息急剧增长的当今社会，知识的总量及知识增长的速度，达到了前所未有的高度，学校教育不可能完全及时地反映最新的科学技术成就和人文知识，因此，使学生具备通过自我学习来丰富知识的能力，以及在复杂社会明辨方向的应变能力，就十分必要了。新知识不是无中生有的，而是借助于基础知识来获得的。故而，在学校教育过程中应指导学生掌握一些学科的基础知识和基本技能，在选择课程内容时要注意到学科知识的广度与深度之间的平衡。

其次，课程内容应贴近社会生活。学校课程内容是经过挑选的知识体系，每门学科各有其自身的逻辑结构，很难与社会实际问题一一对应。以前曾有教育家作过完全以社会问题为中心来制定课程的实验，结果导致不利于学生掌握系统的科学文化知识。因此，如何在学科性与社会性之间达到平衡就成为一种重要课题。但不论怎样，课程内容应该让学生了解社会，接触社会，掌握一些解决社会问题的基本技能，这应成为一种共识。同时，提倡贴近社会不是要流于肤浅的功利主义，强调纯粹的实用。

再次，课程内容应与学生和学校教育的特点相适应。挑选出来的课程，归根到底是为学生学习用的。课程内容若不能被学生同化，成为他们自身的一部分，就永远是一种外在物，对学生的言行、态度、个性等不会产生影响。课程的预期目的便无法实现。

在这次语文教育讨论中所反映出来的学生讨厌语文学习的现象，其根本的原因即在于课程与学生的不相适应。应当看到，在教育活动中，是学生而不是教材决定了学习的质与量的。学生是具有主动性的个体，教育活动的顺利进行有赖于学生积极主动地参与。而学生能否主动参与，取决于教育活动环境是否能够吸引他的注意力，激起他的兴趣，从而对环境所提供的刺激作出反应。因此，教育活动在某种程度上就是构建适合于学生能力与兴趣的各种情境，以便为每个学生提供有意义的经验。

就课程总体而言，对外界社会作出即时的反应是不可能的，因此，各个教学科目的知识体系不可能也不必要亦步亦趋地“紧跟”学术界。那么如何实现新知识在课程中反映呢？这就需要对教师提出更高的要求。广大中小学教师不能仅仅满足于充任教书匠，让自己的生命与激情与一根粉笔、一本教材、一本教参为伍，而应当在担任教师的同时也成为一名学生，了解与自己教学有关的学术新成果，从教学规律出发，创造性地消化、吸收，不断更新教学内容，以保持课程的先进性和时代性。在广袤的知识原野求索，在自己的园地耕耘，这两种劳动所带来的乐趣，应当成为教师职业生涯的组成部分。

（三）语文教育在应试教育的阴影下，失去应有的生命力，达不到培养学生人文精神的目的。

语文就其工具性的一面而言，是要培养学生理解语言文字来传达的信息，并运用语言与外界交流的能力。但当前所出现的问题不在于学生是否具备了这样的能力，而在于学生如何应用这些能力。在现有的语文教育中，学生能够读，但读的是辅导材料和作文精选；学生能够说和写，但说得言不由衷，写得淡寡无情。教师为什么不给学生更多的时间去扩大阅读面？因为课外阅读不作为考试范围，这种长期之功也无助于考试成绩的提高。为了在短期内提高学生的作文成绩，教师让学生去背各种作文精选中的范文。这种好心的功利之举极大地限制了学生的想像空间和思维的创造性、积极性。结果，一写做好事，无外乎扶老人过街、雨中送伞等等。记得某年的作文考题为自己如何面对挫折，结果，阅卷教师惊异地发现考生中竟有那么多或父母早逝，或家境贫寒的学生。“舍弟江南死，家兄塞北亡”的古代笑话，竟在现代考场上重演，是否也成为一个笑话呢？

这种状况的解决，需要教育的全方位的改革，不可能是一日之功，但需要改，这是无疑的。

（四）从一元到多元。

在这场讨论中，还反映出了教育者们希望更加彻底地实行教材一纲多本的强烈愿望。这样的愿望，可以理解为多元文化的社会背景下的必然反应。

社会的发展与文化的多元，使各个社会群体有了各自的价值标准和文化要求。这一方面使得我们有可能更加全面地认识整个社会，另一方面，由于各个群体都希望在课程中反映出自己的要求，这就使多元文化社会中，课程面临的文化选择的更为严峻。由于文化积累至今已比任何一个时代都丰富、复杂，对课程的文化选择要求更为严格，既要维持社会成员思想行为的一致性，又要增进各群体间的相互尊重和了解，这成了课程面临的两难选择。同时，多元社会必然存在的利益既得者与利益要求者间的冲突，也使教育问题、课程问题进一步复杂。

这场关于语言教育的讨论，是从教育界外发端的，参与讨论的群众十分广泛。这说明当前教育得到越来越多的关注。也正因为这场讨论带有自发性的成分，讨论中的观点不尽全面，有的言语显得有些过激，甚而让广大的语文教师难以接受。但当我们滤去这些，可以发现，这场讨论正反映出当前我国的课程存在的弊端，揭示了课程改革的努力方向。

三、教学方式的文化意蕴

课程与教学是教育的核心领域，最能体现教育的特色。课程解决了教育内容的择定问题，教学则把这些内容传递给学生，以产生预期的效果。不过，我们不能将教学仅仅理解成是单纯的知识授受活动。对于基础教育中的教师与学生而言，每天近 1/3 的时间都在学校中度过，学校是他们最主要的工作和生活场所。而在学校生活中，教学无疑是师生间最主要的接触活动。因此，我们更应该把教学看做是师生交往的主要方式，是教师与学生在学校中的一种基本生活方式。这种特殊的生活方式，也折射出社会文化大背景的色彩，体现当前的社会文化特色。

我们知道，自给自足的小农经济，使人产生了浓厚的对血缘关系、家族、权威、神灵、自然的依赖与依附意识，权威的强弱决定了人的社会地位的差别及交往关系的不平等。市场经济与之不同，强调的是对外在世界的支配意识和人的权利意识，因此，社会主义市场经济的推行，除了使外在环境的重组，还将引起内在人格的重构，要求形成平等的人际交往活动。

但在当前的学校课堂教学中，我们却可以发现与这种大趋势相反的现象：有的教师不喜欢学生有过多的问题，有时甚至指责爱提问题的学生是故意捣乱课堂；有的教师一字不差地按大纲和参考书的内容讲解和宣读；有的教师要求学生必须参照“标准答案”回答问题，不鼓励学生自由发挥和发散思维。也许有人认为这仅是个别情况，但我们应该看到，这些情况的出现，有其深层的原因，是落后的教学方式的体现。

那么，我国基础教育中教学方式的实际状况如何呢？对此，我们可以从课堂教学的空间分布、时间分布以及师生交往的方式这三个方面，进行探讨。

空间分布是教学得以进行的物理环境，我们在此主要探讨座位的安排。我国中小学的学生座位一般由教师指定。在安排座位时，教师一般都有自己的意图。一般是男女同桌，以避免学生在课堂上讲话，不认真听讲。有时还安排好学生与调皮的学生同桌，让好学生发挥监督调皮学生的作用。在座位的布局上，则清一色是所谓的秧田式布局，所有的学生都面向教师。这样的安排是出于集体授课的需要，旨在让学生能把注意力集中在教师身上，教师也能观察到所有学生的活动，从而便于课堂控制。但实际上在这种空间分布中，只有教室前排和中间地带的学生正好处于与教师交流的有效区域内，可以和教师通过言语或非言语来实现沟通，有效地带之外的学生由于远离教师，在课堂上的表现则反应冷漠。可见，这种空间分布强调教师的主导控制的地位，教师与学生群体间的交往则并不是非常有效的。在这种空间分布下，课堂上师生间的交流几乎是付诸阙如。此外，这种空间分布还限制了学生个体间的人际交往。

对我国小学课堂教学的时间构成特征，曾有学者进行了研究。他们对 28 个小学五年级班的课堂活动进行观察，并将结果与英国学者高尔顿等人的研究进行了比较。他们发现，中英两国小学教师在课堂活动时间总体构成上差异不大，但在互动时间构成上存有明显的差异。中国教师几乎不与学生小组交往，而注重与学生个体及全班学生交往，并将后者放在更优先的地位。相比之下，英国教师的课堂交往对象主要是学生个体，同时，学生小组也在一定程度上成为其交往对象。中国学生的课堂互动时间虽然远多于英国学生，但绝大部分互动都发生在教师与学生之间，而在英国，学生互动时间远多于师生互动时间。①

这一研究结果可以说反应了我国中小学课堂教学的实际情况。由此，可以看出我国中小学课堂教学的特征：首先，教师在课堂上处于绝对的控制地位，这就造成了教师与学生间的交流是单向的运动；其次，由于空间布局的限制及教师的强力控制，课堂上师生间的互动进行很少，学生以个体的形态处于课堂生活中，其主要交往对象是教师。实际上，这不利于创造一种共同参与的良好氛围，不利于调动学生的积极性。第三，与此相关，中小学学生在课堂上只能扮演所谓的受抑性角色论，听从教师的指令，被动地反应，以旁观者的心态参与课堂活动。

教学是教师与学生共同参与的活动，在这个过程中，师生间的互动是能否达到教学预期效果的关键。在我国中小学，师生间的互动一般表现为教师与全班学生的互动以及教师与学生个体的互动。教师与学生总体的互动是课堂教育活动的基础，是课堂形式的最基本表现。教师与学生个体的互动，则更具有教育效果。如果教师能够根据学生的实际情况，有目的、有针对性地与学生个体进行交流，能达成突出的教育效果，实现因材施教。但是在当前，我国课堂教学过程中教师与学生个体的互动基本上是非均等互动。教师在互动对象的选择、互动内容的分配、互动过程的延续及互动关系的建构上都明显地“因人而异”。

首先，教师的互动对象选择明显具有倾向性。教师通常更多地选

① 参见吴康宁著：《教育社会学》，341～343 页，人民教育出版社，1998。

择成绩好的学生、干部学生及人际地位高的学生作为交往对象，与成绩差的学生、一般学生及人际地位低的学生进行的交流则比较少。其次，教师的互动内容分配明显具有倾向性。以课堂提问为例，教师一般倾向于让“学业失败者回答判断性、描述性较强的简单问题，而让学业成功者回答论证性较强的复杂问题。第三，教师的互动过程持续明显具有倾向性。与学业成绩不良的学生言语互动持续的时间相对较短，与学业成功者的互动持续时间则较长。最后，教师的互动关系建构上明显具有倾向性。对于学业成功者，教师在互动中倾向于实行民主，更多地使用带肯定性情感的语言，同时也更能接受他们的个性自我表露；而对于学业成绩不良的学生，则倾向于实行专制，更多地使用带有否定性情感的语言，同时也较少允许他们的个性自我表露。”①

以上就教学方式的三方面的构成作了一些分析。在教学方法方面，基础教育阶段教学长期以来的弊病是忽视学生的兴趣，忽视对学生想像力、创造力的培养，使教学流于机械的训练和刻板的模仿。比如在语文教学中，概括中心思想竟“有一个全国通用的句式，通用于每篇作品：本文通过什么什么，叙述了什么什么，表达了什么什么，反映了什么什么，揭示了什么什么，赞美了什么什么，抨击了什么什么，完了”。②这与封建社会八股文何其相似乃尔。诸如此类，都使得学生成为被动接受灌输的对象，只知死记硬背，而不能充分发挥其能动性，去多思、多想。与此同时，教师也变得只会照本宣科，填鸭式地进行教学，不求改变与进取，教师与学生的个性、创造性都要受到压抑，从而失去其自主性与主动性。

罗列了基础教育教学方式尚存在着的不足之后，我们应认识到，教学方式并不是孤立存在的一种现象。它是教育文化的一个组成部分，也是社会文化在教育领域的一种折射。因此，我们应当对教学方式进行一些深层的思考，以期扩大我们的视野，更好地探明改进的方向。

---

① 吴康宁：《教育社会学》，345 页，人民教育出版社，1998。

② 王丽编：《中国语文教育忧思录》，28 页，教育科学出版社，1999。

首先，当前的教学方式反映出许多教师的教育观念还有待进一步更新，应当真正把学生当做一个独立的个人加以尊重和平等对待。由于教育活动的特性，教师总是学生的指导者，具有权威性。但这并不意味着教师与学生之间应该是一种不对等的关系。他们在人格方面是平等的。教学方式上教师处于绝对的控制与支配地位，实际上体现出一种控制与依附的旧文化气息，这与新文化所要求的人的独立意识格格不入，应当予以摒除。

其次，教学方式方面的弊端体现出教学活动的缺失。作为教育学的开山鼻祖，赫尔巴特就已经提出了“教育性教学”的见解。但这一卓识却没有为后学继承。人类的知识越来越丰富，教育内容越来越多，但教学的目标却越来越单一，甚而以知识授受为惟一的目标，而忽略了在教学活动过程中，对学生兴趣的激发、能力的培养和情操的陶冶。这体现出工具理性已深入影响到教育内部，我们需要借助于批判理性的目光，来疗治沉疴。

再次，长期以来，人们已经认识到教育教学工作中存在的弊端，并积极呼吁更新观念，改进教学。但是，情况并没有得到明显的改观。这反映出原有的教学方式已经成为教师的一种日常生活方式，并没有在深层次受到触动。原有教学方式的超常稳定性，“除了因它主要以教师为中心，从教师的教出发，易被教师接受外，还因为它视知识的传授和技能的训练为主要任务，并提供了较明确的可操作程序。教师只要有教材和教学参考书，就能进入规范，依样操作。”①这提醒我们，教学方式的变革，还应从教师的角度出发，发掘先进教学方式对于教师具有生活的意义。

作为教育工作的主要领域，教学活动所存在的问题制约着教育目的的实现，影响了教育工作的良性运作。改进教学工作是一场攻坚战，需要多方面协同合作。就文化角度而言，我们应当创造一种良好的教学文化，对教师提出更高的要求，指明努力的方向。我们应当在学校中形成一种“探究文化”，鼓励教师怀着一种求知和研究的态度从事日常的教育教学工作，发现问题，解决问题，以提高教育教学工

① 叶澜主编：《“新基础教育”探索性研究报告集》，221页，上海三联书店，1999。

作的水平。我们还应提倡教师的创造精神，鼓励教师摆脱把日常教学视为一种事务性工作的看法，在平常的工作中发现不平常的意义。我们还应提倡教师的宽容精神和理解意识，唯此，才能真正了解学生，使师生间形成有效的交流，从而保证教育效果的实现。

第三章

社会转型与中国基础教育改革的精神寻踪

1978年实施改革开放政策后，中国社会步入一个加速转型的新时代。时代的变革必然引起教育的变革，孕育新的教育观念和理想，其中出现于80年代末的“素质教育”一词，至今已演化为基础教育改革的主流概念，成为基础教育理论研究和实践的热点。尽管目前人们对“素质教育”的内涵与文化意蕴还存有争议，但它无疑已成为中国教育在世纪之交的一道风景。

第一节 基础教育改革与“素质教育”概念的提出

一、社会转型中的教育走势

审视改革开放以来中国社会转型的脉络，一开始是以一系列政治变革和政策调整为先导的，其中对教育事业产生重大和直接影响的有对知识分子的重新定位，恢复高等学校招生考试制度等。80年代后，中国社会改革的重心转移到经济领域，社会经济领域的广泛而深刻的剧变影响到包括文化教育在内的社会生活的各个层面。

在80年代以来的经济改革中，经济体制的转轨起着带动全局的中轴作用。纵观中国经济体制改革的目标模式，经历了一个从计划经济到市场经济递进的过程：十二大提出“以计划经济为主，市场调节为辅”；十二届三中全会提出“公有制基础上的有计划商品经济”；十三大提出“计划与市场内在统一的体制”；十三届三中全会提出“建立适应有计划商品经济发展的计划经济与市场调节相结合的经济体制和运行机制”；到十四大则明确提出“我国经济体制改革的目标是建立社会主义市场经济体制，以利于进一步解放和发展生产力”。中国经济改革的另一个重要任务是提高原有落后的生产力技术水平，调整不合理的产业结构，以适应当代世界经济发展的基本潮流；将经济增长由原来的主要依靠大量人力和资源投入转化到依靠提高产品的科学技术含量上来，将由科技进步而从第一、第二产业中解放出来的大量社会就业人口，迅速转移到第三产业和科技开发、信息服务等新兴产业。

经济体制改革的深入和经济增长方式的变化，深化了人们对科技和教育作用的认识，教育的地位不断得到提升。这主要表现在两方面：

第一是在政府工作中科技和教育被提到越来越高的位置，表明国家决策层越来越看重科技和教育在社会发展中的作用。在改革开放之初的 1978 年，邓小平就提出要“使教育事业的计划成为国民经济计划的一个重要组成部分”①。十二大将科技和教育列为经济发展的战略重点之一，十三大提出“把发展教育事业放在突出的战略位置”，十四大更进一步提出“把教育摆在优先发展的战略地位”，直到 1995 年 5 月《中共中央国务院关于加速科学技术进步的决定》明确提出“科教兴国”战略，而后，“科教兴市”、“科教兴省”等频繁出现在各级政府的工作规划和领导人的讲话中。“科教兴国”战略的确立，不仅将邓小平关于“科学技术是第一生产力”思想提升为基本国策，也是我国经济由原来的依靠扩大规模的外延式增长向以依靠科技进步和提高劳动者素质的内涵式增长转换的必然要求。

第二是社会教育需求的不断增长和学历追求的不断攀升。在改革

① 邓小平：《在全国教育工作会议上的讲话》，见《邓小平文选》，第 3 卷，290 页，人民出版社，1993 年。

开放之初，鉴于“文化大革命”所造成的我国科学技术水平与西方发达国家的严重差距，国家发出了“向科学技术进军”的号召，向教育提出了要多出人材和快出人材的目标，恢复被“文化大革命”破坏的办学条件和正常教育秩序，恢复高校统一招生制度和研究生制度。这些目标和措施曾鼓舞一代青年为之奋斗，掀起了改革开放后中华大地上第一波读书热潮。80 年代中后期，由于经济体制的双轨并存，一些并不具较高文化素质的个体工商业者和部分拥有物资调拨权的国家公职人员，利用计划和市场对社会资源配置和利益分配的差异，率先富裕起来，而基本被捆绑在计划经济板块中的知识分子则相对处在较低的收益水平。社会上曾一度出现“知识贬值”、“体脑倒挂”的现象，极大地挫伤了知识分子的积极性，“读书无用论”思想一度重新抬头。但 1992 年之后，随着国家政策的调整和社会主义市场经济的逐渐成型，经济资源的配置和利益分配更多地依重于市场机制了。受教育程度成为影响社会成员在经济体制转换过程中所扮演角色、对变化的经济环境的了解和适应程度的基本因素，直接关系到个人职业选择、经济收入和社会地位。因此“高学历”已成为越来越多人的追求，接受普通高等教育是大部分人的基本愿望，在一些沿海经济较为发达的地区表现更为明显。根据 1995 年对上海居民的一项调查表明：准备把子女培养成研究生的达 5.4%，培养成大学生的占 55.5%，培养成大专生的占 12.8%。①这说明上海 70% 以上的父母期望子女能接受大专或大专以上程度的教育，如果排除那些对子女学业实际表现失望的家长的回答，可以说几乎所有家长都希望自己的子女接受高等教育。另外自 1993 ~ 1994 年左右形成的“考研热”，至今仍在逐渐升温过程中。新一轮“学历热”可以说是市场经济法则在教育领域内的自然展示，藉由市场经济价值、竞争、供求规律的作用而形成，在中国这样一个整体学历水平还不高的社会，短期内无法消散。

社会转型也深刻影响着教育的运行方式，其中尤为突出的是在教

---

① 上海社会科学院：《知识型文化消费——上海市民消费新热点》，《社会科学报》，1995 - 03 - 30。

育过程中越来越多地引入市场机制。为适应人才资源配置由计划向市场模式的过渡，高校毕业生分配实现了从“统包统分”向“双向选择”的转换。专业设置中市场意识的加强，高校收费制度的出台，基础教育中的“赞助”现象，各类民办学校的出现，以及近年来“教育产业化”的呼吁，都已经是有目共睹的事实。

社会转型的更深层影响是对人们内心世界和社会价值观念的冲击。市场经济呼唤人的主动性和创造性，同时也突出个人利益，诱发极端个人主义和功利主义。人生在挣脱了被计划安排的命运后，有了更多的选择自由和实现理想的机遇，但也增加了抉择的困惑和不被接纳的无奈。时代高节奏前进的步伐和优胜劣汰的生存竞争将沉重的紧迫感和危机感压上人们的心头。若此社会文化生态的变化必然成为影响教育文化价值取向的巨大无形的力量。

二、基础教育改革的决策催生“素质教育”

社会转型导致竞争的加剧，引发高学历追求，学生无止境地卷入选拔考试的苦海，这种现象从反面促进人们期盼一种能“纠偏”的教育导向，这是“素质教育”产生的社会大背景。但是，“素质教育”的最终问世更直接来自基础教育改革的决策推动，考察这一时期基础教育决策发展的过程，我们就可以比较清楚地认识“素质教育”形成的脉络。

改革开放之初，在恢复基础教育的办学条件和正常教学秩序的同时，针对“文化大革命”期间职业中学被大量取消，普通中学数量膨胀但又严重实用化、政治化的情况，从提高教学质量，快出人才多出人才的目标出发，调整了基础教育结构，压缩普通中学数量。

随着开放政策的推进，一批靠引进国外技术和设备的生产线建成投产，现代化生产作业对员工的整体素质提出了严峻挑战，我国基础教育的不适应状况明显暴露出来。现代化建设不仅需要一批高级专门人才，也需要大量适应现代化生产要求的技术工人和普通劳动者，需要全面提高中华民族的素质。到 80 年代初，这已成为人们的共识，在国家高级领导人的讲话和有关教育问题的文件中也给予了高度的关注，如1985年召开的全国教育工作会议上，中共中央《关于教育体制改革的决定》中提到："在整个教育体制改革过程中，必须牢牢记住改革的根本目的是提高民族素质，多出人才，出好人才。"邓小平在大会上讲话指出："我们国家，国力的强弱，经济发展后劲的大小，越来越取决于劳动者的素质，取决于知识分子的数量和质量。"① 正是在这次会议上，作出了实行九年义务教育的决策，认为这是一件关系民族素质提高、国家发展的大事。

1986年全国人大六届四次会议通过了《中华人民共和国义务教育法》，规定"国家实行九年制义务教育"，这不仅开新中国立法机关制定单项教育立法之先河，也使教育的重心下移，抓"普九"一度成为各级教育行政部门工作的重点。《义务教育法》的颁布，引起基础教育生态上的重大变化。其一，在"普九"之前，初中段教育基本属于自愿的可选择性教育，入学者一般也都有意继续升入高一级学校学习，教育过程中的"应试"色彩往往带上某种"合理性"。"普九"之后，初中段教育由原来的可选择性教育过渡到适龄儿童都应接受的限制性教育，一些原本无意享受初中段教育的个人被"强迫"入学，教育过程中的"应试"倾向更加重了他们的学业负担，厌学情绪越积越深，最后成为流生。所以控制初中流生一时成为基础教育的重大难题，也是"普九"的关键。在这过程中，要求面向全体学生，让每个学生都得到发展，让学生愉快学习的教育理念得到张扬，它是后来"素质教育"的基本内涵。其二，初级中学的普及，使处在它下位的小学教育选拔功能大大削弱，90年代以来各地方先后采取了小学生免试就近升学，大规模改造落后初级中学等措施，小学教育的选拔功能慢慢消失，为在小学全面贯彻教育方针，消除"应试"影响奠定了基础。

义务教育是一项关系到提高全民族素质的基础性教育工程，它是国家为了培养健全的公民，根据社会发展水平和承载能力，以法律形

① 邓小平：《把教育工作认真抓起来》，见《邓小平文选》，第3卷，120页，人民出版社，1993。

式规定的一定年龄段的全体儿童都必须接受的最低程度之教育。接受义务教育，是个人享受现代社会文明生活、履行公民义务、维护合法权益的最低教育保障。义务教育的这种全体性、基础性特征，正是后来对“素质教育”的一个最基本的规定：“因为义务教育就是以法律为手段来强制实施的，让每一个适龄儿童上学，都能够接受九年义务教育。这里，首先是要解决一个教育的普及性的问题。搞素质教育首先要有一个普及意识。”①

《义务教育法》颁布后，为了确保义务教育的推行和教育方针的贯彻，1986 年经国务院批准在国家教育委员会设立督导司，随后各级地方教育督导机构也逐步建立起来。教育督导工作的范围主要是中小学、幼儿园教育及其有关工作，任务是对下级人民政府的教育工作、下级教育行政部门和学校的工作进行监督、检查、评估、指导，保证国家有关教育的方针、政策、法规的贯彻执行和教育目标的实现。

教育督导评估工作在全国范围普遍展开，不仅推动了“普九”，对基础教育改革和观念转变也起到不小的作用。一方面，存在于基础教育中的各种问题更充分地暴露出来，如学生学业负担过重，片面追求升学率，重点学校招生竞争激烈等。为此，1988 年国家教委督导司还专门颁发了《关于减轻小学生课业负担过重问题的若干规定》，要求小学教育工作者要端正教育思想，坚持全面育人，使儿童少年在德、智、体、美诸方面生动活泼的健康成长；严格按照教学大纲和上级教育行政部门颁发的教学计划组织教学，不得任意增加教学内容，额外提高教学要求，不得为应付考试，搞突击教学，提前结束课程，集中时间复习；严格控制课外作业数量、考试次数和各种竞赛；禁止滥发各种名目的复习材料；禁止挤占学生的自修课、文体课、课外活动、节假日时间进行补课等。另一方面，为保证教育督导评估工作的科学性，建立合理的督导评估目标体系，有关督导评估理论和技术的研究得到加强，这些都有利于各种新的教育价值观念的提出。

在普及九年制义务教育的推动下，80 年代后期农村基础教育改

① 柳斌：《关于素质教育的再思考》，载《人民教育》，1996(6)。

革也迈出了重要步伐。1987 年 12 月，国务院在山东省平度市召开会议，总结和推广农村教育为当地经济建设服务的经验，国家教委在这次会议上提出了“燎原计划”的设想，第二年经国务院批准后开始实施。同时，以基础教育、职业技术教育、成人教育“三教统筹”和农科教结合为核心的农村综合教育改革方案也逐步成型。在这些政策的引导下，基本形成了农村普通中学与职业技术中学分流的格局，改变了过去农村职业技术教育相对落后的状况。职业技术教育的发展，分流了一部分“应试”的学生，在一定程度上缓解了高考的压力，考生录取率也有所提高。但是，办学目标的分化又使其下位学校的学生面临升学和就业的趋向选择，而这种选择同样表现为考试竞争的方式，加剧教育的“应试”效应，基础教育改革面临新的困惑。

在 80 年代的教育改革中，“提高国民素质”、“提高民族素质”成为对基础教育任务的最普遍表述。这在当时也是一种很自然的表述，因为中国本来就是个贫穷落后的人口大国，新中国成立后社会主义建设又经历过“大跃进”和“文化大革命”等多次失误，各项社会发展指标远远落后于发达国家，人口整体素质不高，人口数量的优势没有转化为人力资源的优势，反而成为国家现代化建设的制约因素。在这一背景下，提高民族素质、国民素质、劳动力素质乃至人口素质成为紧迫的时代任务，也成为一些相关事业的共同口号。当然，如果从广义教育观出发，人口素质中那些后天形成和实现的素质主要是教育的产物，所以教育是提高人口素质的最关键环节，也正是从这个意义上，国家把教育作为提高人口素质的主要途径，摆在优先发展的地位。不过从有关决策文件对基础教育任务的表述看，只是一般性地强调教育对“提高国民(民族)素质”的重要作用；而非着意区别何种教育才能“提高国民(民族)素质”，何种教育不能或不能有效地“提高国民(民族)素质”。而日后出现的“素质教育”概念则着眼于后一层意思，“素质”一词的内涵特性有了明显的变化。

初次将“素质”和“教育”两个术语搭配成“素质教育”一词的是 1987 年 4 月国家教委副主任柳斌在九年制义务教育各科教学大纲统稿会上的讲话，他说：“一个时期以来，不少地方把基础教育办成了单纯的升学教育，这就导致了重视智育，而忽视德育、体育、美育和劳动教育的偏向。基础教育不能办成单纯的升学教育，而应当是社会主义的公民教育，是社会主义的公民的素质教育。”①在以后讨论基础教育时频繁出现的两个对峙之词——“应试教育”和“素质教育”，应即由此演变而来。

一般认为，最早在公开刊物上提出“素质教育”概念并对其内涵作初步说明的是言实在《上海教育(中学版)》1988 年第 11 期上发表的《素质教育是初中教育的新目标》，这是一篇关于上海改变初中薄弱学校，全面提高初中毕业生素质的短评，指出初中教育应培养的学生素质包括“思想道德素质”、“劳动技术素质”、“科学文化素质”、“心理健康素质”等。于是“素质教育”作为一个表达理想教育观念的用词受到人们的注意。从 90 年代初出现了一批关于“素质教育”的讨论和理论分析型文章，讨论的焦点为：“素质教育”提法的合理性，“应试教育”是否能概括基础教育中存在的各种弊端，“素质教育”与“应试教育”是否就当然对立。讨论内容涉及“素质”与“素质教育”的概念内涵、内容、结构、特点，也涉及“素质教育”的理论基础、时代特征、过程和评价方法等。“素质教育”一词逐渐流行开来。

不过在 90 年代初，“素质教育”尽管已经相当流行，但大多是因为对这一概念的不同理解引发的争鸣效应。作为教育决策部门，仍然保持着十分谨慎的态度，始终未在政策文件中对“素质教育”一词进行直接引用和专门论述。②一些基础教育的改革试验也未直接打出“素质教育”的旗帜。但是个别领导人的讲话和文章无疑起到了引导作用，如当时分管基础教育的国家教委副主任柳斌在倡导推广上海一些中小学教育改革试验的经验成果时，即提到“全面提高民族素质”、“提高学生的整体素质”等，③这些表述显然对“素质教育”的提法起到了正面肯定的效果。

---

① 柳斌：《关于基础教育的思考》，108～109 页，上海教育出版社，1992。

② 本目以下内容中的部分论述参考康宁：《试论素质教育的政策导向》，见陆炳炎、王建磐主编：《素质教育——教育的理想与目标》，华东师范大学出版社，1999。

③ 柳斌：《推广“愉快教育”经验，深化小学教育改革》，载《上海教育》，1990(10)。

1993至1995年，“素质教育”从作为对一种理想教育观念的表述上升到作为基础教育决策的指导思想。

1993年2月，中共中央、国务院颁布《中国教育改革和发展纲要》，在这一规划“90年代乃至下世纪初教育的改革和发展”蓝图和建设有中国特色社会主义教育体系的纲领性文件中明确指出：“中小学要由‘应试教育’转向全面提高国民素质的轨道，面向全体学生，全面提高学生的思想道德、文化科学、劳动技能和身体心理素质，促进学生生动活泼地发展，办出各自的特色。”这是中央一级重要政策性文件首次认同并明确指出中小学存在“应试教育”的倾向，虽然没有直接引用“素质教育”一词，但明确表达了肯定的意思。

《纲要》的肯定和明确导向，将“素质教育”的探讨推向高潮，教育决策部门也由此启动实施“素质教育”的进程，在随后的时间里，通过有关指导性文件大量集中地表示了对“素质教育”的肯定。如强调基础教育改革的必要性，肯定“素质教育”概念对推动基础教育改革，扭转“应试教育”倾向的重要意义。1994年，中共中央、国务院召开全国教育工作会议，分管教育工作的国务院副总理李岚清作总结讲话，指出“现在社会上对教学改革呼声很强烈。基础教育必须从‘应试教育’转到素质教育的轨道上来，全面贯彻教育方针，全面提高教育质量”。这是“素质教育”一词首次见诸教育主管部门正式的教育指导性文件中。1995年3月八届人大三次会议通过《中华人民共和国教育法》，在由国家教委政策法规司编写的《〈教育法〉条文说明》中也明确提出了“素质教育”概念，并特别对“素质”一词作了界定，以平息“素质教育”讨论中关于“素质”涵义的纷争，认为“所谓素质，是指人在其自身的发展过程中形成的包括自然因素和社会因素两大方面的一系列基本的品质、素养的总和。”并指出“素质教育”包括“政治素质、思想素质、道德素质的培养”、“科学文化素质教育”、“身体素质教育”、“心理素质教育”四个方面。①随后，“素质教育”在中央教育决策层的推动下，由舆论宣传到推出典型再

① 国家教委政策法规司法规处编：《中华人民共和国教育法适用大全》，53～54页，广东教育出版社，1995。

到整体推进，犹如浪层兴逐，一浪高过一浪了。

1996年2月，《人民教育》以约5万字的篇幅报道了湖南汨罗市大面积推行素质教育的经验。4月24日，国务院副总理李岚清在《人民日报》上刊登题为《基础教育是提高国民素质和培养跨世纪人才的奠基工程》的整版文章，号召“包括学生家长在内的全社会都要支持和关心学校实施素质教育，共同创造一个有利于儿童和青少年健康成长的社会环境”。同年，《中华人民共和国国民经济和社会发展‘九五’计划和2010年远景目标纲要》发表，关于教育部分提出要“改革人才培养模式，由‘应试教育’向全面素质教育转变”。1995年到1997年，国家教委总督学柳斌先后五次发表关于“素质教育”的谈话，旨在统一认识，动员各界参与推进“素质教育”。1997年9月，国家教委在烟台召开全国中小学素质教育经验交流会，会后发布了《关于当前积极推进中小学实施素质教育的若干意见》，阐述实施“素质教育”的意义，对“素质教育”的有关概念内涵进行规范性界定，“素质教育”进入全面实施阶段。

“素质教育”从产生、发展直到今天成为基础教育改革中的主流语汇，离不开教育行政决策部门的培育、催生和推行。对此康宁在《试论素质教育的政策导向》一文中有所归纳：在“素质教育”实施的不同阶段，教育行政决策部门通过制定教育政策先后担当了不同的角色。在初期担当了“开渠放水”的角色，即让群众参与“素质教育”的讨论，从中确认教育政策问题。“应试教育”和“素质教育”正是被确认为基础教育中诸多矛盾中的一对基本矛盾而被“形式化”的结果。在中期担当了“分渠引水”的角色，集中统一教育界内外的认识，为学校、地方、中央全面推行“素质教育”奠定理论与实践基础。在后期担当了“清渠治水”的角色，从全国的角度，对实施素质教育的指导思想、根本任务、主要措施作出了全面统一的部署。①

① 参见陆炳炎、王建磐主编：《素质教育——教育的理想与目标》，27～28页，华东师范大学出版社，1999。

三、基础教育的理论和实践探索与“素质教育”的内涵积累

改革开放以来，我国基础教育改革的目标内涵不断丰富，其中一条明显的轨迹是：从最初的偏重“双基”，即掌握基础知识和基本技能，到强调智力和能力的培养，再到重视非智力因素，直到提倡“素质教育”。

从新中国成立到“文化大革命”开始，我国基础教育受苏联的影响，以掌握基本知识和基本技能为目标，基础教育的改革在于有利于“双基”的掌握。应该说，在偏重“双基”的思想指导下，确实培养了一代文化科学知识基础系统扎实的青年。“文革”期间，正常教学秩序被破坏，教育目标落空。“文革”结束后，恢复高考制度，事实上也恢复了“双基”教育的指导思想。

“双基”教学的特点是紧扣教材和教学大纲，强调课堂中心和上课步骤，教师讲学生听，强化复习，作业量大，学生课业负担较重。教学过程中学生缺乏主动性，虽然也强调对学生分析问题和解决问题能力的培养，但由于没有得力的措施和相应的教学环节，结果落空。“双基”教育的弊端首先在国际比较中显露出来。

改革开放后为学习世界先进科学技术，一些优秀学生被选派往国外留学。与西方教育背景下成长起来的学生相比，人们发现，中国学生的实践能力、独立创造能力与其在掌握知识和考试成绩上的突出表现存在明显差距，有所谓的“高分低能”现象。同时不断涌入的国外教育学说和教育改革信息也表明，一些发达国家的教育早在五六十年代就已经提出了发展学生智力的任务。在传入的教育学说中，美国心理学家布鲁纳的教学论思想在70年代末和80年代初曾对中国教育界产生过相当影响。布鲁纳教学论思想的一个最重要观点是他的结构论，认为知识的结构是构成整个知识体的框架，一个人学到的概念越基本，这些概念应用于新问题的适用范围就越宽广。换言之，知识是有结构的，如果你理解了知识的结构，那么这种理解会使你可以独立

前进；你无须为了知道各事物的属性而与每事每物打交道，只要通过对某些深奥原理的掌握，便有可能推断出所要知道的具体事物。因此，“一门学科的课程应该决定于对能达到的给那门学科以结构的根本原理的最基本的理解。”①布鲁纳教学论思想的另一个重要方面是“发现法”，即强调学生的发现式学习和教师的发现式教学。无论是结构课程论还是“发现法”，都指向有效地发展学生的智力，“不仅要教育成绩优良的学生，而且也要帮助每个学生获得最好的智力发展。”②他甚至把发展学生智力提高到关系国家安全和命运的高度来认识，认为“如果促使所有的学生充分利用他们的智力，就将使我们这个处于工艺和社会异常复杂的时代的民主国家有更好的生存机会。”③

借鉴国外教育改革动态和理论，反思我国过去教育重视知识传授、忽视智力发展的片面性，在70年代末至80年代初，教育改革特别注意将发展智力、培养能力纳入目标内涵，提出了加强基础、发展智力、培养能力的教育改革指导思想，教育理论界也围绕知识、智力、能力的概念内涵及其相互关系广泛进行了学术讨论。在讨论中，就智力和能力的关系出现了三种不同的观点：④第一种受苏联的影响，认为能力包含智力，能力中最具基础性和普遍性的就是智力。第二种受西方的影响，认为智力包含能力，智力是由种种不同的能力构成。第三种是中国的观点，认为智力与能力是两个相对独立的概念，智力属于认识活动的一系列稳定心理特点的综合，智力结构中以思维能力为核心；能力属于实际活动范畴，它是保证人们进行实际活动的一系列稳定心理特点的综合，能力结构中以创造能力为核心。从日后人们常将知识、智力、能力三者并列的情况看，第三种观点影响更为广泛。在讨论中，人们对知识、智力、能力的相互依存、不可分割的关系有共同认识；认为发展智力、培养能力应主要通过改进教学方法，激发学生的主动性和创造性，鼓励学生自主学习，充分发挥学生

---

① 杰罗姆.S. 布鲁纳著，上海师范大学外国教育研究室译：《教育过程》，21页，上海人民出版社，1973年。

② 邵瑞珍、张渭城等译：《布鲁纳教育论著选》，26页，人民教育出版社，1989。

③ 同②。

④ 参见燕国材著：《素质教育论》，35～36页，江苏教育出版社，1997年版。

的主体地位和个性特长，有意识有计划地对学生进行学科的和一般的思维训练等途径来实现。

在对智力和能力问题讨论得十分热烈的时候，有些学者开始提醒人们不要忽视智力因素(观察力、记忆力、想像力、思维力、注意力等)之外的一些心理因素，如动机、兴趣、情感、意志、性格等，对学业成就和个人成才的影响，燕国材于1983年2月11日在《光明日报》上发表的《应该重视非智力因素的培养》一文就是其中之一。该文题目中"非智力因素"的提法很快在我国教育学和心理界流行开来，引起学术界关于"非智力因素"概念的源流、内涵，"非智力因素"的构成与功能等方面的讨论。一些中小学还围绕培养"非智力因素"进行了相应的教育改革试验。

随着教育改革目标内涵的不断积累，任务内容不断扩大，需要有一种能在内涵上进行整合，在外延上起囊括作用的表述，"素质教育"中"素质"一词的包容性正可适应这一要求。从一种纳自然和社会因素于一体的"素质"含义而言，无论是"双基"教育，还是发展智力、能力或培养"非智力因素"，最终形成的不外乎"素质"，因此"素质教育"不失为一种方便的表述。但是也正因为其包容性过宽，给其内涵界定留下了更多的不确定性，引起后来许多从概念出发的争论，影响其对基础教育目标导向的明确性。

"素质教育"的产生和发展是一个复杂的文化现象，我们且抛开对其概念表述的科学性究诘，就其内涵而言，确实经历了一个长期积累的过程。其中有克服基础教育中"应试教育"弊端的需要，有义务教育的全体性、基础性要求，有改革开放以来关于教育重大理论问题的探索，有1983年邓小平提出教育的"三个面向"(面向现代化、面向世界、面向未来)后关于现代教育内涵的一系列讨论，甚至也包含了对"4—2—1"家庭模式下独生子女教育问题的关注。

总而言之，"素质教育"至今已成为中国新世纪理想教育的代名词，被赋予了极为丰富的内涵。它倡导教育的主要目的不仅在传授和积累知识，更重要的是提高再学习的方法与能力；是一种既面向当前生活也面向未来，既面向全体学生也注重个性成长的教育，是一种将传授知识技能、发展智力能力、培养情感意志和完善人格等融为一体的综合型、开放式教育，是一种适应现代社会知识迅速增长和不断更新、科学技术综合化发展要求的创造性教育。

第二节 “素质教育”改革试点及其文化剖析

80年代中期以后，许多基础教育工作者积极进行各种教改实验，如上海一师附小的“愉快教育”，上海闸北八中的“成功教育”，天津和平区新华南路小学的“和谐教育”，上海建平中学的“合格+特长”教育模式，湖南汨罗的全市性中小学教育综合改革等。他们的教育改革经验很多在90年代初即经有关媒体的介绍而在全国引起反响，其改革方向受到教育行政部门的肯定。后来国家明确以“素质教育”作为基础教育改革的指导思想，以上教育改革实验又有所深化，其中有些曾作为“素质教育”的典型加以介绍推广。现就“成功教育”和湖南汨罗市中小学教育改革略作剖析。

一、“成功教育”

“成功教育”试验开始于1987年，最初是上海闸北八中的两个试点班。1990年第一轮试验结束并取得较好的效果后，又进行了“成功教育”的扩大研究，由试点班扩大到全校各班级，扩大到同区的同类型中学，扩大到同社区的小学。同时，全国各地也出现了一些仿照“成功教育”进行改革的学校。“成功教育”在以下几个方面表现出明显特色。

(一)发轫于对学业困难学生的研究，适应了义务教育阶段要“面向全体学生”的目标要求。

上海作为中国经济最发达的地区之一，教育事业自然也走在前列，在1986年《义务教育法》颁布时，上海“普九”的目标其实已经实现，进一步的任务是全面提高义务教育阶段的教育质量问题。出于各种经济、文化、政策等方面的原因，上海也和全国其他地区一样，在初中教育阶段历史地形成了重点学校和一般学校，在一些经济、文化相对落后的社区，存在所谓“薄弱初中”或“困难初中”。

由于重点学校在选择生源时处在主动地位，学业困难学生基本流向普通学校，一些“薄弱初中”更成为学业困难学生的集中地。“成功教育”试验就是从闸北八中这样一所“薄弱初中”开始的。

按照能否升学的标准，“成功教育”试验面对的是一个升学无望或希望不大的学生群体，在“应试教育”背景下，他们往往被看成是很难成功而被忽视的一群。两个首轮试点班入学时的情况调查显示：①

(1)学生的前期学业水平。首轮试点班是两个初一新生班，在小学留过级的占总数的37.7%，其中留级2~3次的占14.4%。全区统一小学毕业考试中的语、数、外三科总平成绩位列35所中学的33位，比全区平均成绩低两个标准差，三科总分低于全区平均成绩的占84.7%。实验对象的基础知识水平明显低于平均水平，以闸北区教科研室编制的测验进行调查得出：语文学科的常用识字失分率为44.5%，基础阅读失分率为41.6%；数学学科中最基础的运算和代换能力失分率均超过50%；英语学科中对基础词汇和基础语法缺乏基本运用能力，听说水平接近于零。

(2)学生的智力和学习能力水平。用上海市教育科学研究所编制的团体智商量表测得学生的IQ平均值为95.93，低于上海市常模，但所有学生的智商均在正常值范围内。以有关语文、数学学习能力量表测查，语文、数学两科学习能力低于平均值者分别达62.1%和78.75%，显著偏离平均水平。

经过三年的努力，“成功教育”试验在这两个试点班获得了成效，学生的学习成绩从入学时的全区最低谷，达到区的中等水平：学生的精神面貌、文明行为在全区评比检查中，名列普通中学组的第一名；1个班级被评为区先进集体，18人被评为区或校的三好学生，150人次受到各种单项表彰。②据有关材料：“成功教育”在扩大研究阶段也取得了明显的成效，以闸北八中为例，未实行改革研究之前，

① 参见刘京海主编：《成功教育》，第2版，32~34页，福建教育出版社，1999。

② 陈亦冰：《“成功教育”——上海闸北八中面向大多数学生教改实验报告》，《中国教育报》，1990-06-07。

学生合格率始终徘徊在30%左右，学生犯罪率曾为全区之冠。在实施改革研究之后，生源状况没有明显改变，仍是全区中下水平，但教育质量逐年递升。1990～1994年合格率始终保持在98%～100%之间，6科总分从全区入学的倒数几名，达到全区的中等水平；1995年合格率100%，优良率98%，6门学科总分达到全区中上水平；1996年毕业生合格率、优良率、升学率均为100%，6科总分进入全区上等水平，50%的学生达到普通高中分数线，1/3的学生达到重点高中的分数线。而且这一成绩是在控制留级率、大年龄退学率和大面积补课的前提下取得的。这是一组令人欣喜的数据。

"成功教育"试验的意向代表了一种平等、民主的教育观。教育应该使每一个学生都得到充分的发展，包括那些学业困难的学生，在义务教育阶段，这更是法律赋予每个学生的基本权利，社会和学校创造条件保证每个学生实现自身发展，也就是保障了学生的这份基本权利。"成功教育"试验的结果给我们以启示：每个学生都有发展的潜力，对于那些貌似很难成功的学生，我们是漠视、敷衍、放弃，还是热情地拥抱他们，研究他们，给他们以希望和鼓励，为他们付出辛勤和汗水，其结果会有很大差别。

(二)重心在培养学生的"非智力因素"

最初两个试点班学生的智力学业成就调查表明，学生的智商平均值虽略低于上海市常模，但均属正常。成绩前10名的学生都不是智商值前10名的学生，成绩后10名的学生也都不是智商值后10名的学生，说明这些学生的前期学业成就差异不是来自智力因素而是来自"非智力因素"。"成功教育"的研究人员曾对学业困难学生的学习参与程度、学习习惯与学习心态等进行过深入研究，发现他们在课内的大多数时间未参与学习活动，相当一部分学生甚至从来不参与学习活动。试点班学生中有预习、复习习惯者仅占14.9%和16.2%，有独立完成作业习惯者仅占11.1%；普遍缺乏自信心、意志力和成就动机，90%以上的学生认为自己进了初中也不能毕业，自我评价消极。①

① 参见刘京海主编：《成功教育》，第2版，33～34页，福建教育出版社，1999。

为什么会产生这种现象，“成功教育”实验研究认为：学业困难学生消极心态形成过程是一个失败体验不断积累的过程。几乎每个走进学校的儿童都怀有一颗热爱学习、渴望成功之心，当他们在经历最初的学业失败时，很多学生都作过试图成功的努力。但随着失败次数的增加，失败体验的一步步加深，学生的自我评价、自我意象、自我概念也变得越来越消极，进而导致自尊心、自信心的彻底动摇，最终丧失积极向上的原动力，出现不主动介入甚至逃避学习过程的现象。

“成功教育”把学生失败体验的积累导致学生内部动力机制的丧失过程，称之为内循环过程，这是学生内部心理活动的过程。同时，学生的内部心理活动又是在与外部教育教学环境的互动中进行的，“成功教育”把学生与外部教育教学环境的互动称为外循环。构成外部教育教学环境要件的有教育观念、教育方法、教学过程、评价体系、教师个性等。

对于学业困难学生来说，外循环的过程也是一个恶性循环的过程，“应试教育”观念是导致这种不良循环的根源。在“应试教育”观念指导下，学校普遍存在追求升学率和考试分数的倾向，采用过高的课程标准、教学要求和评价标准，导致大部分学生达不到要求，人为地提高了学生失败的几率，降低了成功的几率。“应试教育”促使学校和教师片面强化、提高与考试有关的教学内容。其结果是一方面加深学业困难学生的失败感受。所谓学业困难学生并非在所有方面都缺乏优势，但在“应试教育”观念下，他们的强项得不到强化，无法体验到成功的心理感受，反而是弱项不断地被提醒。另一方面忽视学生基础素质的培养，应试成为学校和教师工作的焦点。

从教学方法上说，越是对于学业困难学生，教师越是容易采取外压式的强制教育和教学方法。认为这些学生的学习积极性不高，在教育上更多采取管头管脚、时时提醒的方式；怀疑这些学生的学习能力，在教学上更倾向于施行硬性灌输、加班加点的策略。学生无力发现自己的优点，发展自己的长处，无法主动发展和提高自己。师生双方都处在无休止的生理和心理疲劳之中。

“成功教育”改革的整体方向是注重学生的动机、兴趣、情感、意志、性格等“非智力因素”的培养，在实施中主要围绕形成学生的成功心理展开。成功和兴趣是密切相关的，感觉成功才能产生兴趣，才能激发学习动机。“成功教育”注意从教育观念、教学模式、评价方法等方面系统培养学生的成功心理。①

在教育观念上，改变把升学、高分作为成功的惟一标准，树立人人可以成功、多方面成功的思想。从 1987 年开始，学校采取了逐步减少留级率直到最终取消留级的措施。因为过去的留级是在“应试教育”的高课程标准和升学要求下产生的，增加了学生的失败心理感受。不把分数低的学生看成差学生甚至坏学生，鼓励学生发展特长，保护学生已有的特长，让学生在发挥特长中积累信心。提出“把每一个孩子当天才来欣赏，当天才来培养。”创造激励成功的校园和班级文化，从主题活动到校园班级的环境布置，都注意激发学生主动追求成功，肯定学生的点滴成功。

在教学上，采取“低起点严要求、小步子快节奏、多活动求变化、快反馈勤矫正”的教学原则。“低起点严要求”，一方面是将新知识的学习建立在已有的知识准备基础上，另一方面是在研究大纲、教材，特别是学生实际的基础上，制定恰当的教学目标和要求，对学生提出合适的成功期望。“小步子快节奏”，即是根据学生的认知规律和知识的逻辑结构，将知识分解成不同的知识层级，多设台阶，逐层递进，小步前进。引导学生由易到难、循序渐进，使学生在每跨出一步之前都有必要的知识准备和铺垫，从而减少学生的疑惑或挫折，相应增加了大量成功的机会。“多活动求变化”，即引导学生尽可能多地参与教学活动，让学生成为学习的主体，凭借“活动”提高自我意识，感受自身的智慧和能力。无论是活动本身，还是引导活动的方式方法都应是灵活多样，变化多端，以变化来激发学生的兴趣。“快反馈勤矫正”，使课堂像个小社会，让师生之间、学生与学生之间平等地进行信息交流，教师可以迅速地得到反馈，有效地进行矫正。

在评价方法上坚持鼓励性原则，评价的出发点是找优点，让每个学业困难学生在学习过程中都受到激励，认识到努力与结果之间的联系，有一分耕耘就有一分收获。坚持分类分层评价，根据个体的不同

① 参见刘京海主编：《成功教育》，第 2 版，304～308 页，福建教育出版社，1999。

特点采取不同的评价标准和方法，有一点小的进步就加以肯定。只把学习过程中的失败归咎于可变因素，如努力不够、准备知识不足、方法不当等，永远不要归咎于学生的智力或学习能力。鼓励性评价和适度要求、正确引导相结合。

"成功教育"给人们以启示，成功是一个相对概念，不同的教育观念界定了不同的成功内涵。成功可以是一种竞争的结果，也可以仅是一种内心体验，前者只属于一个人或几个人，后者可以属于一个群体甚至所有人。

(三)唤醒家庭对孩子成功的希望

闸北八中所在的中兴社区是上海市人均受教育年限最低，15 岁以上人口文盲和半文盲率最高，犯罪率最高的几个社区之一。社区背景决定了学生家庭的整体文化和经济状态，根据对学生的情况调查表明，父母的受教育程度普遍不高，难以适应上海人口高学历化的趋势和改革大潮的冲击，下岗待业者多，家庭 95% 居住在棚户区，缺乏良好的学习环境和家庭条件。由于家长缺乏必要的教育基础和适当的教育方法，对子女的学业困难由打骂到撒手不管，直到最终对子女完全丧失信心。

其实重视子女的教育，关心后代的成长，这是中华民族的优良文化传统。但是这种望子成龙，望女成凤的心理在特殊背景下往往会被扭曲，甚至走向愿望的反面。许多家长在子女幼儿时期都抱有莫大的期望，但当孩子的学业越来越不如意时，他们越来越失望，最后变得冷漠了，对学校、教师的号召再也不激动、不行动了。"成功教育"认为，要建立学生的成功信念首先要建立家长的成功信念。他们通过家长会、家访等各种途径一次次地向家长宣传闸北八中所取得的成绩，教师的工作精神和业务能力，介绍每一个孩子的变化，典型学生的进步等。让家长认识到孩子提高的潜力和成功的希望，接受"成功教育"的理念并参与成功教育的实践，努力为子女创造必要的学习条件，与学校联手树立儿童成功的信心。

追求成功是人类活动的最深层动机，实现自我是人类需求的最大满足，这可以说是潜伏于人类天性中的一种自然趋势。但是，如何使蕴藏于人类至性中的这份潜在力量变成一种现实的希望、向往和追求，绽放出智慧的花朵，常开不败，离不开适当社会文化的浸濡和涵养，而校园文化正是其中最重要的组成部分。

“成功教育”对其实验者来说，是一份执著的事业追求，也是一份社会理想情怀的寄托。正如他们所倡导的：教育应该通过“改革和完善自身，带动家庭、社会环境的改善”；教育联系着每一个家庭，联系着社区的面貌，联系着社会的历史和未来。无疑，让每一个学生都以自我肯定的成功者心态而不是失败者心态走向社会，这是建立更加自信的中华民族心理素质的基础，也是社会创造活力的源泉。

二、湖南汨罗市中小学教育改革

从1984年开始，湖南省汨罗市在全市范围内逐渐展开面向基础教育的整体改革，十几年过去后，取得了明显成效。1996年2月《人民教育》以约5万字的篇幅全面介绍了汨罗教改的经验，有关媒体作了大量报道,[①]国家教育决策部门也将汨罗经验作为在一个县市范围内实施“素质教育”整体改革的典型，进行宣传推广。审视“汨罗现象”，我们可看到，一个原是教育基础较弱的市，如何通过管理来实现提高教育质量的经验，在某种意义上是一种宏观的追求“成功”的教育。

(一)“四个面向”：“两全”教育的实践诠释

面向全体学生实施“全面发展的教育”，这是对基础教育的一贯要求，1993年2月中共中央、国务院颁发的《中国教育改革和发展纲要》明确指出：“中小学要由‘应试教育’转向全面提高国民素质的轨道，面向全体学生，全面提高学生的思想道德、文化科学、劳动技能和身体心理素质”，因此，“两全”也就构成了“素质教育”的最基本内涵。在实践中能否采取切实的措施确保“两全”的贯彻落实，是“应试教育”向“素质教育”转轨的关键，在汨罗教育改革中，它是通过“四个面向”的具体工作目标与相应的实际措施来体现的。

汨罗的“四个面向”是“面向属地每一类教育、面向每一所学

---

① 本目内容参考了1996年第2期《人民教育》等有关材料。

校、面向每一个学生、面向学生的每一个方面”。第一个面向是在确保基础教育重点的同时，不忽视职业技术教育和成人教育与基础教育的协调发展。但就基础教育来说，主要在后三个面向。

“面向每一所学校”，以保证教育质量的区域性平衡和整体提高。“应试教育”的通常做法是在生源和教育资源的配置等方面集中向个别重点学校倾斜，导致学校之间的悬殊差异。汨罗坚持把办好每一所学校，不让任何一所学校掉队，作为全面提高教育质量的基础和关键。努力使每一所学校校长称职，师资合格，硬件达标。特别是对受普遍关注的几所市直普通高中，采取“四个兼顾”的政策：(1)兼顾生源。在中考后普通高中招生时，采取“择优”和“划片”结合的方式。限制重点学校的“择优”比例，以保证其他学校录取到部分优秀学生。(2)兼顾师资。从待遇和政策多方面稳定教师队伍，避免骨干教师集中到个别优势学校。(3)兼顾经费。集中教育财政，对各校进行轮番式、流动式投入，使各校办学条件基本接近，都有所改善。(4)兼顾特色。根据各校的原有基础，加以有意识地扶持和引导，使各校各有特长。这样，使几所市直普通高中之间保持了略有差距但基本平衡的格局，打破个别学校一枝独秀的垄断局面，避免了强者不争自强、弱者甘于落后的现象，形成相互竞争的态势，无形中创造了一种促进教育发展的内部动力机制。

“面向每一个学生”以保证基础教育的全体性。“面向每一个学生”有两层含义，其一是力争每一个适龄儿童都能完成九年义务教育；其二是力争每一个在校生都达到“合格”要求。为此，汨罗市有关教育负责人曾建议将这一条改为“面向全体应受教育对象”。在教育实践中，“面向每一个学生”的关键突出表现在控制流生特别是初中阶段的流生上。在基本消灭贫困的汨罗地区，因家庭经济情况而辍学者较为少见，流生绝大多数是由厌学到逃学再到失学，一般成绩差，升学无望。按照“应试教育”的观念，这些学生是“包袱”，留在学校里还影响升学率，有的流生甚至是学校和教师有意和无意逼出校门的。汨罗除通过社会、家庭、法律等手段综合控制流生外，着重从教育内部采取三个方面的有力措施。首先，端正教师的“差生”观念，强调“只有不会教的教师，没有教不会的学生”。其次，建立突出“合格率”、淡化“升学率”的教育评价体系。统计“合格率”时，中途流失的学生仍计入基数，参与计算学生的平均学业成绩，增加流生就等于增加“吃零分”的学生。最后，也是最重要的，就是进行教学改革，创造乐学的环境，从根本上解决“差生”的学习动力问题。以上一些措施，使汨罗的中小学学生的“巩固率”和“合格率”超出湖南省平均水平达十几个百分点。

“面向每一个学生的每一个方面”以保证学生身心的和谐发展。“应试教育”突出智育，以智育排挤其他各育。汨罗的基础教育改革坚持以德育为首，德、智、体、美、劳五育并举的方向。在德育工作上切实做到“五个落实”：即组织上落实，从市教委到各学校建立有德育的领导和研究的机构和小组；时间上落实，绝对保证国家课程计划规定的政治思想品德课、主题班会、团队活动等的时间安排；内容上落实，内容分为政治思想教育、传统美德教育、行为规范教育、爱国主义和国情教育、国防教育、环境教育、人口教育等，从小学到高中依序展开，前后一贯；措施上落实，强调德育途径的渗透性特征，提出“有意、有序、有机、有心、有效”的十字渗透纲领；地位上落实，在各项评比中，坚持德育的“一票否决”地位。德育工作的思路同样也适用体、美、劳各育，保证音、体、美、劳课程100%的开课率，做到有教师、有教材、有备课、有场地、有器材，并都列为会考的必考科目，一门不及格即不能算合格学生，不能毕业。

“全面发展”当然不应抹煞学生的特长和个性，必须与因材施教相结合。汨罗鼓励学生走合格加特长的成才模式，鼓励学生在音、体、美、劳等方面表现出一面之长，鼓励学生参加学科竞赛和进行各种小创造、小发明、小论文活动。

(二)教学的规范化与风格化

尽管现代教育思想和教学技术的日益发展和融合对传统意义上的班级授课制提出了挑战，但课堂教学作为学校教育的主渠道地位并没有改变，无疑汨罗也将课堂教学作为实现改革主体目标的重点。

由于历史和现实的种种原因，我国基础教育师资水平参差不齐，在欠发达的农村地区尤甚，汨罗也不例外。许多教师由于缺乏主动改进教学方法、提高课堂教学效率的创造性素质，只得把对教育事业的

“奉献精神”体现在加班加点、书山题海和频繁考试上，不是事倍功半，就是适得其反。针对这一点，汨罗在抓课堂教学方面着力于在达标的基础上求创造，在规范的基础上求风格，把教学的规范化放在首位。教学规范化主要表现在以下几个方面。

1. 开课标准化。严格按照国家规定的课程计划开课，杜绝一些学校对非考科目少开或不开、明开暗不开、进课表不进课堂的现象。这一方面是落实“全面发展”基础教育任务的要求，一方面也堵死某些教师利用这些课目时间搞加班加点提高所谓教学质量的口子。

2. 教学常规条例化。集中各学校教学水平一流的教师，和教研员一道，编写各科的教学常规，旨在将优秀教师的教学经验和先进的教研成果变成人人必须掌握、也可以掌握和操作的具体经验。经过几年的努力，1991 年汨罗市教委颁发了普通中小学《学科教学常规》，对学科教学的全过程如备课、授课、作业布置与批改、辅导、考试与考查、教学计划与总结等各方面提出了规范化要求。《常规》颁布后，即通过管理狠抓教学常规的落实。

3. 强调集体备课，教师按业务水平的高低配置、成立教研组、备课组，使教师集中精力精心备好一堂课或几堂课，做到资源共享，形成整体优势。

在注重教学规范化的同时，汨罗也确实在调动教师发挥课堂教学改革主体性和创造性方面做了不少工作。他们总结传统课堂教学有三大弊端：第一，重“教”不重“学”。学生跟着教师走，教师怎么教，学生就怎么学；教学从教师的主观愿望、主观要求出发，将学生置于被动适应的地位。第二，重“知”不重“思”的浅层性。硬记应考的知识，学生的思维得不到充分的锻炼。第三，重“灌”不重“趣”的强制性。在教学方法上不注重启发，依靠外力强制而不是靠激发内在兴趣来建立学生的学习动力机制。为此，汨罗以“学、思、乐”来引导教师进行课堂教学改革：从让学生“学会”上转到培养学生“会学”上来；从让学生“学到”上转到培养学生“学问”上来；使学生从“要我学”转到“我要学”上来。为使教师的教改有具体依托，在全市有针对性地大规模推行目标教学、协同教学、成功教育、愉快教育、自觉辅导法、心理健康教育、四环递进教学等教育和教学模式。

(三)建立可具体操作的教育质量保障体系

汨罗中小学教改给人最强烈的印象是，要使教改目标不流于虚无缥缈的概念和高唱入云的口号，就必须建立一套以评估为手段，并得到各种体制性因素支持的教育质量保障体系。汨罗中小学教育改革是在一个县市范围内的整体综合改革，因此它以强化由市级教育行政部门领导并组织实施的外部教育质量保障体系为主，达到鼓励和引导属内各学校创造性地开展各种校内的教育质量保障活动，促进教师围绕教育改革目标进行自我学习和提高。具体来说就是建立了一套具有汨罗特色的“教育目标管理”体系，其特点主要表现在以下方面：

1. 可测性和可操作性

汨罗在制定教育目标时力避模糊性和弹性，把教育的整体目标分解成多个具有不同权重的分项目标。目标的分解是为了使目标的达成度可以测量，一层分解不能量化的目标则采取多层分解，直到可以量化为止，实在不能直接测量的采用间接测量的方式。各分项目标的权重表明它在整体目标中的地位。由于不同地区、不同学校的基础和办学条件不同，目标达成的困难度不同，与此相关的目标项目在统计时又加入项目系数加以平衡，如“合格率”、“稳固率”、“升学率”这些显然与原有基础和办学条件相关的项目，不同地区不同学校的项目系数就各不相同，有些地区和学校的折算系数 100%，有的则可能大于 100%，有的则可能小于 100%。

有了可测性，就有了可操作性，汨罗市教委和各学校都制定有《目标管理评估表册》，每个单位、每个员工的年度工作绩效，都通过精确的计算，最后用量化的数据表示出来。汨罗依据量化的结果评比表彰先进、晋升专业技术职务、民办转公办、农转非等，由于数据具有客观性和权威性，减少了这些工作中的人为阻力，促进了教学质量的提高。

2. 有利于“素质教育”内涵的实现

目标设置具有导向性，量化也只是一种工作方式，可以面向“全体学生”和“全面发展”，也可以面向“片面追求升学率”。汨罗坚持目标管理有利于推动“两全”教育的方向，通过各分项目标的立与不立、权值的大小来加以引导。凡是导向“两全”教育的项目就立，就加重权值；凡是助长“应试教育”的项目就撤，就降低权值。如对学校工作的管理目标分为德育、教学质量、教学研究、体育、卫生、美育、劳技、实验教学、电化教学、科技活动、干部教师队伍建设、学籍管理等12个项目，其中没有升学率的位置，使得学校对单纯的“升学率”无目标可追。又如对教师的教学质量评价中，学生“合格率”权值高达50分，学生个性特长权值也高达20分，使教师无法舍弃“全面”而追求“片面”。另外，汨罗还通过项目达标值来限制片面教育，一标达不到规定值，则全标受损，不能进入优秀行列。

3. 可激励性

将目标管理的考评结果真正与干部教师的切身利益挂钩，排除其他因素的干扰，反复强化和运用，使最终成为一种“动力机制”。保证管理措施的连续性是产生激励性作用的基本前提，教育是一个需要时间的事业，不可能一蹴而就，无论是一所学校还是教师个人，要取得成效都需要时间，举措多变必然失信于人。无疑，这一原则的落实必须获得教育内外各种体制性因素的支持。

三、经验之外的思考

“成功教育”、汨罗市中小学教育综合改革，以及其他一些对“素质教育”的实践探索，给人们提供了许多有益启发和值得进一步研究的经验。这些探索大都开始于“素质教育”概念明确提出之前，这说明当前以“素质教育”为主流的教育改革局面的形成，离不开改革开放以来，特别是80年代以来持续不断的教育改革的成果积累。同时正因为这些探索本身产生于“应试教育”大行其道之时，也很难回避“应试教育”背景的影响。

“素质教育”必须有一支高素质的教师队伍。“素质教育”从本质上说是有利于学生发展的教育，它的实现必然依赖广大教师的创造性工作。无论是“成功教育”还是汨罗教育改革，都曾将很大气力花在转变教师的教育观念，改变教师的课堂教学行为，提高教师的教学质量上，而在具体操作中又不得不以推广典型，推广样板课作为推动的手段。这一切都说明，我国基础教育现实师资水平的参差不齐，严重限制了“素质教育”主体性和创造性内涵的发挥。

汨罗所采用的严格量化、奖惩分明的刚性目标管理体系，可以说是在我国目前社会发展水平和基础教育背景下，大面积提高教学质量的一种尝试。但同时也应注意，“素质”的整体性和综合性特征，本身不利于教育目标的分化和操作化，和教育评价的量化要求也是有矛盾的。

课堂教学的规范化是汨罗经验的另一重要内容，规范化对某些教学环节是必要的，但不适当的规范化也会限制教师工作的主体性和创造性，对教师的个性风格起抑制作用。由于各学校在教育对象、教育资源、学校文化、社区背景等方面都存在着差别，需要教师结合实际情境创造自己的课堂教学风格，“素质教育”正呼唤教师的风格化。在我国，风格化的课堂教学无论在观念上还是在实践上原本就缺乏传统和基础的深厚积累，有待我们去细心培育。

“成功教育”必须面对如此集中的学业困难学生，汨罗也不得不采取行政摊派的办法分配优秀生源，这都提醒我们必须加强对基础教育，特别是中学阶段教育结构、“教育公平”问题的思考。义务教育是一项面向全民的公益性事业，必须把追求校际间教育资源的公平配置作为重要原则。政府和教育行政部门应切实从经费投入、师资、领导班子建设等方面大力加强薄弱学校建设，缩小校际间的差距，淡化重点学校，使就近入学真正为多数人所接受。这不仅是转变“应试教育”观念的基础条件，也是把法律规定的义务教育权利平等赋予给每个公民的基本保证。在非义务教育的高中阶段，应从满足社会的实际需要和有利于学生身心发展的原则出发合理安排各类教育的结构。

第三节 “素质教育”理论总结与构想

一、“素质教育”分歧原因小析

“素质教育”是一个具有广泛解释域的概念，自从它产生到现在已经十余年，但其内涵所指仍闪烁不定，缺乏能取得广泛共识的权威性界定。当前在“素质教育”一词的运用上更表现出泛化的倾向。长期以来，对什么是“素质教育”问题的解答可谓众说纷纭，莫衷一是。早在1995年，就有学者作过统计，认为至少已出现过9类15种关于“素质教育”的定义。①以后陆续有学者对“素质教育”研究作反思性总结，有的学者归纳出在“素质教育”研究中，对于“素质”及“素质教育”的涵义分别出现了多达15和18种不同的理解；②有的学者对当前形形色色的“素质”和“素质教育”概念界定的视角差异进行了分析。③

为什么会出现概念内涵的不确定和泛化现象，我们不能忽视下列两方面的因素。

(一)“素质”涵义的超经典使用

在古汉语中，“素”的本义是指未经染色的白色丝绢，所以“素质”一词的本义是指白色质地，可引申指事物的本然性质，有时也借喻为人的天赋，如晋代张华《励志诗》：“如彼梓材，弗勤丹漆，虽劳朴斫，终负素质。”梓木是一种和楠木并称的优质木材，此处借以比喻人的天赋才质，说明人如果不勤于修养和学习，即使有良好的天赋才质也会被白白浪费。整体上，“素质”所指的是事物的自然或原有状态，不表示因变的结果。

现代汉语中的“素质”一词在80年代前还是一个生理学和心理学概念，其规范涵义以1979年版《辞海》的释义为代表：素质指人的先天的解剖生理特点，主要是感觉器官和神经系统方面的特点；素质只是人的心理发展的生理条件，不能决定人的心理的内容和发展水平。人的心理来源于社会实践，素质也是在社会实践中逐渐发育和成熟起来的，某些素质上的缺陷可以通过实践和学习获得不同程度的补偿。④ 80年代以来，人们越来越多地在一种通俗的意义上而非生理学

① 杨银付：《素质教育若干理论问题的探讨》，载《教育研究》，1995(12)。

② 燕国材：《素质教育论》，3～19页，江苏教育出版社，1997。

③ 郑金洲：《素质教育研究辨歧》，见陆炳炎、王建磐主编：《素质教育——教育的理想与目标》，144～174页，华东师范大学出版社，1999。

④ 《辞海》(中)，2797页，上海辞书出版社，1979。

和心理学的意义上使用“素质”一词，使其具有了更丰富的社会文化内涵，如人们常说的“人口素质”、“民族素质”、“国民素质”、“干部队伍素质”等。1989年版《辞海》中明显反映了“素质”词义的这种新发展，在基本保留原有释义内容的基础上，增加了“人或事物在某些方面的本来特点和原有基础”新义项。①

1989年版《辞海》以经典、规范的形式确认了“素质”概念的新涵义，但并没有改变“素质”一词的内涵特性，我们应注意释义中使用的是“本来特点”和“原有基础”等表述，明确表达了“素质”的基础性、同一性、稳定性特征；“素质”是人或事物已经形成而非期望形成的品质，是人或事物进一步发展的既成前提而非未来目标。从这一点上说，1989年版《辞海》是坚持了“素质”释义的经典性。整体来说，在现代汉语的经典释义中，“素质”也是表示一种实然的、既成的事实状态。即使如我们日常所使用的“提高××素质”之类的表述，虽使“素质”的内涵特性具有了可使动性，但词义着重于前提和基础也是很明白的。

“素质教育”概念提出后，虽然其创意和倡导者对“素质教育”的内涵有过界定，但从这一概念的表述形式出发，人们会很自然地把其中的“教育”作为促进人不断成长变化的因素，把“素质”作为因变的结果。这样，“素质”一词的涵义明显由原来的注重“实然”、完成时态和事实基础转向注重“应然”、将来时态和价值取向，无疑也提高了“素质”概念内涵的动态性和发展性特征，“素质”既是教育的基础与条件，又是教育作用的结果。未来及其价值取向的不确定性，也为人们从不同角度界定“素质”与“素质教育”概念内涵留下了广阔的空间。

（二）“素质教育”界说的三界异趣

人们已普遍注意到在“素质教育”的讨论中，由于论者与教育发生关系的方式各不相同，观察、思考教育问题的角度也存在差异，其中最明显的莫过于教育决策者、教育理论工作者和实际教育工作者的角色性格对讨论视角的影响。“理论工作者往往从哲学本体论的角

① 《辞海》（中），3200页，上海辞书出版社，1989。

度、教育决策者往往从宏观发展的战略角度、实际工作者往往从操作角度思考问题”，①有些学者更明确指出：“理论界、实践界、决策界在‘素质教育’问题上发生了新中国教育史上鲜见的龃龉现象。”②虽然三界之间未必如此性格分明，但透过形形色色的“素质教育”界说，不难发现其中着实存在与之相应的三种不同取向。

其一是政策性取向。推动九年制义务教育的实施，纠正教育实践中日益严重的“片面追求升学率”现象，是80年代中期以来我国基础教育主管部门工作的两个主题。义务教育本身就是以“提高全民族素质”作为最基本的任务指向的。“片面追求升学率”的显著特征则是面向少数尖子学生，以提高其应试能力，实现升学为目标，故被概括为“应试教育”。由于我国目前的升学考试侧重于再现学生在部分学科上的基本知识和技能，使用的是纸笔测验方式，极易引导教师和学生采取偏重“智育”，硬性灌输、反复训练、死记硬背的教育和学习策略。惟其如此，从80年代中期以后，教育主管部门在宣传和政策导向上就一直倡导基础教育要(1)面向全体学生着眼于提高全民族的整体素质；(2)全面贯彻教育方针，使学生在德、智、体、美几方面都得到发展；(3)因材施教，激发学生的学习兴趣、爱好，让学生主动的发展。在“素质教育”概念流行前后，国家教育主管部门对基础教育的政策意向是一贯的，后来有关主管领导对“素质教育”内涵的界说主要也不外以上三个方面。③应该说，决策界最终采纳“素质教育”概念，是因为这一概念本身具有：其一，可以引导对基础教育的基本目标——“提高全民族素质”的联想；其二，由于“素质”涵义的宽泛性，可以囊括主管部门对基础教育的各种政策意向。总起来说，决策界在某种意义上是把“素质教育”作为一个工作概念，把对基础教育的各种理想和政策意向来个“一言以蔽之”，在一定程度上可以避免表述上的累赘，而并未深究由此带来的语义学、逻辑学上的歧义。而正是这一点，引起后来一些学者的究诘。还应指出，由于教育决策界最初是为了纠“应试教育”之偏而提出“素质教育”的，故

① 舒达、蒋长好主编：《素质教育全书》，8页，经济日报出版社，1997。

② 张华：《再论“素质教育”的本质》，载《江苏教育研究》，1997(3)。

③ 柳斌：《关于素质教育的再思考》，载《人民教育》1996(6)。

一直把“应试教育”作为“素质教育”的对立面看待。

决策界一直是“素质教育”的热情倡导者和推动者，对于教育实践中“应试教育”积重难返的现实和理论界对“素质教育”的争论，他们流露出一种急于统一认识的迫切心态：“实施素质教育说难也难，说不难也不难。说难就难在统一认识，统一思想上。如果思想认识统一了就不难。要把我们的认识统一到中央的文件上来，统一到教育的法律、法规上来”。①不能否认，在中国教育的宏观管理还基本上是行政行为的情况下，教育决策界的力量是强大的。

其二是学术性取向。自从“素质教育”概念产生后，教育理论界对它的讨论整体上不外乎两种态度，一种是在基本肯定“素质教育”概念合理性的前提下，围绕“素质教育”的文化哲学意蕴、基本内涵、与各类教育存在②的关系等进行分析辩论，目的在完善和发展“素质教育”理论，可称之为“完善型”。另一种是以否定“素质教育”概念合理性为出发点，从逻辑和语义学的角度对“素质教育”概念的学术规范性提出质疑，对由推行“素质教育”所带来的教育观念混乱和教育实践的矛盾表示忧虑，可称之为“质疑型”，当然质疑也是为了完善。

在上述两类学者中，至今依然拘执“素质”经典涵义者已不多见，也并非不赞成决策界在“素质教育”名义下所倡导的基础教育改革方向。特别是在“完善型”学者中，有些人是沿着循名责实的路线，辨名析理，对“素质教育”的政策性内涵规定提出修正，陈述自己的见解，下面我们介绍其中明显与上述政策性界定异趣的观点：③(1)反对将“素质教育”当做“应试教育”的对立物来确定其涵义，“应试教育”也可能有意或无意地培养了学生的某些素质，起码是培养了应试所需要的素质如记忆力、刻苦学习的精神、一定的分析问题

① 柳斌：《三谈关于素质教育思考》，载《人民教育》，1996(9)。

② 叶澜教授认为，“教育存在”可分为三大类型，即“教育活动型存在”，“教育观念型存在”，“教育研究反思型存在”，本处所指侧重前两种类型。参考叶澜：《教育研究方法论初探》，306～307页，上海教育出版社，1999。

③ 陈佑清：《论“素质教育”概念的规定及其特性》，载《南京师范大学学报(社会科学版)》，1999(1)。

解决问题的能力等；同时，“素质教育”也并非不要考试和取消升学。总之，以“素质教育”去否定应试教育既不科学，也不现实。(2)按照“素质教育”的通常界定(主要指上述政策性取向的界定)，“素质教育”既是“面向全体学生的教育”，又是“全面发展的教育”，同时也是“个性化的教育”。这样“素质教育”就成了无所不包的东西，有将“素质教育”无限泛化之嫌。由于给“素质教育”规定的内涵太多，同时反映了事物的多个关键属性，容易造成概念的混乱。如果按照这种概念规定，只有同时具备上述三个特征的教育才是“素质教育”，人们不禁要问：只是部分地符合这三个特征的教育算不算素质教育？如根据儿童身心发展的阶段性特征，某些素质在某个阶段最易发展，教育中突出了这方面的素质培养，是不是就不是“素质教育”了？(3)“素质教育”实际上是一个质量概念，它的真正对立物应是肤浅的、表面的教育，这种教育止于知识的灌输、记忆和复现，而未将之内化为学生的身心素质。“素质教育”应是反映教育的水平、质量、层次、深度的概念，而不应去描述教育对象的多寡、教育内容的宽窄、教育的个性化和主体性等，因为这些方面已有相应的概念去刻画。这样一种教育并不局限基础教育。

来自学术界的不同声音，表面上给人以与教育政策对立的印象，也带来教育实践领域的一定程度的疑惑，有关教育主管部门的领导对此曾深表关注和不满。实际上这些学者并非不赞同有关教育政策的实际内容，而是不赞成用“素质教育”来概括这些内容。本来，维护学术用语语义的稳定性、概念的规范性，就是严肃的学者的责任。长期以来，人们抱怨教育研究之专业性不强，其中一个重要原因不正是因为其概念规范性不够吗？中国教育界以往在引用范畴时常以新颖性为标准，较缺乏严密论证的传统，从这点说，关于“素质教育”的质疑是一可喜的现象。争鸣和反驳是理论完善的必然逻辑，“素质教育”理论也必将因此而得到深化。

其三是实践性取向。在“素质教育”概念提出之前，基础教育在长期改革实践过程中，已探索出了许多成功的经验。这是基础教育实践界将先进的教育思想与自身的实践性智慧结合的产物，也部分地反映了“素质教育”的基本精神，近年来树立的一些“素质教育”典型，大多在“素质教育”概念提出之前也就开始了其探索历程。“素质教育”的实施正在将基础教育改革进一步引向深入，这是不争的事实，但我们也同时看到“素质教育”实践中出现了一些令人疑虑的倾向：(1)对“素质教育”名义上的趋附和实际上的退避现象。按“素质教育”的政策性界定，它只能是与“应试教育”对立的，但是在现实社会发展水平上，“升学率”即使不作为教育督导评估的指标，也仍然是一所学校赢得社会声誉的重要方面，“应试教育”因此具有事实合理性。于是“素质教育”实践中就出现了“素质教育轰轰烈烈，应试教育扎扎实实”、“对上讲素质，对下讲升学”的“双面人”现象。(2)醉心于创造各种“素质教育”模式，对有限的实践经验进行理论包装。但因为缺乏对“素质教育”理论的深刻理解(“素质教育”理论本身也还在发展和完善之中)，其结果往往是对某种“素质教育”理论样式的削足适履，反把自己原有的实践智慧给扭曲了。(3)“点缀型素质教育”的流行。不少学校整体上并没有改变“应试教育”的方向，但藉由“素质教育”对全面发展和现代性的倡导，在课外开设一些计算机操作、琴、棋、书、画以及其他的什么活动课目，名之曰发展素质。这固然不失为一种素质，但往往又多出于制造招牌效应的目的。

政策、学术和实践活动中对“素质教育”概念的不同理解和运用，虽然在一定程度上带来教育观念和教育实践的疑惑，但毕竟给人以不同思维路线的启发。

二、“素质教育”的理论构想

十余年来，人们已经从理论层面对“素质教育”进行了广泛的探讨，虽然在许多方面看法有分歧甚至严重对立，但在有些方面也已基本形成共识。这里我们仅是在已经取得的理论成果基础上，寻求“素质教育”理论问题的讨论视角。

(一)对“素质”结构的分析是“素质教育”理论构建的出发点

在“素质教育”概念刚推出时，不少心理学和教育学的学者曾根据“素质”的经典释义对这一新概念提出异议，但随着时间的推移，人们已逐渐接受或默认了这样的界说：即人的素质是以先天遗传的禀赋为基础，在后天环境和教育的作用下形成和发展起来的相对稳定的基本品质结构和质量水平。它既指人的身心发展潜能，也指社会文化因素在人身心结构中的积淀和内化。我们接受这样的观点。在讨论"素质"概念时，不少学者将与个体素质相对的群体素质(如民族素质等)也纳入素质概念的外延范围。我们认为群体素质虽然主要通过群体中的个体素质来体现，但并非是个体素质的叠加，它还和群体的社会结构和集团意志选择等有关，不能对群体素质进行与个体素质同样方式的结构分析，因此下面的讨论是就个体素质而言。

基于对"素质"的上述界说，不同的研究者依据各自标准对人的素质结构进行分析，先后出现了十余种典型的素质结构分析模式，大致可归结为"要素说"、"层次说"和"维度说"三类，下面各举一例进行简略介绍，以说明各自的基本思路。

"要素说"。以"五要素结构"为典型代表，认为根据我国现阶段的情况，九年义务教育应培养的学生素质包括五个方面：(1)政治思想品德素质。爱国、爱社会主义、拥护中国共产党；具有为人民服务的愿望；纯洁的道德品质；良好的行为习惯；以意志、毅力、情感、人格为主要内容的心理品质素质等。(2)文化知识素质。基本知识与技能：包括工具学科和规定必修课的知识与技能，反映时代特征的文化科学知识技能。继续学习的能力：包括观察、思维、动手、自学能力等的智能性因素，学习方法、习惯等的手段性因素，理想、意志、毅力、兴趣爱好等与心理和性格有关的学习动力性因素。(3)身体素质。强健的体魄，各种运动的基本知识、技巧和能力，良好的锻炼习惯等。(4)审美素质。正确的审美观念，感受美的能力，爱好美的兴趣，创造美的愿望等。(5)劳技素质。热爱劳动的观点、习惯，与年龄相称的劳动技能等。

"层次说"。典型的观点是将个体的素质分成三个层次：(1)自然生理素质。包括生理特征和生理机能特征等。(2)心理素质。包括感觉、知觉、记忆、想象、思维等智力因素和动机、兴趣、情感、意志、性格等非智力因素。(3)社会文化素质。包括政治思想素质、道德素质、科学文化素质、审美素质、劳动素质等。三方面的素质分别居于人的素质结构的不同层次。自然生理素质是人发展的生物前提和物质基础，是素质的深层结构。心理素质是以先天遗传的自然素质为基础，在社会的文化、环境影响下发展起来，是个体身心发展的内在依据；心理素质是联结自然素质和社会文化素质的中介物，属素质的中层结构。社会文化素质是赋予自然素质的社会意义，是素质的外层结构。它们相互联系、相互渗透、相互依赖、相互影响，协同构成人的素质的有机整体。

“维度说”。“要素说”是以我国最常见的德、智、体、美、劳教育目标分类方式来对素质结构进行分析的，“层次说”突出了心理因素在素质形成中的作用，并在层次结构中说明了各种素质要素间的关系。但是二者都是仅在一个维度上对素质结构的考察。教育目标分类也可以有不同的参照标准，我国的教育目标分类是参照人的社会活动的经验性类型，而美国教育心理学家布卢姆将教育目标分为认知、情意、技能三个领域，是以心理操作形式和表现方式为参照标准的。有些学者认为，要多维度地考察素质结构，不仅要从人的社会活动的经验性类型的角度来考察，还应从心理操作形式和表现方式的角度去考察，并据此提出素质的二维结构观点。按照素质的二维结构模式，素质应在心理和经验的双重基础上构筑，心理形式和经验规范是考察素质的两个维度。离开经验的心理或离开心理的经验都是不存在的，素质必然同时表现这两个方面，心理能和经验能的交互作用形成素质要素，具体如下表所示：①

经验能 素质群 心理能	德	智	体	美	劳
认知	道德认知	文化科学认知	体质认知	美学认知	劳技认知
情意	道德情意	非智力品质	体锻情意	审美情感	劳技情意
技能	道德践行习惯	心智技能	运动技能	艺术技能	劳动技能

① 舒达、蒋长好主编：《素质教育全书》，23页，经济日报出版社，1997。

对人的素质的分析在“素质教育”理论研究中具有逻辑起点的意义。“素质”结构划分上的区别引导不同的理论路线，因此我们从这里开始就注意寻求合理的分析视角。

应该指出的是，素质是综合的，无论在“要素说”中的各素质要素之间、“层次说”中的各素质层次之间，还是在“维度说”的各素质群分项之间，都存在着相互联系、交叉、包孕、渗透、依赖和影响的关系，这也是学者们在提出学说时就反复说明过的。之所以对素质进行结构分析，是为了从理论上揭示影响素质形成的心理和社会文化因素，有利于在教育实践中采取针对性的措施。从建构“素质教育”理论来说，在三类素质分析模式中，“维度说”表现了较强的理论深度和现实针对性，对此我们就以上示例作简略的比较分析。

首先，“维度说”更好地从教育意义上揭示了素质的本质。从广义上说，人类个体以一定心理操作方式与一定的社会文化环境发生作用都具有教育意义，都会导致一定的素质“增量”。素质就是一定的社会文化在个体身上的内化，也是个体生理及心理结构与潜能向着一定的社会文化进行主动发展和开发的结果，离开一定的社会文化或个体心理的能动活动都不能单方面的形成素质。在二维素质结构模式中，以“经验能”表示人类的文化积累、现实的文化背景或环境，以“心理能”表示个体的心理操作形式或表现方式，较好地说明了素质的心理因素和社会文化因素的交融性。“要素说”反映了素质中的社会文化要求，但没有直接从理论形式上(虽然在介绍素质要素的具体内容时也提到心理的作用)说明素质构成中的心理因素。“层次说”虽然提到心理素质并把它放到中介的地位，但又没有直接从理论形式上(同样也只是在介绍心理素质的具体内容时提到心理因素与其他素质的关系)说明素质的心理因素和社会文化因素的交融性，甚至无意中将两者孤立开来。

其次，“维度说”有较强的现实针对性。(1)“要素说”单从德、智、体、美、劳技等人类社会活动的经验性类型来考察素质，所依据的就是我国长期以来“全面发展教育”的分育目标。以往的“全面发展教育”理论在阐明各分项教育目标时未尝不重视学生的心理因素在目标形成中的作用，未尝不强调教育教学过程中知、情、意、行等各种心理操作形式的综合渗透，但由于没有真正把它作为一个考察维度，在教育实践中极容易被忽视。学生是一个个具有丰富心理能动性的主体，当学生把这种丰富的心理能动性(心理能)投射到一定的社会文化(经验能)时，文化才真正具有生命性。因此按照“要素说”的“素质”分析方法来建构“素质教育”理论，仍不能以一种鲜明的理论形式引导人们将教育活动指向学生主体，指向学生心理活动的过程。在逻辑上必然使“素质教育”归于“全面发展教育”，融合于“全面发展教育”，失去了建立“素质教育”理论的现实价值。(2)“层次说”从一般意义上而未能着重从教育学意义上对“素质”进行分析。从一般意义上，从“自然素质”到“心理素质”再到“社会文化素质”是人发展的基本过程，是人从自然人到社会人的过程。从教育意义上说，素质是个体心理与特定社会文化环境互动的结果，互动是真义所在，“层次说”说明了心理和社会文化因素的内容而没有着重说明两者的关系。“自然生理素质”是“心理素质”和“社会文化素质”发展的物质基础，正常情况下它具有自然成熟性，它的成熟更多依赖社会的其他系统，如政治经济系统、医疗卫生系统、环境保护系统，教育目标中的体育分项更具有社会文化内涵。除非在培养特殊人才如体育运动人才时，我们并不特别地对“自然生理素质”的指标进行分析，教育学更应关注的是“自然生理素质”的自然成熟过程所导致的学生心理因素的变化。当前学生学业负担过重影响身体素质实际上是一个实践性难题而非理论性难题。(3)中国长期流行的德、智、体、美、劳“全面发展”教育理论基本是沿着社会文化对人的素质规范和要求来建立教育目标模式的，而西方当代有影响的行为主义教学理论、认知教学理论和情感教学理论等，基本是侧重从学生的心理操作形式维度设计教学目标。前者自然早已深入人心，后者改革开放以来也已为人们所熟知，二者旨趣不同，在“社会”和“个体”之间各有侧重。“素质二维同构”分析模式综合了两种理论思维路线，将它们分别作为观察“素质”的两维，在肯定“全面发展”教育理论的前提下，也揭示了素质形成的心理机能和载体、影响素质发展水平的内在因素和培育素质的路径和着眼点。

(二)“素质教育”的内、外部关系

正如以上所表明的，我们赞同对素质采取二维同构的分析，尽管这一模式还可以朝分析和综合两个方向进一步作细致的和深入的阐述，但其理论路线是可取的。所以我们下面就是根据“素质的二维同构”分析模式来确立“素质教育”概念内涵，来讨论“素质教育”的内外部关系。

1.“素质教育”的内部关系

“素质教育”的目标就是形成个体的“素质群”，但是在培养“素质群”的过程中，必须确定好以下各种关系。

第一，“心理能”和“经验能”的关系。“心理能”和“经验能”是素质二维结构中的一对范畴，是观察素质的两个基本维度。心理能一定要通过经验能来体现，经验能也必然要反映心理能。由于心理的内在特征和社会文化的客体性特征，加之中国长期以来是根据社会文化对个体的规范和要求而不是根据学生的心理操作方式来制定教育目标的，因此经验能具有外显性，心理能具有隐含性。教育活动中心理能分量的缺失容易被忽视，而经验能分量的缺失较容易被发现和纠正。“素质教育”实际上包含两个方面，一方面是人本身所具有的素质潜力的开发，体现在“心理能”，另一方面是社会所需要的素质的教育，体现在“经验能”。

经验能具体表现为教学科目的设置，更具体地表现为教育内容的安排。教育内容是人类文化成果的积累，同时也是人类心理活动的产物，本身就体现了不同的心理活动形式，合理的科目的设置和教学内容选择实际上也会考虑它在调动和发展学生不同心理能分量上的作用。在教学内容中，有的趋于兼顾认知、情意和技能的综合开发，有的分别侧重于濡化情感、启发认知、激励意志和锻炼技能等。对心理能更集中的关注表现在教育教学过程之中，表现为教学模式、教育方法，对学生心理活动的观察、正确理解和回应。

第二，相对素质和绝对素质的关系。①相对素质是一个人为了顺利从事某种具体的社会实践活动所必须具备的特殊素质，即专业素质。如对音乐的音色、音质、音高的辨别能力和对声音的控制能力

① 参见舒达、蒋长好主编：《素质教育全书》，13页，经济日报出版社，1997。

等，是作为歌唱家必备的基本素质。人们实践活动的对象和范围不相同，各种行业对从业人员的专业素质要求有很大差异，某种专业素质对从事该专业的人员来说具有重要意义，但对其他专业的人员来说并不很重要，因此相对素质具有相对重要性。不管人们从事何种职业，承担何种社会角色，要成为一个合格的国家公民，有效地参与社会生活，感受和理解生活，从事社会实践活动，都必须具备他所在社会文化所要求的基本道德、智能、情感素质，我们可称之为绝对素质。绝对素质是发展的，现代社会变革的速度加快，知识增加和更新的速度越来越快。在分工日趋精细的同时，工作的综合化程度也在迅速提高。随着社会的越来越开放，人们的社会实践活动的广度不断增加，许多原来被认为是专业人员才需要的相对素质现在也被认为是人人必备的绝对素质，这正是基础教育改革所面临的任务。

在基础教育实践中，相对素质一般表现为兴趣和特长，绝对素质表现为对学生的统一要求，“合格＋特长”的提法可以说反映了这对关系。

第三，基于素质和形成素质的关系。素质不仅从社会意义上说是发展的，从个体的素质成长角度说也是发展的。素质的培养不可能一蹴而就，素质无论以整体的还是以分量的形式，都是一个从不健全到健全、从不成熟到成熟的逐渐形成和提高的过程。教育总是在个体已有的素质基础上形成和提高素质，不仅要根据儿童身心发展和素质形成的时序性特征来制定素质教育的具体目标，也要针对不同个体的素质基础和发展潜力。

上述三对关系中，实际上包含了教育中经常讨论的个人本位和社会本位、个性与共性等关系问题。“素质教育”的真正内涵是既反映社会文化对受教育者的基本规范和要求，又充分尊重受教育者心理活动特征和发展潜力，促进受教育者形成和谐素质的教育。和谐的形式不是千人一面，每个心理活动主体都有自己的独特个性，投射于社会文化的方式也不一样。“素质教育”应是社会文化性和主体生命性相结合的教育。

2. “素质教育”的外部关系

“素质教育”的外部关系所指的是“素质教育”理论与几种其他

教育观念和理论的关系。正确处理好“素质教育”的内部关系，也就实现了“素质教育”的内涵，“素质教育”的外部关系可以通过“素质教育”内部关系加以引申说明，经常讨论的主要有以下几对关系。

第一，“素质教育”与“全面发展教育”的关系。“素质教育”和“全面发展教育”是两种不同形式的教育理论，“全面发展教育”是仅从教育的经验目标一个维度来考察教育，在理论形式上很自然的以经验目标来规范心理活动主体；“素质教育”是从教育的经验目标和个体的心理操作形式两个维度来考察教育，既可以经验目标来规范心理活动主体，也可以心理活动主体来要求经验目标。我们说“素质教育”深化了“全面发展教育”理论，就是指这种理论形式上的深化。理论形式不同，引导人们注目的焦点也不同。许多坚持“素质教育”与“全面发展教育”同一论的学者实际上是自觉或不自觉地按“要素说”来分析素质的，从逻辑起点上就将“素质教育”理论归于“全面发展教育”理论了，这一点我们在前面已反复申述过。

第二，“素质教育”与“应试教育”的关系。“素质教育”概念当初就是针对“应试教育”提出来，当然关于两者之间的关系讨论得最多，争议也最多。

如果从日常语义上来说，“应试教育”不是一个和“素质教育”当然对立的概念，“应试教育”就是为应对考试所进行的针对性教育，它当然也培养素质结构中的某些方面，这种教育在实践中也表现出不同的个性经验特征，难以一概指责。而学术性的“应试教育”是指因应试而导致的一切教育弊端，内涵的人为规定性十分明显。目前人们关于“应试教育”与“素质教育”关系的争论大多是由于“应试教育”的日常语义和学术语义的分裂而造成的。

在基础教育阶段，“应试教育”表现在为了“追求升学率”(在个体就是为了升学)而强化“应试素质”，在这些素质上出现了教育过剩，而相应放松甚至放弃“非应试素质”的培养，出现了教育不足，影响素质结构的和谐发展。鉴于对“应试教育”的不同理解导致的概念内涵缠结，引发了过多无谓的争论，我们无意再陷入概念论证的迷阵。

“应试教育”(为应付考试所进行的针对性教育)在基础教育阶段

所犯的通常病症也是显而易见的。从教育的经验目标维度分析，“应试教育”通常是偏重智育而忽视德、体、美、劳各育。很显然，它是由偏重知识智能的现实教育评价体系所造成的，特别是全国权威性的高等学校招生考试，至今基本还是依赖纸笔测验的方式，无法有效检查出教育经验目标中的德、体、美、劳分量。从教育的心理操作形式维度分析，“应试教育”主要是忽视其中的情意分量，许多学业困难学生都是因为缺乏情意的支撑而导致学生学习自主性的丧失，当前学生学业负担过重也不是一种体力负担，而是一种精神负担。情意较认知是人性中更贴近自然的心理因素，它是超越功利得失的，一旦对目标的追求成为情意的一部分，与情意融为一体，就会变得执著而锲而不舍。在德育中，也应从偏重道德观念、原则的认知转换到兼重道德情感的濡化，只有富有情意的道德，才具有真诚的魅力。“应试教育”的真实性格是偏重认知，偏重智能的教育，也许与“素质教育”真正对立的概念应是“偏智教育”，而不是“应试教育”。

第三，“素质教育”与“面向全体学生”、“提高民族素质”的关系。我们是基于个体素质来界定“素质教育”的，认为“素质教育”是既反映社会文化对受教育者的基本规范和要求，又充分尊重受教育者心理活动特征和发展潜力，促进受教育者形成和谐素质的教育。因此“素质教育”中自然包含了“全面发展”和“学生主动发展”的内涵，但并不自然地包含“面向全体学生”、“提高民族素质”的内涵。“素质教育”与“面向全体学生”和“提高民族素质”是一种实践共生关系和逆向包含关系。教育是提高民族素质的最有力手段，因此要“提高民族素质”就必然“面向全体国民”（“面向全体学生”）实施“素质教育”。所以“素质教育”和“面向全体学生的教育”是在“提高民族素质”的大目标下的一种实践共生关系，“素质教育”与“提高民族素质”的关系是后者包含前者，而不是前者包含后者。

（三）“素质教育”理论应广泛从中国古代和近现代教育思想和教育理论中汲取营养

在中国文化宝库中，蕴藏着丰富的先进教育思想和理论，有许多与“素质教育”的精神是一致的，我们应注意汲取，滋养“素质教育”理论。

一个时代的教育目标反映了一个时代对理想人格的素质追求，从儒家的贤人君子，到近代梁启超的“新民”，蔡元培的“共和国之国民”，无不如此。陈鹤琴的“活教育”目的论——“做人，做中国人，做现代中国人”，更从现代意义上系统论述了理想人格的素质结构，尤其值得我们参鉴。

“活教育”目的论是从一般到具体三个不同的层次论述了人生的目的、意义和价值以及应具备的基本素质。“做人”是第一个层次，做人要“热爱人类”和“热爱真理”，体现了人作为情感主体和认知主体的双重要求，前者表现为对人类所有个体的生命及其价值的珍视，后者表现为对人类共同生活准则的确认与维护，对自然的合理征服与利用。“做中国人”是第二个层次，体现了活教育目的论的民族性特征，做一个中国人必须热爱自己的祖国，热爱民族光荣的历史，爱这片生养自己的土地，爱与自己具有共同命运和共同情感的同胞，并“为自己国家的兴旺发达而努力”。“做现代中国人”是第三个层次，体现了“活教育”目的论的时代精神，并提出了“做现代中国人”的五个素质条件：“健全的身体、自动的能力、创造的思想、生产的技术、服务的精神”。后来他又赋予了教育目的以“做世界人”的层次，具有面向世界的内涵，并在五个素质条件之外又增加了“世界的眼光”的素质。“世界的眼光”是一种广阔的知识视野和思想视野，是对自然、社会、人类的广泛接触和了解，是一种面向世界的远大理想、宽阔胸怀和恢宏气度。“活教育”目的论从基本的人类情感和认知理性出发，逐层赋予教育对象以国家意识、民族观念、现代精神，直至全人类的胸怀，是一个包容了主体性、民族性、现代性、世界性等丰富内涵的教育目的论体系。这难道不值得我们在建立“素质教育”理论时认真地汲取继承吗?

“素质教育”是学生主动发展的教育，是尊重学生个性的教育，是因材施教的教育，这也可以溯源于中国传统教育思想。“宜思维”是中国传统思维的一种重要的形式，其特点就是注重思维对象的差异性和具体规定性。“宜思维”诉诸教育是“宜人”，在确定和判别学生的个性特点的基础上采取相应的教育策略。孔子成功的教育实践就是建立在细致考察学生的个性基础上的，他不仅发现“师也过，商也不及”，“柴也愚，参也鲁，师也辟，由也喭”，还根据学生的不同特点采取不同的教育方法。如：子路问：“闻斯行诸？”子曰：“有父兄在，如之何其闻斯行之？”冉有问：“闻斯行诸？”子曰：“闻斯行之。”当公西华对此大惑不解，询问孔子时，孔子说：“求也退，故进之；由也兼人，故退之。”所以孔子学生的成就也各有不同：“德行：颜渊、闵子骞、冉伯牛、仲弓。言语：宰我、子贡。政事：冉有、季路。文学：子游、子夏。”①《学记》的一个重要教学原则就是“长善救失”，强调学生“心之莫同”，教育者要了解学生的个性心理特征，“知其心，然后能救其失者也。”因材施教，发挥学生的个性特长，一直是中国教育思想的重要传统。

创新精神已被确定为“素质教育”的重点，被认为是“素质教育”的核心和灵魂。有人认为中国传统教育只强调积累，不强调创新，这种理解也是有偏差的。其实，儒家思想也只是提供了社会政治和道德理想的一般原则，也需要面对具体的政治和道德实践进行创造性的运用，所以在教育上也注意创新思维的培养。孔子提倡“举一仿三”；墨子提倡有“述”有“作”；孟子说“尽信书不如无书”；厌倦了战国纷争、思想混乱，追求国家统一、思想一元的荀子，在教育上不惜以“师云亦云”作为推进文化统一的手段，但他也提倡“知通统类”、“兼陈万物而中悬衡”的创造性综合；《学记》说“记问之学，不足以为人师”；汉代的王充反对那些将脑袋做书库的“匿书主人”。如此等等，数不胜数，中国古代创造教育思想亦如一颗颗闪亮的珍珠，熠熠生辉。

到了近代，人们已经充分认识到创造能力是民族振兴、国家强盛和社会进步的永久性动力，因此培养创新精神和创造能力为一切进步的教育理论所关注。为了培养学生的创新精神和创造能力，陶行知曾提出对儿童实施“六大解放”：第一，解放儿童的头脑，使他们能想。第二，解放儿童的双手，使他们能干，并且接受头脑的命令。第三，解放儿童的眼睛，使他们能看。不戴上有色镜，使眼睛能看到事实。第四，解放儿童的嘴，使他们能说。特别要有问的自由，才能充

① 《论语·先进》。

分发挥他们的创造力。第五，解放儿童的空间，使他们能到大自然、大社会里去扩大眼界，获得丰富的学问。第六，解放儿童的时间，要给他们一些空闲的时间消化学问，并且学一点他们自己渴望要学的学问，干一点他们高兴干的事情，决不能把儿童的全部时间占据掉，把儿童束缚在课业上，造成儿童无意创造。陶行知相信这“六大解放”将“使中华民族的创造力可以突围而出”。

创新是对故物的超越，是一种艰难的探索过程。创新并非是无源之水和无根之木，也离不开深厚的积累和有选择的继承，“素质教育”理论的创造也必然遵循这一理论发展逻辑。

三、“素质教育”实践的文化意义

说来容易做来难，实践难于思想认识。“素质教育”的实践，不仅牵涉到教师素质的提高，教育观念的更新，教育评价技术的改进，教育资源的投入与利用等，更牵涉到社会普遍的价值观念和行为取向的转换，甚至是一些重大社会结构矛盾的调整。而这一切在现有社会发展水平上都决非一蹴而就之事，从现实计，对下列重大课题的解决都将有利于推进“素质教育”。

(一)缓解高等教育的供需矛盾

长期以来，我国高等教育一直存在社会需求过旺和高等教育资源严重不足的矛盾。高等教育供需矛盾使高考成为基础教育的焦点，其明显影响是所谓基础教育的“过剩”现象。高考理想的定位应是鉴定性考试而不是选拔性考试，鉴定出能够完成高等教育的人进入高等学校学习。但由于在基础教育中已经做好充分准备，符合进入高校学习条件的人远远超过高校规划招生数，使得高考不得不提高标准，从合格中选优，完全异化为选拔性考试。为了提高学生的高考竞争力，基础教育不得不在应试科目上采取过剩教育，能在高考中一试身手的学生在有关知识技能上所达到的熟练和精细程度大都远远超过了教学的目标要求。当然所谓过剩仅仅是“应试素质”的过剩，在学业时间和人生精力均为常数的情况下，“应试素质”的过剩只有建立在加重学业负担和牺牲“非应试素质”的基础上。“过剩教育”的更恶劣表现是“重复教育”。在许多地方，学生长期大量复读、留级的现象一直得不到解决，人为地延长了学制，占用了有限的教育资源，加剧了升学压力，导致基础教育的恶性循环。

缓解高等教育的供需矛盾应主要从发展高等教育入手，这既符合我国的文化传统和社会心理，也是社会发展的需要。近年来国家已大幅度地扩大高等教育招生数额，在今后相当长的时间内还将保持这种趋势。虽然扩招给高等教育带来了一些现实问题，引起了一些争议，但其基本方向不容否定。即使按国家规划的目标发展，我国高等教育入学率(高等教育入学额占同龄人口的百分率)在相当长时间内仍然远远低于西方发达国家。就我国目前的情况看，大幅度提高高等教育入学率不仅可以缓解升学压力、增加人才储备、提高民族素质，还有延缓就业、增加教育消费的社会整体功效。

在基础教育阶段特别是高中阶段，实际存在一条升学压力线，不同学业水平的学生感受升学压力的程度不同，感受最深切的是处在升学压力线边际的学生。在高等教育率不断提高的情况下，基础教育升学压力线仍然存在，但相对于学业程度水平来说明显下移，更多的学生因升学信心提高而从“应试”的心理负荷中解放出来，进入主动、从容、选择学习的状态，必然为“素质教育”的实施创造条件。

(二)正视城乡社会二元结构对教育的影响

中国社会的转型程度视乎中国农村的转型程度，农村现代化是中国社会现代化的关键。同样，推进“素质教育”的关键和最大障碍也在农村。

无庸讳言，中国教育发展不仅存在地区不平衡，更存在城乡不平衡。从常理上说，城市化是现代化的特征之一，在现代化发展过程中人们以什么样的方式来应对现代化(包括根据自己的客观条件和意愿选择城市生活还是乡村生活)应是一个自然发展的过程，城乡社会的不平衡也应是一种自然的不平衡。但长期以来以户籍制度为核心的城乡二元社会结构更进一步扭曲了这种自然不平衡状态，严重障碍了这一自然进程，在教育中也以城乡差异这种当然合理的观念掩盖了许多不合理现象。目前农村推行“素质教育”较城市有更多的障碍，其中很多是和城乡二元社会结构有关。

乡村的整体办学条件远逊于城市，如实验设备、运用现代化教学的相关硬件、教师的整体素质和教学观念等，都很难适应现代“素质教育”的要求，学生更容易沉浸于书本，发展应付纸笔考试的教育。同时由于城乡二元社会结构的事实，升学(特别是升入高等学校)就意味着“跳农(龙)门”，不仅具有提升学历的意义，较城市考生来说更具有社会分层的作用，导致乡村升学竞争更为激烈，进行“应试教育”的求心力更强。

与乡村落后的办学条件和强烈的升学欲望形成鲜明对比的是，国家以地区分配招生名额的高校招生政策事实上造成了对非城镇户籍考生的不公平对待。如在使用同一份考卷的情况下，1999 年北京市第一批文科院校最低控制线为 466 分，而湖南则为 556 分，湖北为 544 分；北京市第一批理科院校最低控制分数线为 460 分，而湖南为 537 分，湖北为 566 分。①同样的分数，如果你在北京，有机会进清华、北大，如果你在湖南、湖北，连个专科也上不了。虽然表现的是地区不平等，但处于弱势的是农业省份。事实上即使在同一个省区，大多也都有一些有利于城市户籍考生的地区性招生政策。这些现象的背后，明显有一个城乡二元社会结构观念在起作用。广大乡村考生，在比别人更苛刻的升学条件的压力下，应付考试尚且自顾不暇，何来真正的“素质教育”。

当前农村教育面临的另一个重大问题是，青壮年劳力普遍外出打工，其子女事实上出现了单亲抚养、隔代抚养、寄养的情形，而他们大多正处在受教育时期。由于缺乏有效的家庭配合和监管，这些打工族子女的教育问题实际上已经成为农村学校教育的困难问题。部分携子女外出务工者，由于受到个人经济状况和户籍制度的限制，其子女在务工地的教育问题更不容乐观。

当然，乡村教育也并非一无是处。与自然的亲近，也许能使学生获得更丰富切实的感性经验；在与贫困、不平等的逆境抗争中，也许能培养出更强的自信心、克制力和适应力。这些或许是乡村学校在“素质教育”中得天独厚的优势。

---

① 参见黄钟著：《不平等的高考分数线》，载《北京观察》，1999(12)。

（三）正确对待教育中“面向全体”与“面向个体”

“素质教育”只有“面向全体学生”，才能实现提高全民族素质的目标，“面向全体学生”与“素质教育”是一种实践共生的关系，是尊重所有学生的发展权利，使每个学生的潜能都得到最大限度的发展。现代脑科学已充分证明，绝大多数儿童的脑遗传特性都是正常的，对于合理的教育目标和课程标准，绝大多数学生在经过适当的教育后都可以达到。但是“面向全体”并不抹煞学生的发展个性，事实也证明，不同个体之间也存在明显差异，其形成原因有先天遗传性差异所导致的心理活动方式和活动能力的差异，也有后天生活教育环境和个人主观努力程度所导致的发展性差异。针对不同个性的学生采取不同的教育策略，促进学生根据自己的特点分层、分类发展，因材施教，更是“素质教育”的当然之义。“面向全体”，不能使锐者无所进取，否者就是平等形式下的另一种不平等，只有真实地面向每个个体，才有真正意义上的“面向全体”。

世界发展的趋势表明，国民素质决定一个国家的基本发展水平，反映一个国家的社会文明程度。但一个国家能否走在世界发展的前列，领导世界发展的潮流，则更多地决定于卓越的人才。建立人才高地要有厚实的国民素质基础，但也离不开使卓越人才脱颖而出的教育机制。所以世界各国在教育资源分配中都力求体现公平与效率统一的原则，在保证教育平等、面向大众的前提下，适度向有才能的学生倾斜。在投入同样教育资源的情况下，最有能力的学生往往能够为社会作出更大的贡献。

从基础教育开始，就应该采取促进优异儿童尽快成长的措施，如实行弹性学年制、弹性课程制。当然促进发展不是揠苗助长，不是考试中的满分，甚至也不是奥林匹克竞赛的训练，而是要满足这些儿童广泛的求知欲和潜力开发。同时，应发展特色教育，发展儿童的相对素质。成功的“素质教育”必然是在国民教育的基础上兼顾英才的培养，是人人各得其所，各展所长的教育。

（四）实现传统考试文化的现代转换

中国是考试的故乡，拥有悠久的考试传统，其中科举考试是其典型，延续了1300年之久，对世界考试文化产生过重大影响。清末新政时期发展新式学堂，科举考试制度一时与新学难以调和，于1905年遭到废除。科举废除后，学校与科举之争仍在继续，清末民初不断有人提出改造、恢复科举的建议。在当前“应试教育”向“素质教育”转换的呼声中，不少人沿流溯源，罪及科举考试制度。如何看待考试传统与当今教育的关系，我们应认真进行分析总结。

第一，考试在相当长的时期内不可能取消。考试作为学校内部检查、促进教学的手段，在汉代就已非常普遍。科举考试制度则是为了打破世族的官僚垄断而建立的，其实际效果是保证了选官的基本公正性和官僚队伍的基本文化素养，提供了平民的入仕通道，促进了社会的阶层流动。考试的这两个功能今天依然没有消失，无论作为一种检查、促进教学的手段，还是作为一种选拔人才的途径，在今后相当长的时间内都将发挥它不可替代的作用。特别是在当前教育的供需矛盾还依然突出的情况下，发挥考试的选拔功能是维护社会公平的惟一有效手段。

第二，考试对教育有负面影响。考试只是一种促进教学或选拔人才的手段。为操作方便，或受技术的限制，考试的内容和方式远不能反映教育的真实内涵。但久而久之，手段就会目标化，考试的内容和方式就成为教育的内容和方式。在科举时代，教育以帮助生徒谋求政治出路为依归，科举考试的内容就是教学授受的内容。教育成为科举的附庸，读书人的注意力被完全吸引到一个非常狭隘的知识领域，明显阻碍了中国古代文化的和谐发展。科举的种种弊端也渗透到我们今天的教育中，当前“应试教育”所采用的大量印刷复习资料、模拟试题，实施题海战术，实际上是科举制度下各种帖括、策括、经书节本、试录、闱墨等的翻版。

第三，传统考试文化的现代转换。考试尽管有负面影响，但科举制度的弊端并不能成为我们今天反对考试的理由，科举制度弊病的真正根源不在于考试，而在于封建制度。封建统治者有意识地利用科举禁锢人们的思想，借科举牢笼志士，驱策英才，引天下英雄“尽入吾彀中”。在这种阴暗意识支配下，科举长期因循守旧，走向形式化、教条化，最后成为文化教育发展的桎梏。赋予新时代精神的现代考试，完全可以为我国教育事业的发展发挥巨大作用。为实现传统考试文化的现代转换，应着重从以下方面努力：(1)实现考试(特别是高考)的多元化，促进学生多向选择发展。(2)发展高等教育，降低高考效应。对于科举时代“书中自有千钟粟、书中自有黄金屋、书中有女颜如玉、书中车马多如簇”的景观，现代书生已不敢奢想，但类似的观念却根深蒂固地存在于人们的心底。欲扭转这种观念，关键在使高等教育大众化，使进入高等学校学习真正成为一种学习方式的选择，高考从选拔性考试过渡到鉴定性考试。(3)提升学生的主体精神，消解考试的负面影响。发展主体精神是新时代的呼唤，创造能力的培养需要主体精神，完善社会主义民主需要主体精神，可以说人的主体精神的发扬是一代新人最核心的素质，而反复操练的“应试教育”方法也容易导致学生主体性的丧失。

总之，素质是一个人成长的积累，凝聚了人生经历的方方面面，有学校教育的成分，也有非学校教育的成分。真正的素质是考不出来也测不出来的，他要用人的一生去表现，可能表现为一种创造文明和改造社会的巨大能量，也可能仅仅表现为一种面对人生际遇时的心理感受。从这个意义上看，“素质教育”需要一种比学校文化更为博大的社会文化氛围。

第四章 知识经济的文化意蕴与中国基础教育改革展望

“知识经济”是20世纪最后几年流行起来的一个新概念。基于20世纪中叶以来，以电子计算机为代表的微电子技术、生物工程技术、光导纤维、新材料、新能源等高新科学技术群的产生和发展已经给世界社会和经济生活所带来的巨大变化，人们预测一个以知识和信息的生产、分配和使用为基础，以创造性人力资源为依托，以高科技产业及智业(以信息咨询业和管理为主的服务业)为支柱的知识经济时代即将来临。知识经济将是继农业经济和工业经济之后出现的另一种经济形态，它必将对现有的价值观念、生活方式、教育观念和制度体系等产生重大冲击，影响各国政府对今后发展的战略选择和决策调整，因此为人们所普遍关注。

第一节 知识经济时代对中国的挑战

一、知识与经济关系的演进

在人类历史的长河中，知识一直是文明进化的阶梯，经济增长的要素。回顾人类文明史，许多重大的科学技术发明及运用，都成为经济发展的重要里程碑。

原始人类用了上百万年的时间逐渐学会了用火、打磨石器、烧制陶器等，慢慢摆脱完全依赖狩猎和采集的生活方式，大约在八九千年前出现了农业经济的雏形。而后，冶金术的发现和改进成为推动农业经济时期生产力发展的重要因素。在大约6000年前到4000年前人类生产工具中出现了铜制品，这些铜制品虽然没有大幅度推动农业经济的发展，但毕竟开辟了以金属工具代替石器的新时代。而后，人类先后发明了冶铁术和炼钢术。由于铁矿石藏量丰富，冶炼技术简易，铁制农具得到普遍推广，石器退出历史舞台，金属时代真正开始，生产力水平大大提高，农业经济得到空前发展。

蒸汽机是人类第一次将自然能源大规模转化为生产动力的工具，也是由农业经济社会迈入工业经济社会的标志。1712年，世界上第一台蒸汽机在英国诞生，但由于其热能利用率仅有1%，其应用前景大受限制。半个世纪后的1765年，瓦特将蒸汽机的热能利用率提高了10倍，使蒸汽机的大规模应用变成现实，以蒸汽机为动力的纺纱机、织布机、车床、火车机车、船舶轮机等先后被发明出来，实现了第一次产业革命。蒸汽机的发明和使用，使得"资产阶级在它的不到一百年的阶级统治中所创造的生产力，比过去一切时代创造的全部生产力还要多，还要大"，①英、法、德、美等国的经济因此获得飞跃性的发展。19世纪下半叶，内燃机问世，克服了外燃机庞大笨重、能量利用率低的弱点，并因19世纪末石油工业的蓬勃发展而得到普遍应用，便带动了汽车运输和航空业的大发展。

电力的发明和应用是工业经济时期又一次能源和动力革命。19世纪70年代，发电机和电动机相继发明，标志着电力进入实用阶段。1881年，爱迪生发明直流电供电站，1892年，世界第一座三相交流电站在法国建成，人类开始步入电气时代，引发了第二次产业革命。电力的应用促成了诸如电报、电话、电灯、电影、各种电器等一系列新发明，产生了一系列相关的产业。电力的应用极大地拓展了人们向微观和宏观世界探索的能力，促进了高新科技的发展，如电子的发现、物质结构的研究、外层空间的观察等，为人类进入知识经济时

① 马克思、恩格斯：《共产党宣言》，见《马克思恩格斯选集》，第1卷(上)，256页，人民出版社，1972。

代作了铺垫。

以上我们仅列举了知识与经济关系演进之链中的几个关键环节和事实。知识对人类经济生活起着重要的作用，人类的每一项技术、制度和文化的创新都或多或少地塑造或改变了世界经济的面貌，这是不争的事实，即使作为一种观点和思想，也不是什么新创造。16 世纪英国思想家培根的“知识就是力量”是人们所熟知的名言，中国传统文化中也有类似的光辉论断。公元 1 世纪的王充就曾经指出：“人有知学，则有力矣”,①他认为“知学”之力虽较之壮士扛鼎、农夫耕植、士卒攻战等“筋骨之力”隐蔽但却是更伟大的力量。尽管知识的重要作用早已为人们所充分认识，但是直接而明确地将它与经济、社会发展的阶段划分联系起来，则是 20 世纪中后期的事。在世纪之交的今天，人们已在毫不怀疑地预期知识经济时代的到来。那么凭什么说在不远的将来知识的力量会强大到足以被视为经济的灵魂和时代的标志呢？人们在回答这一问题时的基本观点是，由于计算机技术、生物技术、电子通讯和运输等领域的巨大进步，伴随着近年来集中的市场激励(focused market incentives)，已经开始孕育经济组织的巨大变化。如经济发展越来越依赖产品的高技能、高技术化以及以服务为基础的增长；以知识为基础的劳动，或者说“脑力劳动”或“知识工作”已逐渐成为财富创造和就业的主体，最能利用和发挥其知识优势的个人或组织最能取得对经济活动的主导地位，从而获得丰厚的收益；经济活动的日益全球化等。总之，以前我们从来没有要求过或拥有过这么多的知识劳动者；从来没有如此高技术计算机化和网络化的工具和基础设施，可以借此在几乎无时空障碍的情况下进行数量如此之大的信息和知识传播；从来没有能够像今天这样将许多具有发明创新能力的人凝聚起来，推动知识和技术的更新进步，以飞快得难以预测的速度创造出新的产品、服务和市场。凡此种种，都是我们预期知识经济来临的基本事实。

① 《论衡·效力》。

二、知识经济的文化特征

知识经济已初见端倪，各国都在为迎接它的到来而调整对策，人们按照自己的分析主题，从不同角度观察和预示知识经济时代的特征。归纳各家的观点，可以认为，知识经济时代是一个人类脑力大解放和大开发的时代，其基本文化特征正逐渐显露出来，可以概括为以下几个方面。

（一）知识经济时代是一个信息化、网络化时代

知识经济是微电子技术、信息技术充分发展的产物。1958 年人类研制出第一块集成电路，打破了传统电子器件与电路相分离的观念，并很快从初始化的集成电路发展到超大规模的集成电路，集成度得到数百万倍的提高，而成本则相应地下降了上万倍。微电子技术的高速发展促进了电子设备的小型化、廉价化和普及化，为电子技术在国民经济领域里的广泛应用创造了条件，尤其是带来了信息处理、传输和采集技术的革命，将人类带入信息化和网络化时代。

计算机、通讯和控制技术等是当代信息技术的核心。如果说蒸汽机、电动机的发明和应用，是对人类体力的解放和延伸，那么计算机作为处理和储存信息的工具，则是对人类脑力的解放和延伸。在 20 世纪 70 年代以前，计算机的应用基本上局限于国防和科技领域，70 年代末 80 年代初，以适合个人和家庭使用的微型计算机才开始出现，在不到 20 年的时间，各种集计算机、电视、电话、传真机、音响等于一体的多媒体计算机已纷纷问世，其功能越来越强，价格越来越低，有成为未来家电主流的趋势。各种操作系统和应用软件也已简单到使普通人不经过多少专门训练就可以使用和操作的程度。可以说，计算机作为储存和处理信息的工具已经走入千家万户和普通人的生活。目前计算机仅具备逻辑运算能力，还不具备模糊信息处理能力和像人类大脑那样综合处理各类信息的能力，科学家们正致力于人工智能计算机的研制工作，以全面模拟人类大脑的功能，它的诞生必将彻底改变人类的生活。

近年来在关于知识经济的讨论中，“网络”一词可以说是使用频

率最高而又最具时代气息的词汇。从 1991 年美国全国科学基金会取消对因特网(Internet)商业应用的限制迄今还不到 10 年，但经过近几年爆炸性的发展，现在已经和我们每个人的生活发生了千丝万缕的联系。因特网可传输图文并茂的多媒体声像信息，网络用户通过个人计算机足不出户就可以浏览世界各地的信息、发送电子邮件和开展电子商务活动。当前世界各国都在加紧以光纤通讯和卫星网络为基础的信息高速公路的建设，届时将彻底解决目前还不尽人意的网络传输速度问题，而成本也将十分低廉，实现信息传输的“零阻力”。可以预见，在不久的将来，世界将通过网络而真正成为一联系的整体；通过与网络联结，个人电脑将成为信息形成、处理、发布和传输的主要角色，起到最佳媒体的作用。

随着计算机技术的发展和国际网络化进程的加快，知识与信息的创造、储存、学习和使用方式产生了重大变化，知识与信息商品化能力大大提高，应用于制造、服务业的速度大大加快，导致经济增长方式的根本性变革。总之，在知识经济时代，经济的发展与信息技术的发展更加密不可分，生产、分配、消费的每一个环节，都伴随着信息的流动，伴随着信息的获取、加工、储存、传输及其使用。

基于经济的信息化和网络化发展事实，人们甚至直接用“信息经济”或“网络经济”来表述未来经济形态。

(二)知识经济时代是一个呼唤创新意识和文化理想的时代

在知识经济时代，一个最直观和最基本的特征是知识作为生产要素地位的空前提高，不仅知识密集型产业将逐渐成为经济发展的支柱，且传统劳动和资本密集型产业也将依靠科学及知识含量的大幅度提高而得到根本的改造，从而使整个社会产业所包含的知识含量空前增加，最终实现产业的知识化。同时随着信息技术的进一步改进，信息的处理、传输成本和效率将不再是制约经济增长的主要障碍，知识需求成为人类实现其他一切预期的前提，知识生产本身也成为社会经济生活的中心。知识不仅成为生产的第一要素，其本身也成为特殊的商品，知识生产、交换和使用本身就是一种产业，即知识产业，如教育产业、信息咨询业、点子公司等都将发挥越来越直接的经济作用。

由于产业的知识含量将决定经济发展的潜力、效益和竞争力，对人的价值的确认也将以有利于知识生产潜力的开掘为原则，即充分鼓励人的创新能力的最大限度发挥。创新是经济发展的动力，工业经济也离不开技术创新，正是创新的不断积累促进了知识经济的来临。但在工业经济背景下的创新经历的时间相对较长，涉及范围相对较小；而在知识经济时代下，新技术向产业转换的周期将更短，新技术不断出现，落后技术迅速淘汰，创新的速度将大大加快，范围将覆盖全社会，创新将成为经济增长的最重要的动力。在工业经济时代，依靠技术垄断往往可以保持经济优势；而在知识经济时代，技术的垄断将不复存在，技术将走向市场，可以很方便地转让。因此创新将成为领先的基础，创新意识及创新能力是企业或国家保持经济发展能力和竞争优势的最重要因素。知识经济时代是一个主要依靠创新求发展的时代，创新将具体表现在经济发展的各个层面，如理论创新、制度创新、技术创新、产品创新、市场创新、管理创新、模式创新等，而更关键的是使各种层面的创新相互结合，形成完整的创新体系。

在知识经济时代，科技创新仍然是经济发展的重要动力和世界各国竞争的焦点。但经济的发展和运行也越来越依赖一个有和谐结构的文化力量的支撑，尤其十分重视由价值标准、道德规范、伦理习俗等构成的价值文化体系的建立。理想的文化体系必然基于一定历史文化传统并充分注意人文精神的发扬，理想文化体系的建立将在不同层面为经济的发展和运行创造优良的文化环境。首先，一种优秀的文化内涵将转化为公众的文化素养，成为保持社会经济运行秩序、维护社会经济生态的决定性因素，也是对外吸引投资，寻求合作与发展的重要条件。其次，为经济行为建立科学而健康的价值判断标准和可遵循的道德伦理规范，依靠文化力量实现经济活动中的自我约束和自我规范，降低使用法律强制手段的频率，提高经济运行的效率。第三，通过企业文化的建设，使企业内部充满尊重、理解、沟通、信任的人文精神，营造团结、合作、支持、宽容的和谐气氛，确立创造、奉献的人生价值目标，真正实现企业的人性化管理。理想文化体系的创设更有超越经济的内涵，它将以追求人自身价值的实现和人性的和谐发展为最高目的。

(三)知识经济时代是教育和学习化的时代

在知识经济时代，知识是最重要的生产要素，但知识的利用必须通过个人的吸取、加工，即需要通过掌握知识的人才方可实现知识作为生产要素的功能。知识经济时代将由工业经济时代对物质资源的竞争转向对人才资源的竞争。人才竞争必然导致人力资源的大开发，教育将成为知识经济时代的基础，在一定意义上说，知识经济就是教育创造财富的经济。

由于在知识经济社会里，更多的工作岗位都需要有良好科学文化素养、坚实专业知识和勇于创新的人来承担，即使是普通岗位上的劳动者也不例外，社会对简单劳动力的需求将急剧下降。社会的就业趋势是，越是具有高学历和高技能的劳动者将得到更多的机会和获得更高的报酬，低文化素质和没有知识的人将难以实现其人生价值，甚至面临生存危机。作为个人，要适应这样的时代环境，就必须不断地掌握新的知识技能，完善自己的知识结构，提高自己的学历层次。

现代信息技术的发展在加速知识的存取、选择和应用的同时，也将有助于人们学习和掌握更新更好的知识，使教育的模式发生深刻的变革，为人的自我发展、自我实现和人类整体素质的提高创造良好的物质技术条件。不仅国家将把发展教育、提高国民的科学文化素养放在优先地位，社会和企业也将创造各种形式的教育建制，以满足不同个体的学习需求。

总之，知识经济时代将是知识化的时代，知识化的时代也必然是学习化的时代和教育的时代。

三、面对知识经济的挑战

知识经济是发达国家在进入后工业社会或信息社会之后才被提上议事日程的事情，人类步入完全成熟的知识经济时代还需要一段时间。也许有人会问：对于中国这样一个还没有完成由传统社会向现代社会转型的国家，是否具有尽快进入知识经济时代的条件，讨论知识经济问题是否还为时尚早?

回答这一问题的关键是，首先，在经济全球化的时代，不具备进入知识经济时代条件的国家，并不等于可以免受知识经济的威胁。那些率先进入知识经济时代的国家将进一步摆脱物质生产的拖累，而成为向全球经济提供知识、技术、智能和思想的“头脑”国家，而另一部分无法进入这一时代的国家，将不得不成为用这些知识、技术、智能、思想进行物质生产的“身体”国家。①在发达国家因知识经济更进一步扩张自己的国际竞争优势的情况下，广大发展中国家如何通过战略性调整，避免国际竞争地位的进一步恶化，甚至改变自己的被动地位，实现跳跃式发展，不仅是真实的，而且是紧迫的。在这个意义上，无论我们离进入知识经济时代还有多远的距离，审视和研究知识经济，迎接挑战，都是一个不容犹豫的选择。其次，中国作为一个生气勃勃的发展中国家，存在着相当大的区域发展不平衡性，形成了不同地区、不同部门间的比较差距和比较优势，与知识经济的距离存在很大的差异，这为我国对知识经济作出梯度响应提供了可能。我们完全有可能在最逼近知识经济的前沿领域或地区，加强知识经济基础设施建设和改造，大兴科教，大力推动国民经济和社会生活的信息化程度，为我国在未来全球化经济竞争中创造更加主动和有利的条件。通过先进地区的对知识经济的迎战努力带动相对后进区域的产业结构调整，实现经济发展的相对平衡，或形成国家内部的“头脑”和“身体”结构俱备的综合功能国家。

知识经济对于发展中国家来说，首先是挑战，而后才是机遇，不能应对挑战者，必不能获得机遇。在迎接知识经济挑战的过程中，教育将起着十分关键的作用，教育既是知识生产、积累、传播的主要手段，也是知识向经济过程融合的桥梁和纽带。由于种种原因，我国进入知识经济的基础还相当薄弱，其中最主要的就是获取、创造和使用知识的能力较弱，而最根本的一点就是教育与知识经济的要求的不相适应，具体表现有：教育发展的整体水平不高，国民接受教育的平均程度较低，还存在相当数量的文盲和半文盲，劳动者的整体素质不高；教育运行系统的封闭性尚未彻底打破，弹性化程度不够，根据社会经济发展的要求调整教育体制、课程内容的机制还没有完全建立；

① 达尔·尼夫主编，樊春良、冷民等译：《知识经济》，73页，珠海出版社，1998。

难以扭转的应试教育取向严重窒息了民族的创新意识和创新能力；终身学习的观念尚未形成风尚，公众的整体文化消费意愿和水平不高，至少在不同人群中存在着显著差距。从知识经济的内在逻辑和根本要求出发，加快教育的发展和改革已刻不容缓。

第二节 知识经济时代的新人才观

知识经济对人才的知识结构和素质结构提出全新的要求，归纳起来，应具备以下特点。

一、系统宽阔的知识技能域

如果说在工业经济时代，劳动者具有某一方面的专业知识或技术特长，就可以适应一定劳动岗位的要求，那么在知识经济时代，这样的情况将越来越少，劳动岗位对知识的综合要求越来越高，就业受综合素质的制约越来越明显。要成为未来的知识化人才，必须具有对各种知识的系统掌握、融会贯通、互相渗透、综合运用的能力。这是基于如下的发展事实：

第一，近几十年来，学科知识的发展趋势是在高度分化基础上进行高度综合和集成。一方面是学科划分越来越细，分支越来越多，另一方面是学科的综合化、整体化越来越明显。学科之间相互渗透、相互交叉，产生了许多边缘学科，从总体上说，是一种结构性的综合化。学科知识的这种发展趋势在知识经济时代将会进一步加强。所以未来的科学探索者不能局限于一隅，凡要在极“窄”的领域纵深发展，有所突破，都必须具备广阔的知识背景，在多个学科有深厚的造诣。这是知识在结构上的综合化对人才的综合能力的要求。

第二，从技术创新和应用趋势看，也是在朝综合化的方向发展。所谓知识经济，不言而喻的是产品的知识和技术程度高。但是产品中所包含的知识和技术并不都是新的单项技术的发明，而是对多种原有技术的综合运用，我们说知识经济是创新型经济，主要表现在综合运用上。事实上，近二十多年，技术的发展主要是向综合和转移的方向前进，技术领域中的“种子”型技术在减少，而“需求”型技术在增加。所谓“种子”型技术，是指立足于新的科学原理而研制成功的技术，如原子能、半导体、激光等。所谓“需求”型技术，是指从社会需要出发，将已知的科学原理和老的技术有系统地综合起来，从而形成与原有技术完全不同的新技术。如因特网的开通堪称是划时代的事件，但其中所用的通讯技术则是早已使用过的，其中用光纤代替传统导体使信息传递速度大增，是一项创造性的技术运用；计算机软件也是一种知识集成型产品，软件巨子微软并没有发明任何新东西，所有的东西都是人家发明的，它的成功，是建立在“需求”型技术开发和技术的综合运用上。因此，如果在知识经济时代想成为一个技术工作者或产品开发人员，没有宽阔的知识技能结构，就很难进行技术创新，只有通博才能综合，只有综合才能创新。

第三，在未来社会，由于整个社会经济基础的知识化，劳动对象和劳动工具将普遍知识化，世界的多变性和多样性程度也会比目前有所加强。即使从适应生活和适应就业而言，具备宽广的知识技能基础也是必要的。

在未来人才的知识技能结构中，以下方面应特别加以重视。(1)基本原理性知识和通用性技能。知识经济时代，产业结构的快速调整，产品的更新换代及功能性替代都是非常普遍的现象，掌握了基本原理性知识和通用性技能的人才便于学习新的知识和技能，在学习新的知识技能时更容易上手。由此形成的智力资本更具有长期受益性和较小的易损性，并在此基础上创造出新的智力成果，使所有者具有广泛的就业域，而较容易地取得收入，在经济上和精神上终身受益。当然，基础知识和技能也要和创新能力和实践能力结合才能发挥作用。(2)运用外语特别是英语的能力。这在全球一体化的世界其意义已不言而喻。(3)信息知识。知识经济时代又称信息时代，信息知识是21世纪人人必需具有的知识。信息知识主要包括两个方面，第一个方面是运用现代信息手段获取信息的技术与方法的知识，第二个方面是关于谁知道和谁知道如何做某些事的知识。由于知识总量中能被数字化和编码化的比例日益提高，并能通过计算机网络很好地组织起来，以供经济领域和其他社会领域的广泛使用，因此掌握了获取信息的技术与方法，就可以较容易地从电脑网络中取出所需要的知识，从而节省下大量记忆的时间和精力，从事创造性方面的工作。关于获取信息的技术与方法的知识，因为它在未来社会中的独特的工具性作用，在我国已经引起重视，体现在计算机和网络知识的教育上。但是关于第二方面的信息知识，则注意不够，今后应引起重视。

二、科技素质与人文素质的统一

科技素质与人文素质统一，从其基本价值原则上说，与中国传统文化中“天人合一”观念同一意蕴。“天人合一”中的“天”即指广义的自然，也包括人本然的动物性，为科技文化所探索的对象；其中的“人”即指人类文明化的群体和德性化的个体，为人文科学所探讨的对象。儒家文化在价值观念上强调人高于物，即所谓“人下长万物，上参天地”，“最为天下贵”；①“天地之性，人为贵”。②同时也强调人与自然的和谐统一和自然的人文化。

近代以来，科学技术的进步赋予人类在征服自然中从未有过的力量和自信，因科学技术的进步而带动生产力的巨大进步，导致社会财富的迅速增长。然而科技的进步，财富的增长并没有实现人类建立美好社会的愿望，反而强化了人与自然的对抗、人与人的对立、人与社会的异化，人性的自我丧失等，还导致人口膨胀与资源枯竭、经济发展与环境恶化、物质丰富与精神失落等失衡状态。这一切都说明，科学技术并不是万能的，它不是必然地导致社会进步，最关键的是它不能解决价值问题。

在近代发展史上，科技与人文的冲突一直为人们所关注。尽管中国是一个科技后进的国家，但在“五四”时期随着科学主义的泛化，进而以科学对人生观等价值问题加以阐释，将哲学消解于科学时，也引起了一些后来称为“新儒家”（科学派更喜欢称他们为“玄学派”）的人物的不满。1923 年，“玄学派”人物张君劢在清华大学发表《人

① 董仲舒：《春秋繁露 · 天地阴阳》。

② 朱熹：《孟子集注 · 梁惠王章句上》。

生观》的演讲，宣称要为科学和人生观划界，他从五个方面直揭科学与人生观的对立："科学是客观的，人生观为主观的"；"科学为论理的方法所支配，而人生观则起于直觉"；"科学可以以分析方法入手，而人生观则为综合的"；"科学为因果律所支配，而人生观则为自由意志的"；"科学起于对象之相同现象，而人生观起于人格之单一性"。①引起长达近一年的"科玄论战"。因中国近代科学精神的欠缺，"科学派"在论争中赢得了较广泛的支持，但毕竟暴露了将人生完全纳入科学认知领域，以事实的论证取代价值关怀的片面性。

在 21 世纪知识经济时代，综合国力的竞争将主要表现为科技实力的竞争，忽视国民的科技素质必将给国家和民族带来严重的灾难。但是，以往的历史也昭示人们，对效率和技术功利性的过分追求，工具主义的扩张，已经导致一定程度的技术统治，人被异化为技术或效率制度的奴隶。人性被扭曲，个性被压抑，不仅失去了人生幸福的基础，也带来了严重的社会问题。21 世纪的理想人格应是科技素质和人文素质的统一，科学理性与价值关怀的统一。很难想象一个缺乏健全人格和社会理想的人能很好地运用手中的科技知识对人类作出应有的贡献。

未来经济活动中的文化内涵将不断得到提升，这也对人才的人文素质提出了较高要求。知识经济时代的服务概念将由今天的以物为本转向以人为本，如突出消费者的情感和美感需求等。知识经济时代生存性消费将降为次要地位，发展性和消闲性消费的比重将大幅度提升，文化和知识性消费将成为人们的自觉追求，同时也带动整个消费资料和消费过程的文化品位的提高，人们将在消费中丰富精神生活、弘扬人文精神，实现物质文明和精神文明、经济生活与文化生活的和谐统一。

人才的人文素质还表现在对多元文化的融合能力，未来社会是一个开放性社会，全球一体化的社会，民主的社会。没有对多元文化、不同意见的兼容意识和融合能力，也很难实现自我的充分发挥。学会共同生活，通过对他人历史、传统和精神的了解，从而达到相互理解

① 张君劢：《中西印哲学文集》，909～912 页，学生书局，1981。

包容、和睦相处，这种对多元价值的兼容意识和融合能力则来自一种综合的人文素质底蕴。

三、智力素质与情感素质的统一

对于智力因素(包括观察力、记忆力、想像力、思维力、注意力等)和非智力因素(如动机、兴趣、情感、意志、性格等)对个人学业和事业的综合影响，人们已经有了充分的认识。由于智力素质直接制约着个人学业和事业的水平，因此在教育实践中一直受到重视，可以说至今中国的教育整体上还是一种“偏智”型教育。相比之下，非智力素质对个人学业和事业的影响多表现为隐含性，往往被人们所忽视。

对应于非智力素质，国外近年来流行有“情感智力”(emotional intelligence)的概念。1995 年美国哈佛大学教授丹尼尔·戈尔曼(Daniel Goleman)出版了《情感智力》一书，相对于智商(IQ)明确提出情商(EQ)的概念，很快在世界范围内流行开来。戈尔曼认为，情商是个体最重要的生存能力，是一种发掘情感潜能、运用情感能力影响生活各个层面和人生未来的关键性品质要素。高智商并不能保证人生的成功，在决定人生成功的诸多因素中，智商只占到 20%，其余 80% 来自其他方面，其中情感智力就是一个重要方面，在人的成功要素中，情感因素甚至扮演着比智力因素更重要的角色。情感素质表现在诸多方面：它是一种情绪的自我觉知，即当情感产生时就认知它们的一种能力，那些较能把握自己情感的人往往能成为人生之旅的成功者；是一种心境的自我调节和冲动的自我控制能力；是一种不断激励自己追求成功，始终保持对目标的热情、热忱和自信的品质；是一种在失败面前仍能保持“我能做”的乐观态度；是一种敏锐感受他人情绪和建立并维护良好人际关系的技巧。

知识经济时代将是一个竞争更为激烈的时代，智力素质始终是决定竞争成败的关键因素，但情感素质将发挥越来越重要的作用，成败越来越取决于竞争者对自己情绪、心理等方面的驾驭能力。在一定意义上，经济力的较量将主要表现为情商高低及心理素质的较量。知识经济社会是一个多样性、多变性、新异性汇合的社会，人们将面临更多甚至是过度的信息刺激和选择机会，需要人们迅速地、不断地作出决定，带给人们前所未有的适应性危机。如果不具备健康、平衡、和谐的情感素质，将不得不深陷在忧虑、压力和孤独寂寞之中，成为这种适应性危机的受害者。

四、终身学习的意识

终身学习是与终身教育相联系的观念。作为经验性的终身学习观念已有悠久的历史，并不是什么新的创造。但作为理论意义上的终身教育概念则产生于20世纪中叶，至今已形成了较系统的观点，主要可概括为：首先，教育是时间上的整合活动，是贯穿一个人从出生到生命终止之间的不间断的发展过程，各阶段之间的教育应是一个相互联系、相互作用的整体。并依据相应的心理学原理，认为人从出生甚至零岁之前，到中老年时期，其智力功能都一直保持发展和非常活跃的状态，不同年龄阶段只有智力模式的不同，只要采取适合智力模式的学习或教育方式，一生的任何阶段都可以学习。其次，教育是空间上的整合活动。教育是家庭、学校、社会乃至整个生活的综合作用。认为现代信息技术如广播、电视、电脑网络的发展为教育突破空间限制，走出学校，进入家庭、企业及其他领域创造了条件，提供了可能。其三，是将教育放在与社会的发展及其他社会系统的互动关系上来考察终身教育的意义。

对于未来知识经济社会，强调人才的终身学习意识更是基于这样明确的事实：第一，由于知识的更新周期越来越短，必须要通过不断学习以适应知识的演进。第二，不仅各类产业部门之间的结构比重不断调整，且同类产业内总结构也不断变化。产业结构的发展变化，必然引起就业结构的变化，结构性失业将成为知识经济社会恼人的问题。解决结构性失业的最有效的办法就是学习，通过学习和培训，使落后产业淘汰下来的行业人员重新适应新兴产业工作的需要。对于劳动者来说，则必须以产业结构的变动所引起的劳动力的需求变动来调整自己的知识结构和技能，以符合劳动需求，否则就会面临失业。第三，产业结构调整的整体趋势必然是结构的提升和不断现代化，对就业人员的素质将提出越来越高的要求，劳动力市场对科技人员和有高度熟练技能的工人的需求日益增长，人们需要通过不断学习自觉适应经济发展对就业者素质不断提出的新要求，学习将成为个人或组织发展的有效工具和手段。

当然，强调终身学习观念并不是局限于个人的生存需要、自我完善和发展，而更重要的是因为在知识经济的社会，全部社会的、经济的、文化方面的发展，都要求每一个公民尽可能的发挥他的潜力。从个人来说，只有在空间和时间上充分拓展自己的学习范围，确立终身学习的观念，才能对未来的社会有所贡献。

五、创新能力与创业能力

知识经济时代是一个物竞天择、快者生存的时代。产品的生命周期将又快又短，靠着快速的数字化与观念化传播，一种产品只要几个月或几天，甚至一瞬间就变成主流化的产品，然后说不定只需几个月甚至更短的时间，就又消失得无影无踪。依托先进的信息技术基础，有时甚至使一种概念形态的产品不需要经由实物形态就可以带动流行。

按照传统经济学的眼光，知识经济时代的许多经济现象和人们的直觉大异其趣。如在传统经济中，技术的进步缓慢，产品的生命周期较长，一般总是价格越高的品质越好，而在知识经济情况下，好像是以一种颠倒、相反的模式前进。这种现象现在已经发生，像移动电话、电脑、电视等，品质变得越来越好，速度越来越快，价钱却变得愈来愈便宜。这一切都是技术不断创新的结果，创新是知识经济的生命，企业若不快速跟上变化的脚步，很快就会沉没在时代洪流里。

知识经济生产的产品是知识化的商品，然而知识不能自动变成知识产品，只有当知识通过加工，凝结于某一载体时，才变成知识产品。知识的加工过程是对已积累的知识进行整理、归类、分析，然后进行创新的过程。产品的创新是以人的创新能力为基础的，要求劳动者具有较强的好奇心、创造欲和创造能力。值得注意的是，知识经济下的创新并不在于原理的大突破，而是需求适应型、市场开拓型的创新，以适应社会生活向个性化方向迈进的需要。因此这种创新能力更多地表现在根据特定创意主题组织知识，形成新的知识形式的能力，其过程一般是在特定创新主题下，先对相关知识和信息进行综合分析、筛选、归类；再对信息进行加工，包括合成、重组、改变，加进想象的成分等；在信息加工的基础上，形成新的信息或知识产品。因此只要有创新意识和探索精神，人人都可以从事创新活动。

在知识经济时代，谁创造出新的满足社会需求的知识产品，谁就掌握了竞争的优势，谁就拥有财富，对于国家来说，国力就有进一步的提高。在知识经济时代，商品价值不再是劳动者体力的简单转化，而更多的是劳动者智力的转化，商品价值中智力的比重逐渐增大。在知识经济时代，知识商品的价值会随着新技术的产生，新工艺的出现而变得一文不值，这在客观上都要求劳动者不仅要有创新的能力，而且要有持续不断的再创新的意识和能力。

知识经济时代的人才还必须具备创业能力，或者说是勇于将知识转化为现实产品和财富的实践能力。在知识经济时代，知识和创意是重要的资本，但要使知识真正发挥资本的作用，转化为现实的财富，还需要具备一定的条件，经过一定的环节。其中知识和创意主体，或受托者是否具有创业精神和产品转换能力起关键作用。

知识经济的运行规律要求人们有立即行动的素质。传统经济学把需求决定供给作为经济运行的一个基本法则，认为有一只看不见的手企图维持供需平衡；但在知识经济情况下则是供给决定需求，有一只看不见的手企图主流化。主流化是知识经济体系中有效的竞争利器，主流化策略强调公司必须靠率先在市场上推出新一代产品的方式来主导市场，当先占有了市场，特别是成为市场的标准后，就会出现拥有者获得的效应，就将获得最大的报酬率。①新想法、新产品、新服务必须在短期内迅速占领市场，奠定主流市场的地位。很多软件发展公司志不在率先设计或写出一套功能最强的程序产品，而是靠先推出新款

---

① 参见米歇尔·沃尔德罗普著，陈玲译：《复杂》，34页，生活·读书·新知三联书店，1997。

产品，成为市场主流后，再靠循序渐进、逐步深化、不断改版升级的方式来保持和扩大市场份额。微软就是运用这种宁做第一快，不做第一好的策略而取得巨大成功的例子。

总起来看，创业能力首先要求有将知识创新的成果转化为行动的意识，要深知知识创新不是目的，服务社会才是目的。其次，要能充分了解、把握社会发展的内在需求和趋势。主流化也是在社会需求和可承载基础上的主流化，并不是主观的主流化，或在条件尚不成熟时候强行主流化，美国铱星通讯计划的失败就是一个很好的例证。再次，要有机遇意识和冒险精神，不放过稍纵即逝的机会，最大报酬率不是为胆小鬼准备的。从这个意义上说，铱星计划虽然失败，但其大无畏的开拓精神永为人们记起。总之，知识经济时代垂青那些既审时度势，又勇往直前的人。

第三节　知识经济时代的新课程与教学观

课程和教学是相互依存、紧密结合但又各不相同的两个教育研究领域，也是学校教育系统中实践活动的核心。课程设置和教学方式如何适应知识经济时代对人才素质的要求，为各国政府和学者们所普遍关注。

一、面向知识经济时代的新课程理论和课程改革设想

美国等少数发达国家是最早出现知识经济端倪并初步形成知识经济社会形态的国家，因此其课程理论和策略构想代表了未来社会的教育发展方向。

在20世纪中后期西方社会流行的众多思潮中，后现代主义是随着“后工业社会”、“信息社会”的来临而兴起的，和知识经济的发展有密切的关系。美国后现代主义学者威廉姆·多尔认为，“现代知识观”将知识视为现实的客观反映，是封闭的、稳定的，可以从外部加以研究的系统；而“后现代主义知识观”则是将知识视为相对动态

的、开放的自我调节系统，研究者(学习者)并非外在而是内在于这一系统中。

受新的知识观的影响，他的课程观点表现出明显的过程倾向和实践倾向。他认为：课程是一种发展的过程而不只是特定的知识体系的载体，学习者在探索新知的过程中不断地使课程得到充实和完善。课程是教师与学生共同参与探索求知的过程，教师无疑是一个领导者，但仅仅是作为团体的一个平等成员，是“平等中的首席”(first among equals)，更多地以指导者、协调者的身份出现。学生不是知识的被动接受者，而是积极参与者，学生的感知、经验都被纳入到形成中的课程体系中，学生个体的探索和体验受到重视。课程目标不是完全预定，在探索的过程中可以根据实际情况不断地加以调整。课程的组织不再囿于学科界限，而向跨学科、综合化的方向发展，从强调积累知识走向发现和创造知识。承认和尊重不同的意见和价值观，不以权威的观点控制课程，而是在各种观点、观念相互冲撞、融合的过程中寻求一致或理解。教师对学生成绩能力的判断不是依据他的记忆和他的所知，而是学生参与学习和工作的质量，是学生的想像力和思维素质、设计创造学习内容的方法和程序，以及他们依据何种准则和怎样运用准则对内容进行分析评价。

1993年多尔出版了《后现代主义课程观》一书，对未来课程的发展趋势作了详细的分析，在该书的序言部分他将所设想的后现代课程标准概括为丰富性、循环性、关联性、严肃性几个方面。丰富性不仅和课程内容的深度和广度有关，还体现在课程的多种可能性和解释性上。各类学科均有自己的方式体现丰富性，自然学科主要通过假设和证明来发展其丰富性；社会学科则主要通过对话和协商的方式来发展其丰富性。丰富性体现了课程的开放性特点。循环性是为了提供回头思考的各种机会，但和现代主义观念下的重复不同，不是为了巩固僵化的内容，而是为了经验的重新组织、构造和转化，其框架是开放式的。关联性是指在构建课程“母体”(matrix)时要考虑的一整套关系，包括教育、文化、宇宙论等方面。严密性的作用在于使改变了的课程避免滑入“不能控制的相对主义”以及情感上的唯我主义怪圈。严密性意味着有目的地寻找各种可能的备择、联系；意味着一种有意识的企图，去查找自己或别人重视的假设，并且协调讨论这些假设中的有关细节。①

未来的知识经济时代到底应为学生设置哪些课程呢?美国学者考夫曼在《教育的未来》一书中，从适应未来社会发展和人类自身发展的双重要求出发，提出了下列6项内容：(1)接近并使用信息：包括图书馆和参考书、电脑数据库、商业和政府机构的有关资料等；(2)培养清晰的思维：包括分析语义学、逻辑、数学、电脑编程、预测方法、创造性思维；(3)有效的沟通：包括公开演说、身体语言、文学、语辞、绘画、摄影、制片、图形绘制；(4)了解人与生活环境：包括物理、化学、天文学、地质和地理学、生物和生态学、人种和遗传学、进化论、人口学等；(5)了解人与社会：包括人类进化论、生物学、语言学、文化人类学、社会心理学、种族学、法律、变迁的职业形态等；(6)个人能力：包括生理魅力与平衡、求生训练与自卫、安全、营养、卫生和性教育、消费与个人财物、最佳学习方式和策略、记忆术、自我动机和自我认识等。

为适应知识经济社会对人才的素质要求，中国在基础教育课程改革方面也作出了积极的探索，在继前段时期改革中凸现多层次、多样性和个性化学习的基础上，当前应注意以下方面：(1)综合性。世界是一个多层次、多结构、多序列的完整系统，要求人们以立体的形式对之作综合的探索。针对我国以前课程过于突出学科逻辑的弊端，综合性强调学科之间的联系。作为尝试，综合课程已走进中学的课堂，高等学校招生考试中也已有了文、理综合科目的设置。(2)主题性。围绕特定的问题开设课程，综合运用所学知识或寻求必要的知识解决问题，也可以说是综合性的具体表现，但是它更体现了未来课程的开放性、社会联系性和实践性特征，学生在积极参与的过程中其主体性也得到充分的张扬。(3)动态性。及时吸收社会文化科技发展的成果进入课程，即注意课程内容的阶段性调整和结构更新，但应注意学生的可接受性和学科的内在逻辑性。(4)过程性。让学生了解知识产生

① 参见陆有铨著：《躁动的百年——20世纪的教育历程》，177～178页，山东教育出版社，1997。

的背景和过程，过程性在一定程度上是动态性的集约形式，让学生在追踪知识发展的过程中学会探索。

二、课程与教学应适应发展性和创造性学力的要求

发展性和创造性学力是相对于基础性学力而言的，“所谓基础性学力就是以基本知识、基本技能为主要内容，帮助学生打好基础的学力。所谓发展性学力就是以观察能力、自学能力等为主要内容，能够使学生在未来持续发展的能力。所谓创造性学力就是学生在献身科学、追求真理的信念基础上，把握问题、解决问题、有所发现、有所创造的意识与能力。”①在任何时候，基础教育阶段都必须强调基本知识和基本技能，这是因为一方面基本的阅读能力、计算能力、写作能力和其他基本常识是人一生生活所不可缺少的，另一方面这些基本知识与技能也是形成发展性和创造性学力的基础。但是具备了基础性学力并不意味就具备了发展性学力，更不意味就具备了创造性学力。

基于传统教育对基本知识和基本技能已有较充分的注意，以及知识经济时代科学技术的发展趋势和对人才素质的要求，今后基础教育的课程与教学改革应特别注重学生发展性学力和创造性学力的培养。当今科学技术的发展，突出地表现在知识数量的迅速增长，知识老化的速度加快，以及科研成果向技术转化的周期越来越短。任何人在走出校门之后，很快就会遇到知识技术过时和需要重新适应的问题，自我学习和自我更新知识的能力比以往任何时候都显得迫切。因此学会学习，比掌握更多的现存的知识更重要。为培养学生的发展性和创造性学力，课程和教学改革应着重注意把学生从以接受性、积累性为主的学习方式，引导到以探索性、发展性为主的学习方式上来。为此，必须注意以下几个方面：

首先，改变传统的记忆方式和观念。记忆是积累知识的有效方

① 陈玉琨等：《论以培养创新精神为核心的素质教育及其评价体系》，见陆炳炎、王建磐主编：《素质教育——教育的理想与目标》，209 页，华东师范大学出版社，1999。

法，也是学习活动的重要环节，我们不应当忽视记忆的重要性。以往教育的严重偏差在于把人脑当成储存知识的仓库，教学就是用知识去填满“仓库”，认为知道的事实越多，脑袋中储存的知识越多，则越有学问。在这种观念影响下，学生往往把大量精力花在记忆具体的事实和知识细节上，导致呆读死记。这在知识巨浪如排山倒海般涌来的知识经济时代，大脑将处于难以应付的局面，当然不能适应新时代的要求。在未来知识经济时代，课程和教学将贯彻“越少则越多”的原则，其出发点在于培养学生具有自我吸收科学信息和科学知识的能力，尽最大可能提高学生对于科学原理和科学基本思想的了解和掌握，以便使学生走出校门后，能够紧跟科技发展的步伐，并在自己感兴趣的科学领域中更加深入地研究和学习。但是反对呆读死记并不否定记忆的作用，相反随着新知识的不断涌现和知识量的膨胀，需要记忆的知识领域将越来越多，我们所要改变的是提高记忆的组织性、理解性、原理性、简约性和概括性等。例如，不必要求学生背会元素周期表，但需知道元素周期变化的规律和在哪里能够查到元素周期表，后者较前者当然极大地减轻了学生的记忆负担。

实现传统记忆方式和观念的转换不仅是适应知识发展趋势的需要，也是现代信息技术发展的结果。计算机的硬盘、光盘和网络的配合，已使知识和信息的储存和检索变得十分便捷和有效，为人们从繁重、具体的记忆性脑力劳动中解放出来，把智慧集中到整理人类的知识，全面考察，融会贯通，从而进行更多更高的创造性脑力劳动提供了可能。

第二，注重潜在技能和知识的学习。“信息社会”的出现是知识经济最明显的标志，信息技术加快了对知识的编码整理，并且通过计算机和通讯网络传输，转化为市场上的商品。通过计算机网络，更多的人可以廉价地获取知识。但是，有一些类型的知识是很难被编码整理的，如：潜移默化的技能、直觉、洞察力、创造力和判断力等。正是这些潜在的知识、技能、能力对于选择、应用和利用可以被编码整理的知识有决定性的作用。选择相关(或不相关)的信息、识别信息类型以及解释信息和对信息编码的能力是不易被编码买卖的。最主要的潜在技能莫过于持续学习并获得新技能的能力和创新能力。

第三，创造性学力的培养。创造性学力可以通过特殊的思维方法等相关课程的训练来培养，但主要是要融入课程和教学本身，关键是在教学中要重视知识的“发现”过程，而不是简单获得结论。有利于创造性学力的教学，学生不应是消极的听众，而是主动的求知者和探索者；对教学效果或学生学习效果的评价不能仅指向学生所学知识的记忆多寡和熟练程度，更主要是要指向学生在学习过程中的探究精神和探索能力，以及对所学知识的实际运用能力等。

三、现代信息技术在教学上的普遍运用及其影响

知识经济的来临本身就是基于现代信息技术的发展，现代化信息技术正在成为教学的重要内容，也正成为教学的重要工具，从而改变教学的传统模式。

回顾中外教育发展的历史，信息技术(媒介技术)的每一次重大改进都会给教育带来革命性的影响。中国古代四大发明中的两项——造纸术和印刷术，是属于信息技术的发明，都给中国和世界教育带来明显的变化。在东汉蔡伦于公元105年左右发明普遍用纸之前，简牍和帛书统治了中国的知识社会，因书籍笨重昂贵，不能普及，不求师就很难获得知识。汉代之前包括两汉时期都非常重视求师问学，两汉特别重视师法与家法，都直接和当时的媒介技术相关。相对落后的媒介技术也限制了人们的知识视野，士人的知识面一般都比较狭窄，能通一经已属不易，能博通儒学五经和诸子百家的“通人”极为罕见。东汉后期和魏晋南北朝时期，纸张已普遍用于抄书，师法家法被打破，士人的知识视野也普遍开阔起来。而后印刷术发明，书量大增，读书之风大为盛行。书院作为中国封建社会后期的一种重要教育组织形式，可以说直接受之于媒介技术的发展。书院的一个重要特点就是藏书丰富，学生可以依托丰富的藏书，形成自由阅读，相互讨论的学风。否者，书院也不成其为“书”院，也就和以前的私学、经馆没有什么区别了。在国外，很早也就有学者认为，改变中世纪大学的并不是文艺复兴运动，而是印刷书籍的出现。印刷书籍从一开始就迫使学

校在教学方式上作出根本性的改变。突然之间，人们可以通过阅读来学习了，但在此之前，学习的惟一方法还是含辛茹苦地抄录原稿或是专心倾听讲座和背诵。在未来社会，以计算机、网络为核心的现代信息技术将构成一个即需即显的多媒体世界，将不可避免地为学校教学与学习方式带来极其深远的影响。

现代信息技术的运用将改变原来的教学方式。首先，现代信息技术将改变教师的传统地位，教师将更多地扮演监督者与辅导者的角色，引导、帮助和鼓励学生，而不是以教授课程为主。计算机作为教学的助手，具有教师所难以比拟的优点。它有无限的耐心，不管学生出了多少差错，它总能再作一次尝试。在繁忙的教室中，教师不可能单独给每个学生以时间，相比之下，计算机则不管学生是聪明、愚笨或是中等，不管他想学的课程是易是难，想学新知识还是复习旧功课，都总是随叫随到。其次，在家上学将成为可能。通过现代信息技术，相当一部分学习活动可以在家里或宿舍里进行，时间可以灵活地安排，课程可以因人而异。学生可以按照自己的志趣与一群相投的伙伴一起学习，可以和那些被距离和地理隔开的人一起学习。传统教育模式下大规模教学与因材施教之间的矛盾也可得到解决。对于高等教育来说，通过“信息高速公路”，还可以实现大学教育资源共享，让人人圆大学教育梦，世界上的任何地方的学生都可以在世界上最好的大学求学，听最好的大学课程。其三，现代信息技术将大大提高学生的学习效率。未来的儿童将置身于一个丰富多彩的智能环境，使他们的智力开发得更早、发展得更完善。

现代信息技术的发展正引起传统课程结构的变化。计算机将是未来知识经济时代最基本的劳动工具，围绕计算机的相关知识将成为人类文化的基本要素。如果说以前我们把读、写、算作为人人必学的最基本技能的话，现在必须加上计算机操作和基本的程序设计。利用电子计算机是现代人获取和加工信息的最基本手段，是个人终身发展的基本保证，新一代人从小就必须掌握。现代信息技术也对传统的课程结构产生了强烈冲击。在传统的线型文本形式正走向图文声形并茂的电子读物时候，传统的阅读教学应作怎样的改变?在键盘已逐渐取代纸笔成为“书写”的工具，各种电子计算器具可以即需即取的情况下，传统的写字、计算技能训练还会如以往重要吗?

目前世界各国都在加紧推进现代信息技术与教育结合的进程。新加坡在自己的“信息高速公路”计划中对多媒体的计算机教学有很具体的设想，决定将以光缆组成的通信网络连接到每间教室和每个家庭之中，并计划在 2008 年完成。新加坡教育部也明确要求学校要用计算机教授 30% 的课程，以便为学生将来掌握信息和通信技术铺平道路，并在 2000 年 9 月前完成对所有教师的培训工作。①美国是注定要最先进入知识经济时代的国家，计算机网络已经成为教育的一个组成部分，在美国的大学，从申请入学，到得到学业顾问的建议，到入学后教师布置作业、学生提交作业，和其他同学进行讨论，都可在网上进行。提着笔记本电脑的学生，可以在校园餐厅内接上插头，一边吃饭，一边做作业，同时调阅学校图书馆的有关参考文献。克林顿在 1998 年的《国情咨文》中特别强调“确保教育优先”，重申基础教育的 3 个目标：8 岁要能读会写，12 岁要能上因特网，18 岁能上大学(college)以及进入终身教育系统。

教育是立国之本，学生所置身的学习环境，无疑会对他的一生造成巨大的影响。国际互联网和全球网为即时与几乎地球上任何人进行通讯提供了途径，充分意识到这一力量并将其与新的学习技巧联系起来的国家就会在教育方面居于世界领先地位。现代信息技术在教育教学中的使用不仅仅是教学条件现代化的物质标志，更重要的是使现代信息技术和学生的日常学习生活结合，打破学生在新技术使用上的神秘感，无所束缚地用来作为获取新知识的手段。

第四节　知识经济时代的新教育观

从工业经济到知识经济是一场深刻的社会变革，而知识经济的本质又内在地决定了教育承担着极其重要的作用，因此如何适应知识经济的要求，实现整体教育观念的转变，尤为人们所关注，学者们的观点主要表现在以下几个方面。

---

① 李士君：《新加坡：让学生在网络时代不落伍》，《环球时报》，2000-03-31。

一、对教育经济功能的高度重视：教育功能观念的新发展

每个社会都是由不同子系统组成的结合体，社会结构的每个子系统对于社会整体的生存发展都发挥着特有的功能和作用，同时彼此间又具有结合成一个统一整体的性质。教育在社会发展的任何阶段都具有多方面的综合功能，但在社会发展和教育自身发展的不同历史水平上，教育在其各方面的功能作用又强弱不同。在中国封建社会，教育功能主要指向政治、道德教化和儒家文化的传承。自近代以来，教育的经济功能不断得到扩张，而知识经济的到来将使教育的经济功能得到进一步强化，以致成为知识经济发展的内在支撑因素。

教育的经济功能在经济的运行和发展过程中体现的方式不同，表现为由直接到间接的不同程度。如从较直接的程度上说，通过教育的发展提高劳动者的科技素质，不断提高劳动生产率，使国家、集团或企业有能力改变和选择新的生产方式和经济增长方式，不断提高经济的科技含量，提高经济的竞争能力；从较为间接的程度上说，教育可以改变人们的生活观念，引导人们选择合理的经济生活方式，如投资和消费方式，赋予经济发展以推动力和拉动力；从更为间接的程度上说，教育为经济发展建立起应有的价值文化体系，确立健康的经济行为价值标准，提高其商业伦理、道德水准，为经济的发展创设健康的文化环境，为经济发展与社会文明进步提供现实的协调基础，从而实现经济社会的可持续发展。

知识经济时代教育经济功能的进一步强化从根本上讲是由知识经济的本质所决定的。知识经济从本质上说是主要依赖知识的进步以及知识的生产、获取、聚集、应用能力的提高而得到发展的经济。而知识与教育的关系又是密不可分的，不仅教育是知识进步的主要手段，知识的进步也总是体现着教育的发展，知识的总量和水平也总是体现着教育的发展水平。因此一般来说教育越发展，知识的生产、获取、聚集、应用能力也就越强。从具体论证上，人们更多是从生产力要素的变化和智力资本形成等经济学角度论证知识经济时代教育的功能地

位的。

(一)知识经济时代人类的智力(脑力劳动)将成为生产力的第一要素。自人类文明史以来，经济的发展可分为三个阶段：农业经济阶段、工业经济阶段和知识(智力)经济阶段，从资源配置的角度看，也可分为劳力经济阶段、资源经济阶段和知识经济阶段。在劳力经济阶段，由于科学技术不发达，人类开发自然资源的能力很低，对于大多数资源来说，也不存在短缺问题，有了劳力(主要就体力意义而言)就能开发资源，发展经济，获得财富。因此在这一阶段经济的发展主要取决于劳力资源的占有和配置。随着科学技术的不断发展，人类开发和利用自然资源的能力不断增强，经济的工业化程度不断提高，对自然资源的需要越来越高，使得大多数可认识资源都成为短缺资源，成为制约经济发展的最重要因素，经济的发展开始主要取决于对自然资源的占有和配置，人类进入资源经济阶段。正是在资源经济时代，由于资源和经济发展的矛盾促进了人们对先进技术的开发和利用，也由于生产效率的迅速提高使得物质财富大大增加，基本普及了中等教育，开始了人才的自由流动，比较成功的开发了人的智力资源，揭开了知识经济时代的序幕。在知识经济时代，由于科学技术的高度发达，科学技术转化为产品的速度大大加快，人类认识资源和开发富有资源以替代短缺资源的能力空前提高，使自然资源的作用降低，科学技术成为经济发展的决定因素。知识经济时代生产力诸要素中的劳力、劳动工具和劳动对象等都将退居次要地位，人类的智力(脑力劳动)真正成为生产力的第一要素，经济的发展将主要取决于智力资源的占有和配置。

知识经济将促使人类劳动日益智能化。劳动的智能化首先表现为劳动者在个人和社会经济实践中掌握和运用知识的能力的提高。20世纪以来，随着科学技术的发展，生产过程自动化程度的提高，劳动者的体力支出和脑力支出之比不断发生变化。据统计，在低机械化程度的条件下，体、脑支出之比为9∶1；在机械化的中级阶段，两者之比为6∶4；在全自动化条件下，两者之比为1∶9。知识经济时代，计算机将普遍应用于各行各业，信息库、数据库、信息网络本身就和知识的产生和传播相伴随，对劳动者提出了更高的智能要求。其次，劳动力结构也向着智能化趋势发展。新科技的应用使大量先进设备代替手工作业，效率大为提高而劳动人数却大量减少。程控电话早已代替数以千计的电话接线员的繁重手工作业，电脑技术也早已淘汰了过去传统的电报收发手段。在知识经济已初具规模的少数发达国家，过去白领工人阶层占绝大多数的行业，由于先进技术的广泛应用，失业人数正急剧增加。在知识经济新时代，从事科学研究和其他工作的脑力劳动者，将成为社会生产和推动社会进步的主力军，知识分子是社会财富的主要创造者，而其中具有创新精神的智力人才尤其重要。

(二)教育是形成智力资本的最基本环节。智力资本是人力资本理论中的一个重要概念，人力资本包括两个主要方面，即体力和智力。人力资本理论在五六十年代即经西方学者提出，智力资本作为人力资本的重要组成部分，在西方社会也早已受到足够重视。由于中国社会还没有普遍充分认识到个人智力资本的重要性，也还没有相应制度来维护智力资本的所得，同时也由于智力资本概念对认识教育与经济的关系具有重要价值，因此在关于知识经济讨论中常被学者们特别提及。

智力之所以被当成资本认识，首先因为它是当代经济发展的关键因素，具有资本的作用。如小到技术入股现象和一些点子公司、策划公司和信息公司的生存，大到战后日本和德国的兴起，以及比尔·盖茨在没有雄厚资金的情况下领导微软公司取得巨大成功，都说明这一点。其次，从资本是一种未被消费掉的劳动和资本能够带来剩余价值的角度看，智力在理论上具有资本的特征功能。智力的形成需要通过教育和学习，而教育和学习的过程本身就是劳动的过程，智力是通过教育和学习把知识固化于人脑的劳动；智力的运用过程也是劳动的过程，通过智力劳动或生产出具有知识含量的产品，或创造出新的知识，使未被消费掉的劳动实现了价值转移，又创造了新的价值，即剩余价值。

智力资本不是先天赋予的，而是后天努力学习的结果。先天只赋予人以智力形成的生理基础，只有把人类文明的结晶——知识有层次、有系统地固化于人脑，才能产生智力。而这个固化的过程就是教育和学习的过程，是他人劳动(如教师)和个人劳动相结合的过程，教育和学习是形成智力资本的基本环节。智力资本的形成离不开智力投资，在接受教育和学习的过程中，人们必须消耗一定的物质财富，必须投入相应的时间，放弃相应的工作，减少相应的收入。智力资本作为人力资本的重要组成部分与人力资本相比有明显的区别，有比较优势也有比较劣势。从比较优势上说，主要表现为智力资本具有高度增值性和长期受益性。从比较劣势上说，主要表现为智力资本的不可分割转让和不可继承性，它是具有个人生命性的东西，必须通过自己亲自接受教育，亲自学习才能获得；在当代知识老化速度加快的情况下，智力资本还表现出易损性，因此要不断学习，终身学习。为迎接知识经济的到来，不管是出于个人生存的基本要求，还是出于获取财富和个人发展的目的，加重智力投资都是非常明智的选择。

二、教育既是事业又是产业：教育属性观和投资观的新共识

知识经济是以智力资源为基础的经济，智力资源的形成要靠高强度的教育投入。根据专家的估计，知识经济要求科技对经济增长的贡献率应达到80%，而我国目前这一指标仅为30%左右；知识经济要求教育经费占GNP的比重为6%~8%，我国1996年仅为2.44%，美国为7%。在教育投入严重不足的情况下，不得不以有限的教育经费支出维持庞大的教育体系，联合国教科文组织1991年《世界教育报告》的统计数据表明，我国用占世界1.18%的教育经费培养占世界中小学生总数的19.81%的中小学生。教育投入不足导致教育发展滞缓，我国作为人口大国，丰富的智力潜在资源开发不够，仍处于严重荒废状态，人口整体文化素质较低，1995抽样调查全国人口平均文化程度仅为6.74年，影响劳动者技术素质的提高。

要改变教育的投入状况，真正唤起全社会对教育的重视，就必须确立教育既是事业又是产业的观念。以前我国长期不承认教育是产业，导致认为教育投资是非生产性投资而不予重视的结果，造成教育经费的严重困难。90年代初在“教育与市场经济”的相关讨论中，

教育是一种产业的观念得到普遍确认，教育决策层也明确指出：教育是“对国民经济发展具有全局性、先导性影响的基础产业”。①但是由于在推进“教育产业化”的过程中出现了一些问题，目前人们倾向于将教育作为培养人才的事业，将教育作为生产知识、物化知识的特殊的产业部门。

在知识经济时代，世界经济将是一个依赖知识驱动的智力系统，以知识为基础的“集成知识”型产品将替代传统“集成资源型”产品而成为生产的主体，某一种产品越是接近于“纯知识型”它的收益就越高。在以知识为基础的生产竞争中，智力资本(教育资本)带来的收益可以说是长时期的，甚至是无止境的。智力资本最终将导致世界财富的大转移，即从自然资源的拥有者手中转移到科技知识拥有者的手中。智力资源是最可贵的资源，知识是最高形式的财富，是最重要的生产要素，掌握现代科技文化知识的人力资源，是综合国力的核心。因此，教育产业是知识经济的最基础产业，必须得到优先发展。

确立教育既是事业又是产业的观念，可以改变我国教育投入长期主要由政府作为单一主体的局面。教育投入不能完全依赖政府，自改革开放以来，政府的财政收入在不断增加，但所占国民收入的比例却呈逐年下降趋势，因此政府教育投入的上升空间有限，很难真正缓解教育投入不足的矛盾。教育的产业观念有利于在教育改革中引进产业操作运行机制，最大程度地满足个人和地区对教育的需求，充分利用社会(包括受教育者)的可能投入。实现办学模式的多元化是拓宽教育投资渠道的有力措施，同时这也是与现阶段经济结构现实相适应的。当前经济成分的多元化、所有制的多元化、利益主体的多元化为建立以国家办学为主体，社会各界共同办学的多元办学模式奠定了基础。对于非政府出资办理的教育机构，政府的责任主要在于管理和引导，制定办学标准，实施监督评估职能。多元化办学模式必然推动我国教育共同投资体制的建立，形成国家、社会和个人共同参与教育投资，共同承担教育经费，共同分享教育投

① 《中共中央、国务院关于加快发展第三产业的决定》(1992 年 6 月颁发)。

资利益的多主体、多层次的教育投资格局。

但是确立教育的产业观又不能走向另一个极端，把教育仅仅视为产业，把学校等同于企业。教育是特殊的产业，是专门培养人才的行业，它的产品是人才，人才不仅具有经济价值，还具有文化等多重价值，即使从经济价值的角度，其体现方式也和物品大不相同。教育投资回报并非是严格意义上以盈利形态来表现的产业的投资回报，教育对于家庭来说不是简单的消费和投资；对社会和国家来说，教育投资是出于一种长期的战略考虑。因此教育的基本属性仍然是事业。将教育作为事业，意味着从宏观上说，国家必须加强对教育的调控、引导和投资。教育的总的指导思想、教育的方针、教育的目的、大部分教育的内容等等，必须由国家直接干预，同时国家又要保证基本教育经费的投入。从微观上讲，不能将学校完全作为企业，以追求利润最大化为目标，不能笼统地提“把学校推向市场”、“教育商品化”等。应当指出，不同的教育层次，不同的教育类型与经济发展的关系各有不同，与市场的联系程度也各不相同，其产业属性也有差异。基础教育的任务是提高民族的文化素质，青少年接受完基础教育后，必须经过职业培训，即国家要求的劳动预备教育，才能进入劳动力队伍，因此基础教育应成为国家投入的主体。在其他层次和类型的教育中，以基础理论研究为特色的学科(如多数理科和人文学科)也应由国家财政负担为主，否则会出现基础研究人才的断层，动摇知识经济的基础。

教育是崇高的社会公益事业，意味着各级政府肩负着对教育的神圣责任和使命，应站在面向未来发展的战略高度，以宽阔的视野、智慧的思考、远大的理想去设计教育的未来发展，加大教育的投入力度，使我国的教育投入尽快达到世界各国的平均水平，通过进一步努力，达到发达国家的平均水平或先进水平，为创造学生良好的学习条件和教师良好的工作条件提供最基本的保障。教育是崇高的社会公益事业，意味着每一个教育工作者特别是每一位教师，应该本着对国家未来和学生未来负责的精神，忠于职守，艰苦奋斗，乐于奉献，教书育人，尤其不能让纯洁的师生关系演变成金钱关系，自觉拒绝拜金主义思想侵蚀圣洁的教育殿堂。

三、个性化、终身化、国际化：教育未来走势的新预测

知识经济时代教育活动将出现革命性的变化，在教育的时间和空间上观念上将进一步拓展，人们预测将明显出现如下方面的发展趋势。

(一)教学形式的个性化发展趋势

教学形式的个性化首先表现为传统的课堂教学将明显出现小班化趋势。我国传统教育是采用小班个别教学的形式，有利于因材施教。近代的班级授课制提高了教学的规模效益，适应了教育的普及化趋势，但与学生的个性差异一直存在着矛盾。一些优秀教师反映，在我国基础教育中50人左右规模的班级中，教师很难全面照顾到所有学生。实行小班化是解决班级制和学生个性差异矛盾的有效形式，而知识经济时代社会生产率的极大提高和教育地位的空前提升都将为增加教师数量，降低基础教育的生师比率创造了物质的和文化心理的条件。事实上许多西方国家早就把初等教育的班级规模限制在25人以下，美国总统克林顿在其1998年的国情咨文中宣布要把小学一、二、三年级的班级规模缩小到18个人左右，并要求为此培养10万名教师，已明显地反映了这一趋势。

其次，由于信息技术的发展，电子计算机教学辅助系统的普遍使用，将从技术上为改变传统教学的标准化、同步化和集中化特点，充分贯彻因材施教的原则创造条件，学生将完全可能在教师指导下根据自己的个性差异、程度差异和需求差异，选择相应的教学内容、方式和方法。在这种情况下，即使在不降低生师比的情况下，也可以实施小班化和个别化的教学。此外，随着电子计算机教育网络的终端设备深入千家万户，课堂完全可进入家庭之中。教师和同学之间完全可以借助交互网络系统谈话，讨论问题，交流思想。每个学生都可以自如地选择，在灵活和有效地利用时间，提高学习效率，发展自己的能力的同时，更可以充分地发展自己的个人特长。

(二)学龄边界的模糊化趋势

知识经济时代，教育将突破传统的学校教育模式。所谓学校教育，就是一个人从小学、中学到大学所接受的教育，只占人一生中较短的一段时间。就知识经济对人才的素质要求来说，这只是一种非常有限的教育，即使接受了大学教育，也只能算是一种基础教育，如果不进一步学习，也难以适应就业和竞争的需要，因此知识经济时代将采取终身教育的模式。未来的终身教育，不是为了克服学校教育局限性的一种补充，而是包括学校教育在内的贯穿人一生的教育系统，包括学前教育、普通教育、专业教育、成人教育和回归教育等多方面内容。它始终是在社会的支持下进行的教育，终身教育即是未来的正规教育，实现教育的社会化或社会的教育化，为人们“活到老，学到老”创造条件。在终身教育系统下，学龄概念将只具有法律意义，人们不应再有什么时候该学习，什么时候不该学习的观念，每个人在一生的每个时期都有受教育的机会和必要性。事实上，西方国家在大学和大学后的研究生教育阶段也早已实行了弹性学制，放宽甚至取消了年龄限制。研究生入学也出现了高龄化趋势，越来越多的人到 30 岁以后才开始读研究生。

(三)教育的国际化趋势

知识经济是全球一体化的经济，21 世纪是全球一体化的信息时代，地球事实上已经变成了“地球村”，世界性的交往成为社会生活的重要内容，不同民族、不同宗教信仰、不同文化的人们之间的理解和相融是未来世界和平与和谐的保证。在全球形成一体化经济、一体化信息网、一体化人才市场的情况下，教育的一体化即教育的国际化就是自然的现象。近年来域外机构业已通过不同形式插足中国教育领域，我国海外留学也出现了低龄化的倾向，在一些沿海经济较发达城市甚至已经冲击到基础教育。未来这种趋势将会进一步加强，我们必须面对教育供求关系中的这一新情况。

现代信息技术也已为建立全球性教育网络系统创造了条件，届时教育活动将打破国别、地域和语言界限，获得空前的发展。很多高水平的教育中心可以面向全世界开展教育活动，培养出更多优秀人才。很多专业可以利用国际教育网络实行不出国，甚至不出家门的留学和进修。人们只要把自己家庭里的终端机同有关的国外教育中心相联结，就可以直接听到国外有关专家学者的讲演和辅导。电子计算机语言同步翻译系统的普遍使用，还将大大消除不同民族的语言隔阂。目前这种可以将教育送入千家万户的“虚拟学校”已经诞生在互联网络上，宾夕法尼亚州的14所大学通过联网，不仅实现了教材、图书资料共享，学生还可以在网上选课、学习，教师在网上批改作业，网上模拟教学过程。“虚拟学校”不仅满足了人们异地不受空间限制地接受教育的需求，也解决了传统教育中存在的教育资源分散的弊端，实现社会教育的重新组合，将潜在的教育能量充分释放出来。这种“虚拟学校”目前仅局部存在于高层次教育阶段，但到全球网络化达到一定程度之后，基础教育也必将被卷入国际化的潮流。

第五节　知识经济时代教育的隐忧

知识经济时代信息技术的高度发展孕育着崭新的教育观念和教育模式，但理解和使用不当也会给教育带来负面的影响。一方面，由于对信息技术的依赖而产生对传统教学优势过分否定的现象；另一方面，教师对学生获得的信息又难以控制，引发很多令人疑虑的问题。

一、对知识外储的过分依赖导致对记忆力开发的忽视

所谓知识的外储，是相对于人脑内储而言的。内储依靠人类自身脑组织的记忆功能而实现，可以说知识的内储就是知识的记忆；外储通过记录材料和记录符号而实现。知识外储的出现与相关技术的发展是人类文明不断进步的体现，迄今为止人类用以记录知识的符号主要是文字，而文字的产生本身就是人类为了克服记忆局限的结果，它表明知识的积累已超越了人类记忆能力的限度。由于知识总量不断地增加，为了方便知识的检索和利用，人类一直在努力改进知识外储的材料和形式，前者如由甲骨、泥板、金石、竹简、木牍到纸张的发展，后者如各种形式的辞书、类书的编纂等。

现代信息技术特别是计算机技术的发展和磁盘、光盘等各种磁性

和光电记录材料的应用，使知识外储在信息密度和检索的便捷性上发生了飞跃性的变化。如《四库全书》含书 3400 余种约 8 亿汉字，全文字版仅需要 10 余张光盘就可储存；又如当你采用《二十五史》全文电子化检索系统查找其中有关“风”的资料时，计算机会在数秒内通读《二十五史》全文，为你筛选出 10968 段相关文字和 14918 个相关词目，组成特殊文本供你阅读。这一切在传统的储存手段和检索方式下都是不可想象的。现代化信息技术确实为人们减少了不少记忆负担，致使人们对学习中的记忆作用产生了怀疑，至少认为不如以前那么重要了。那么我们真的没有必要开发人的记忆力了吗?回答自然是否定的。

首先，记忆作为学习和生活实践活动中的最基本最重要的心理过程，永远具有不可替代的地位。没有记忆，就不可能有知识、技能和各种经验的积累，也就失去思维、想象的材料和创造的基础。事实上，人脑具有巨大的记忆潜能，就其信息储存能力来说，正常人脑可达 10^{12} ~ 12^{15} 比特的储存量，约可相当于 5 亿册书的信息，较目前电子计算机的硬盘储存量要高出数万至上亿倍。因此发展记忆能力也是开发人类潜能的一个重要方面，况且即使在知识经济时代也同样需要大批知识再现型人才。记忆不仅仅是呆读死记的机械性记忆，还有建立在理解学习内容基础上的有意义记忆。有意义记忆的过程本身就包含了对知识的重新组织，既可以是对学习材料的提炼、简化、概括，也可以是在与其他知识经验联系基础上对原学习内容的丰富和具体化。这样的记忆本身就是一种创造性学习。外储的知识是没有内化的知识，不能形成人的素质，不能变成我们的思想、观念、灵魂和精神。

其次，就知识的运用而言，外储的知识永远没有内储的知识来得方便。内储的知识具有即用即取的特点，任何时候，从大脑中提取知识都比从书本或电脑中提取知识要快捷。越是在信息量大、使用频率低、要求精确度高，大脑的记忆能力显得力不从心的情况下，知识外储才越显示出优越性；对于哪些日常生活和个人专业领域中使用频度高而信息量不大的基本知识、基本原理、基本公式等，都以牢记为妙。知识外储不只是现代信息技术的产物，自从文字产生后，人类就在有效地利用知识外储的方式来扩展(也可以说是补救)人脑的记忆功能，但古今中外的教育家从不因此轻视教学中记忆的地位。现代化信息技术在知识储量上可以说达到了无极限的程度，在信息检索上也实现了自动化甚至智能化，但与传统知识储存技术相比，又有着难以克服的缺陷。电子信息是用数字代码形式记录在特殊介质上的信息，是迄今为止第一种人类无法直接用自身的器官，如眼和手进行识读的信息，因此对电子信息的取用存在系统依赖性。如果没有一定的硬件设备、操作系统和应用软件，电子化信息的生命力将会彻底被抹杀。现代信息技术与人脑记忆功能的关系犹如现代化交通工具和我们的两条腿的关系，不管现代化交通工具如何发达、快捷，我们都必须学会走路，难道我们从客厅到厨房还有什么先进的交通设备可以利用吗?

其三，尽管人类的现实记忆容量和记忆精确度远不如电脑和光盘，但人的记忆是一种能动的记忆，表现为编码、存储和提取的联合运作，并由此直接提供思维的线索和资源，这种优势是电脑无可比拟的。目前最先进的电脑也只具备逻辑运算能力而不具备模糊运算和神经网络能力，哪怕是完成一个简单的工作，它都必须有相关功能的程序，通过程序进行亿万次的序列搜索或逻辑运算。电脑的这种工作方式决定它只能用一种被动而不是能动的方式来提取信息。例如要设计一个语言翻译程序，设计者就会遇到“意义爆炸”的麻烦。一个单词往往具有多个不同的意义，人类会很方便地根据谈话的场景、主题以及前后文的关系迅速呈现适当的字义，而电脑程序却无法整体反映这种关系，因此单词的义项选择也就不能一步完成，只能一五一十地列出单词的所有用法，再根据句子中的其他词语含义来作出抉择。如果语句中相关单词的字义也是不确定的，就会出现无数的变数而导致“意义爆炸”。所以至今也没有出现一个令人满意的语言翻译程序，特别是在一些复杂的语种之间。形象图形记忆是生活和学习中的重要的记忆内容，如果我们没有对周围人物形象和环境的记忆，就无法开展日常生活，如果植物物种学者没有对大量植物形状的记忆，就无法开展研究。在图像识别方面电脑更显得相形见绌，如要从若干照片中找出一个熟人的照片，这在人类看来是再容易不过的事，但计算机却需要事先编制复杂的程序，和经过一系列的编号输入及较长时间的运算才能完成。目前人们正致力于发明人工智能电脑，但这毕竟是尚未变成现实的理想。不过，即使有一天人类创造出了人工智能电脑，可以完全替代人脑的功能，但它也毕竟只是人的创造物，人类仍需保持自己特有的记忆形式，以体现人自身的生存价值。

确实，传统教学观从教学内容的稳定性和单一性出发，以知识的记忆和重现作为教学的基本目标，把教学过程理解为主要是知识的积累过程，以掌握知识的数量和精确性作为评价教学的主要依据，以至在教学中偏重学习内容的接受、维持和重现，忽视和降低了学生创造性思维能力的培养。显然，这种教学观不适应现代社会的多变性和多样性要求，更不适合未来知识经济社会的要求。但是如果因信息技术的高度发展产生对知识外储的过分依赖，甚至以外储替代内储，忽视知识记忆的重要性，忽视记忆能力的开发，则又是从一种极端走向另一种极端。知识经济时代是一个知识爆炸的时代，是信息化时代，它对人的创新能力和知识积累能力都提出了更高的要求，人类应对这一时代的策略只能是普遍提高学校教育程度、实现终身化学习以延长受教育的时间，改进教和学的方法、充分利用现代教育技术以提高学习的效率(也包括记忆的效率)，而不是如有些人所说的那样通过减少学习的记忆任务来发展创造性能力。至于现实中普遍存在的“填鸭式教学”，那早已被人们视为教育的弊端，而不必是知识经济时代才特别应批评的现象。

二、信息泛滥与不良信息对教育的影响

知识经济最明显的标志就是信息技术的高度发展和普遍应用。在现代信息技术条件下，大量的知识被编码整理，并通过光盘、计算机网络储存和传播。知识本身已经成为一种越来越市场化的产品，在被复制、扩散的过程中又转化为其他形式的产品。目前因特网上各种信息服务正在急剧增加，随着世界范围内“信息高速公路”的形成和计算机的广泛普及，越来越多的人将可以通过计算机网络廉价地获取知识和信息服务。

应该说，信息发达是社会文明、人类进步的标志。信息作为思想的载体，应该成为启发思维的资源，但许多人往往沉溺其中不能自

拔，以至于思想的空间被各种杂多的信息霸占，失却了思考的余地。有些“网虫”和“电脑狂”甚至完全被信息所异化，变成了信息的奴隶。由于信息技术的发达，使知识的生产、复制、传输都变得如此的便捷，成本越来越低廉，人们不再注意知识的提炼、精选和集约，其结果是知识和信息的总量日益膨胀，但其中的智慧含量却越来越稀薄，儿童虽然饱餐了这些信息和知识，但却得不到足够的精神营养。

目前在欧美知识经济已初具规模的国家，已开始重视信息过剩对经济发展和社会生活的影响，称那些没有价值和重复的信息为“信息垃圾”。“信息垃圾”不仅占用了很多宝贵的网络资源，更为人们分析处理信息、选取有用信息增添了困难，所以 1998 年初在瑞士举行的世界经济论坛年会上有人已经提出了“信息节食”的问题。

在大量信息垃圾中，从教育意义上人们最担心的是不良信息的大规模泛滥。伴随着多媒体的出现，“电子黄毒”早已泛滥成灾，越来越多的软磁盘与小影碟(VCD)成为黄色游戏和黄色影像的藏身之所，随着互联网络规模的不断扩大和“信息高速公路”的逐渐成型，近年来网络已成为黄毒泛滥的另一大管道。计算机网络可以在全球范围内传递声像图文并茂的多媒体信息，具有速度快、使用方便和难以监控的特点，因此成了一些不法分子或沉溺于色情信息的人利用其在全球范围内传播色情信息的重要工具。

由于网络用户可以在家中无所顾忌地调阅这些色情信息，学校甚至家庭也无法监管，因此极易成为不良文化腐蚀青少年学生心灵的通道。青少年学生接受新鲜事物的能力强，能够很快地学会使用因特网。但由于青少年学生又没有很强的判断能力和自制能力，尽管网上有很多与学术有关的健康信息，但一些意志薄弱的青少年却很少关心这些健康信息而专门在网上寻找不良信息，因此很多人成为网上色情、暴力、电子游戏的俘虏。根据有关调查显示，网络上的黄色信息 70% 以上以成年人为对象，但最大受害者却是少年儿童！内容不健康的“电子黄毒”不仅严重危害用户，危害青少年的身心健康，还会成为计算机之间另一种难以清理的“流毒”，许多计算机病毒就是以黄色软件和游戏为主要附着体而扩散开来的。

因特网上不良信息对儿童身心的伤害已引起了人们的高度重视。

1998年6月29～30日，因特网与儿童问题国际研讨会在芬兰首都赫尔辛基举行，与会者提出，利用因特网向儿童传播色情和诱导儿童犯罪的现象日趋严重。英国的儿童保护组织在因特网上查找到的儿童色情页面竟多达4300余个。除色情信息外，还有其他如吸毒、暴力、种族歧视、法西斯、诈骗等大量其他有害儿童身心健康的内容。在其影响下，美国和欧洲的儿童色情行为明显上升。

目前因特网在传递多媒体信息方面还不尽人意，而即将建成的“信息高速公路”的功能则要强大得多。为了防止在“信息高速公路”建成之后色情、暴力等不良信息在全球肆无忌惮地泛滥，越来越多的有识之士正在呼吁从认识、法律、技术等各种途径采取措施，各国政府和机构也正积极行动起来，如对网上信息进行审查和分级管理，为用户家中的儿童设立密码以限制其只能调阅内容健康的筛选信息等。

问题的关键是，人们很难控制在互联网络上传播这些内容，有些人出于商业目的，利用互联网络复制、传递黄色和暴力等不良信息，或将这类信息与软件放在网络公告牌系统上任人使用。即使“信息高速公路”严格限制暴力和黄色录像入网，利用网内资料也很容易自己制作而在子网上扩散而构成社会危害。

知识经济社会必然是信息化社会，中国在信息化发展方面目前落后于西方发达国家，但专家预言，不久的将来，中国就将成为全球最大的网络用户国家。信息社会对道德教育和法制建设提出了比技术和资金更高的要求，在技术维系的信息网络建设之前，要先建设法制网络，否则信息社会的到来对我们青少年一代的成长带来的是福是祸就很难断言。对此我们应有高度的警觉，做到未雨绸缪。

三、交往虚拟化及其对学生人格的影响

在人类发展史上，很少有一种技术像电子计算机和网络这样对人类社会的经济、社会、文化教育等方面产生如此广泛而深刻的影响，以至有人认为应把人类纪年中的公元前(BC)和公元后(AC)中的“C”换成电子计算机(computer)的缩写字母“C”。

工业文明时代人类的注意力因过于集中于物质的积累而忽视了对精神的关注；因生活的物质化和都市化减少了人与自然交融的机会，过多地增加了间接知识，减少了直接经验；因个人主义和普遍商品化的共同作用，使人与人之间往往只有契约、业务及竞争的关系，而缺乏超功利的情感纽带。这些被称为工业文明的负面影响是否因知识经济时代的来临而得到克服，抑或在消除这些负面影响的同时又会产生新的问题。

未来高信息化社会带给人类生活方式的一个重大变化就是交往的虚拟化。在过去，曾有多少人被人际关系网所羁绊而不得施展其才华，信息技术对解决这个问题也许有很大的作用。以计算机网络为核心的发达信息网，使所有人自身的发展和所需信息的获取对人际关系的依赖程度大大降低，人的发展可以在更大程度上超越人际关系而求助于信息网络，在更大程度上超越自身所处的狭窄的人际生存环境。信息网络极大(甚至是无限)拓展了个人生存的社会空间，但同时又是以交往的非人格化或虚拟化为代价。在网络世界里，人类交往的方式越来越幕后化、表演化、虚拟化，实体形象和人格被完全扭曲，人们也越来越注重虚拟形象和人格的自我设计。如果说以前我们说“社会是人生的大舞台”仅是一个形象的比喻的话，那么网络社会将是真正人人施展其演技的大舞台。这些都将促使人类的价值观念发生相应变化。

交往虚拟化也将对学生的人格成长产生重大影响。现代化信息技术为学生主动学习提供了更加便利的条件，未来学生利用计算机进行学习的时间将会越来越长，网络技术也为建立一种离开班集体和课堂授课、不需要师生和同学之间直接交往的学习模式提供了可能。在网络世界中，儿童交往的伙伴往往是幕后而不是幕前的、概念而不是具体的、虚拟而不是真实的，长此以往，会不会影响他们在真实生活中与别人的交流与合作，以至于他在现实生活中会成为一个孤落寡和的人。总之，信息时代生活和教育模式的变化必将对学生的心理素质和道德行为乃至整个人格和精神世界带来冲击。

新信息技术催生了大量脱颖而出的人才，但也孕育出许多“电脑狂”和“网迷”，这已引起人们的广泛关注。电脑和网络可以像烟酒、毒品和赌博一样使人沉溺其中，痴迷成瘾，让许多人在电脑前彻夜不眠，在互联网上流连忘返。英国诺丁汉特伦特大学的心理学家麦克·格里弗斯博士对一些整天沉溺于网上青少年的表现进行分析，发现他们的表现同吸毒成瘾或酗酒者类似，一接触因特网就兴奋异常，否则就网瘾难耐。电脑似乎正在渐渐控制它的主人，也许有一天，越来越聪明的电脑会统治这个世界。今天我们正在为大量的中、小学生迷恋电子游戏而苦恼，明天当电脑和网络真正走入平常百姓家的时候，一个集广播、影视、游戏、电视杂志、交友等于一体的虚拟世界随时可以呈现在学生的面前，其诱惑力将远远大于今天的电子游戏。

正和以往人类每一次科学技术的进步一样，知识经济时代信息技术的高度发达也是一把双刃剑，如何在利用它为人类所带来的巨大利益的同时，又有效地抑制其负面影响，是摆在每个国家、民族和个人面前的课题，人们必须根据自己的价值观念和文化传统去认真面对并加以解决。

第五章

新世纪中国基础教育改革的深层文化思考

通过以上诸章的纵向历史考察和横向问题剖析，我们对中国基础教育改革的来龙去脉及其所面临的种种现实问题有了相对具体的理解与认识。毫无疑问，中国基础教育改革发展的根本动力来自于社会政治经济结构的不断完善。但作为教育工作者，我们理应发挥主观能动性，充分吸收“古今中外”的一切优秀文化遗产，高举“素质教育”旗帜，主动构筑“新世纪中国现代人”的理想蓝图，走有中国特色的社会主义基础教育创新之路，以完成历史赋予中华民族伟大复兴的神圣使命。

第一节 “古今汇合”与中国文化教育传统的当代创新

随着知识经济的逼近，创新与创造性人才的培养很快成为教育学界关注的焦点。我们的教育特别是基础教育在知识经济的时代下要敢于迎接挑战，开展教育创新。但需要指出的是，一个时代有一个时代的教育创新，追求创新是中华民族的优良传统；追求教育创新并不是要全盘否定中国传统文化教育，相反应该理性地总结近代以来著名教育家审视传统文化教育的可贵成果，进行反思性再探索；在此基础上，我们才谈得上结合新时代精神进行“古今汇合”，去尝试探索中国传统文化教育资源的现代转化，以期为当代基础教育改革提供某些建设性意见。

一、追求创新是中华民族的优良传统

中华民族是极富创新精神的民族，它所发明的火药、指南针、造纸术和印刷术曾一度领先于世界，并于12世纪后相继传入西欧，对欧洲社会产生了十分深刻的革命性影响。对此，马克思曾给予高度评价，他说："火药、指南针、印刷术——这是预告资产阶级社会到来的三大发明。火药把骑士阶层炸得粉碎，指南针打开了世界市场并建立了殖民地，而印刷术则变成新教的工具，总的来说变成科学复兴的手段，变成对精神发展创造必要前提的最强大的杠杆"。①除科技上的四大发明外，中华民族在哲学、历史、文学、艺术和教育诸领域也都取得了许多令世人瞩目的巨大成就，蕴含着无穷的智慧和创造精神。

就教育而言，中华民族在长期的社会实践中创造了许多适合于自己民族形式的思想学说，其中最具创新精神的部分，集中在先秦、宋明和近代几个历史时期。在先秦，"百家争鸣"的战国时期无疑是中国教育思想史上一次难得的"高峰期"，各家各派凭借自己对自然、社会和人生的敏锐洞察力竞相提出各自的教育理论主张。以并称显学的儒家和墨家为例，孔子虽声言"述而不作，信而好古"，但他绝非泥古不化，而是"温故"以"知新"，在"复礼"的旗帜下创立了充满原始人道主义精神的新学——即"仁"学。与孔子过于谦虚的态度不同，墨子则明确主张"述而且作"，并形成了以"兼相爱，交相利"为宗旨的功利主义教育思想。两派观察问题的角度不同，理论归属迥异，但尊重传统、追求创新，则是其教育理论的共同学术旨趣。与儒、墨一样，道、法诸家也都各言其说，自由探讨，相互论辩，争奇斗艳，这是一个需要创新而又能够创新的时代。自西汉董仲舒倡言"独尊儒术"后，中国教育思想的创新精神一度深受压抑，"师法"、"家法"相沿成风，因陋成袭。至宋明，理学家借书院以讲学，远接孔孟学术传统，近采魏晋思想遗风，融佛、道、儒于一炉，对原始儒

① 马克思：《经济学手稿》，见《马克思恩格斯全集》，第47卷，427页，人民出版社，1979。

学教育理论进行再创新，遂形成了当代教育史学家张瑞璠先生强调的中国教育思想史上的又一“高峰期”，即宋明理学期。①朱熹说：“旧学商量加邃密，新知培养转深沉。”②即是指，理学家善于通过自己的亲身体贴和综合创新，将原始儒学推向以“邃密”与“深沉”为理论特征的新儒学阶段。在朱熹看来，弟子读书贵在自得创新，自己去寻找“源头活水”，教师只是一个“引路证明的人”。王守仁更进而教诲弟子要时时树立“自家的良知准则”，养成独立思考的良好习惯。他说：“夫学贵得之于心。求之于心而非也，虽其言之出于孔子，不敢以为是也。……求之于心而是也，虽其言之出于庸常，不敢以为非也。”③但必须指出，理学家的“教育创新”是以伦理政治为本位，它无意也不可能动摇宗法封建社会的经济政治结构，相反，是与之密切配合的。因此，当“西学东渐”，并促成社会经济政治结构异动时，便引发了中国教育的根本转折——即从传统教育向现代化教育的转折。虽然这个转折十分缓慢而艰难，各家各派在如何转折的问题上众说纷纭，各抒己见，但追求创新，探讨传统与现代的最佳结合点，寻找中国教育现代化的发展道路，则是他们共同的心愿。

概言之，追求创新精神是中华民族的优良传统，是我们教育进步和国家社会发展的不竭动力。为什么埃及、巴比伦、波斯、马其顿和罗马帝国等几大世界古国文明都相继消亡，而惟有中国文明能够长期延续生生不息？这其中一个重要原因，就是中国向来重视教育，并善于吸收和融通外来文化，进行综合创新。因此，无论是古代佛教的传入，还是近代西学的东渐，中国教育终究能沉着理性予以积极回应，使之与中华民族文化相兼并融，与时俱进。

---

① 参见张瑞璠著：《理学教育思想与中国文化》的“序言”，上海教育出版社，1993。

② 《宋元学案·梭山复斋学案》。

③ 《传习录》。

二、中国传统文化教育的近代批判与反思

诚然，中国传统文化教育本身在不断创新中求得发展，无论是先秦，还是宋明，我们的祖先都能因时变革，提出相应的文教对策，以确保我中华文明长期绵延生生不息，创造了包括四大发明在内的举世瞩目的古代文明，实用科学技术也长期领先于世界。但遗憾的是，十六世纪以后，随着西方近代科学和工业革命的兴起，西方文化教育开始了轰轰烈烈的现代化变革；而此时的中国社会和教育不但没有与时俱进，反而进一步强化封建专制统治，闭关锁国，盲目自大，致使近代中国远远落后于世界先进潮流。

长期延续的自给自足小农经济和宗法封建专制统治固然是近代中国落后的根本原因，但除此以外，是否还与中国传统文化教育的内在缺陷有关呢？对此，近代以来的许多著名教育家都从各自的政治和哲学观点出发进行不同程度的检讨和反思。

近代初期，经世派教育家龚自珍、魏源等一批先进中国人首先意识到传统教育的空虚及其对人性的压抑，要求以“自我造命”之气概去反抗专制主义教育对主体精神的奴役，主张直面现实，“以实事程实功，以实功程实事”。①紧接着，洋务派在“中体西用”的原则下对传统教育的某些价值观念进行实际变革。在他们看来，欲求“自强”，则不能不“学习外国利器”，② 强调外国诸般利器“无一不自天文、算学中来”，③声称“仅以忠信为甲胄，礼义为干橹等词，谓可折冲樽俎，足以制敌之命，臣等实未敢信。”④要求将原视为技艺之术的天文、算学等自然科学纳入正规的教育体系，从而突破了儒家伦理本位的传统教育界限，松动了人们习以为常的“德上艺下”之传统价值

---

① 《海国图志叙》，见《魏源集》上册，208 页，中华书局，1976。

② 《筹办夷务始末》(同治朝)卷 25。

③ 奕䜣等：《请添设一馆讲求天文算学折》，见《中国近代教育史资料汇编·洋务运动时期教育》，43 页，上海教育出版社，1992 年。

④ 奕䜣：《沥陈开设天文算学馆情由折》，见《中国近代教育史资料汇编·洋务运动时期教育》，11 页，上海教育出版社，1992。

观。

在洋务派基础上，早期改良派和维新派进而对“重本抑末”、“重义轻利”的深层价值取向展开抨击，大量引进西学课程，翻译西方学术名著，并对儒家人才选拔的泛道德主义特征与腐朽的科举考试制度提出强烈批评，要求培养能够适应近代经济生活变化的多样性专门人才，乃至“异乎常纬”之士——即具有资产阶级性质的政治人才。有些激进的维新派人士如谭嗣同更进而把矛头指向传统教育思想的核心内容——“三纲五常”，视专制君主、名教伦常为首当冲击之“网罗”。但遗憾的是，随着维新政治改革的失败，以儒家为核心的传统教育思想仍旧在当时中国教育占据中心地位，甚至在 1911 年辛亥革命推翻帝制之后，由于新军阀袁世凯的复辟，尊孔逆流仍然甚嚣尘上，盲目颂扬中国固有文明者仍大有人在。

直至五四新文化运动兴起，我们才对传统文化教育的内在缺陷有一个相对清醒的认识。在五四时期的文化激进论者看来，传统教育本质上是一种背离近代科学民主精神和个性独立的专制主义教育，中国教育要走向现代化，就必须揭穿“礼教吃人”的本质，彻底“打倒孔家店”，对流行的传统思想文化进行“价值重估”；主张用西方的科学民主精神去取代封建专制统治，用德、智、体和谐发展的近代教育去取代“手脑分离”片面发展的中国传统教育；并以此唤醒民众，改造国民性，提高国民基本素质，推动社会全面进步。应该肯定，五四新文化运动在当时历史条件下对于冲破以儒家伦理为核心的封建意识形态牢笼具有十分重要的思想解放意义，内藏“文化变革之矫枉过正的历史合理性”。①但不可否认，五四新文化运动确有全盘反传统和西化主义倾向，他们对中国传统文化教育的合理性成分未能给予相应的肯定。有些文化激进论者更进而将西方文化完全等同于先进的世界文化，中国文化等同于落后的民族文化，从而得出中华民族复兴的根本出路在于：“承认我们百事不如人”，要求全心全意地学习西方，做到“充分西化”，乃至“全盘西化”。在胡适看来，即使是主张“全盘西化”，文化的惰性原理也会自然将其拉成“折衷调和”的状态。

---

① 高瑞泉主编：《中国近代社会思潮》，281 页，华东师范大学出版社，1996。

也正是在这个意义上，30年代的陈序经认为，胡适至多只是一个“折衷调和”者，而他本人才是真正的“全盘西化”论者，公开声称中国文化的根本出路就在于全盘彻底地接受当时“惟一先进”的西方文化。

与五四时期文化激进论者相反，渊源于“中体西用”的文化保守论者从未放弃对中国传统文化本位价值的辩护。从文化保守论者集大成者——现代新儒家创始人梁漱溟的《东西文化及其哲学》，到何炳松等10教授的《中国本位的文化建设宣言》，再到海外新儒家杜维明“儒学发展第三期”以及内地某些新儒家追随者，他们都对中国传统文化教育的本位价值和内在精神进行了不同程度的探讨。这些探讨确实存在美化和夸大儒家传统文化教育的价值意义，我们固然不能完全同意。而需要指出的是，文化保守论者并没有肯定传统文化教育的一切方面，甚至也同样指出传统文化教育有其落后的一面。如梁漱溟就曾说，东方文化落后于西方文化是本然的事实，“东方化明明是未进的文化，而西方化是既进的文化”。①但在他看来，这并不意味着以中国为代表的东方文化教育没有自己的独特异彩，强调中国儒家的生活态度和人生理想就内藏着十分深刻的文化本位价值，需要后儒全力开掘与弘扬。后代的新儒家继承者即是沿着这一学术路向而推演发展，有所前进。

事实上，除文化激进论者与文化保守论者外，更多的近代学者持“古今汇合”论，他们对中国传统文化教育的态度往往更为理性，是站在各自的哲学立场并结合自己丰富多彩的教育实践，给予创造性的理论回应。

以人民教育家陶行知为例，他曾对传统文化教育有过极其猛烈的抨击，称脱离实际的传统教育为“老八股”教育，认为这种“老八股”教育本质上就是为封建专制服务的吃人教育：一方面，“教学生自己吃自己”，先是读死书，继而死读书，最后连自己的性命一起葬送，即“读书死”。另一方面，“教学生吃别人”，教人劳心不劳力，

① 梁漱溟：《东西文化及其哲学》，见《梁漱溟全集》，第1卷，340页，山东人民出版社，1989。

专吃农人、工人的血汗，叫做“吃人的教育”。①但同时，又明确表示“反传统教育也不是反对固有的优点”②，声称“人类从几千年生活斗争中所得到，而留下来的宝贵的历史教训，我们必须用选择的态度来接受。但是我们要留心，千万不可为读历史而读历史。我们必须把历史的教训，和个人或集团的生活联系起来。历史教训必须通过生活，从现实生活中滤下来，才有指导生活的作用”。③这就是说，对待民族的历史文化和教育传统，首先应秉持一种理性的比较和选择态度，其次要经得起实际生活的过滤和检验，注意历史传统和时代精神的有机结合。

而毛泽东等一大批马克思主义教育家，他们则公开声称要以批判继承的态度去善待自己的民族文化教育传统。早在20世纪30年代，毛泽东即明确指出：“学习我们的历史遗产，用马克思主义的方法给以批判的总结，是我们学习的另一任务。我们这个民族有数千年的历史，有它的特点，有它的许多珍贵品。对于这些，我们还是小学生。今天的中国是历史的中国的一个发展。我们是马克思主义的历史主义者，我们不应当割断历史。从孔夫子到孙中山，我们应当给以总结，承继这一份珍贵的遗产。”④在这里，毛泽东充分肯定了中国历史文化遗产的重要价值，强调要以马克思主义为指导思想，对“从孔夫子到孙中山”这一历史遗产进行科学总结。也就是说，既要剔除其封建性糟粕，又要吸收其民主性精华。“既不是一概排斥，也不是盲目搬用，而是批判地接收它，以利于推进中国的新文化。”⑤

概言之，近代以来的许多教育家都十分重视对中国传统文化教育

① 陶行知：《传统教育与生活教育有什么区别》，见《陶行知全集》，第2卷，733~734页，湖南教育出版社，1985。

② 陶行知：《告知生活教育社同志书》，见《陶行知全集》，第2卷，338页，湖南教育出版社，1985。

③ 陶行知：《生活教育之特色》，见《陶行知全集》，第3卷，27页，湖南教育出版社，1985。

④ 毛泽东：《中国共产党在民族战争中的地位》，见《毛泽东选集》，第2卷，533~534页，人民出版社，1991。

⑤ 毛泽东：《论联合政府》，见《毛泽东选集》，第3卷，1083页，人民出版社，1991。

的批判性反思。虽然各家各派的认识并不一致，特别是文化激进论者与文化保守论者常常是各持一端，争论不休；但逐渐走向“古今汇合”论乃是大势所趋。其中，以毛泽东为代表的马克思主义教育家提出“批判继承”说，仍然是我们学习和研究中国传统文化教育的基本原则。

三、知识经济对新教育精神的呼唤

与农业经济、工业经济不同，知识经济是西方科技高度发展的产物，是以知识创新为基础、以智力资源为依托、以高科技产业为支柱的后工业经济。这一全新的经济形态已崛起于大洋彼岸，并以汹涌澎湃之势拍岸而来，正在对我们这一具有五千年文化传统的古老民族产生强烈的震撼。如果说，佛教文化冲击导致的是宋明理学教育的创新，近代西学东渐带来的是中国传统教育向现代化教育的创造性转换；那么，面对知识经济的到来，我们将如何调整心态去更新我们习以为常的教育观念？去捕捉直面而来的新教育精神？

诚然，前知识经济时代的教育并非不需要创新；但以往的创新无不打上农业经济、工业经济的烙印。尤其是农业经济时代，所谓“创新”，还只是个别教育家的思想创新，整个制度是不鼓励创新的；相反，以“八股文”考试为指挥棒的教育制度极大地扼杀了整个民族的创造力，高度集权的专制主义政治制度更不断地摧残人性，把人民群众可贵的创新思想消灭于萌芽之中。进入工业时代，人的创新精神得到了相对解放；但是，工业社会的标准化工厂制度、标准化生活起居、标准化教学模式、标准化考试措施、标准化评价手段等等，正不断地把人变成机器，变成机器上的一个螺丝钉，人的创造潜能并没有被充分激活，而是遭到不同程度的压抑。与之不同，知识经济则把人类由统一的标准化带入丰富多彩的个性化，个体的创造能力和创新精神得到了前所未有的尊重；而信息全球化的现实，也为个体创造力潜能的释放提供相对平等的机遇和无限广阔灿烂的前景。目前，中国正处于以“工业化”为核心的现代化进程之中，同时又迎来了“后工业化”时代的知识经济挑战。为了完成这一神圣的双重使命，创新精神与创新人才的培养对于我们中华民族的伟大复兴尤为重要。对此，江泽民同志曾敏锐指出："创新是一个民族的灵魂，是国家兴旺发达的不竭动力"。①能否创新不只是单纯的个人问题，它直接关系到21世纪整个中华民族的生死存亡问题。

创新人才的涌现固然离不开伟大的社会实践，但环顾当代教育现状，我们不能不忧心忡忡。我们的教育仍然是一种应试教育，虽然素质教育实验遍地开花，但应试教育观念则深入脊髓：学生为了能考出高分，要反复操练种种标准化和程序化习题，书包越背越重；家长为了子女能考入名校，不惜重金聘请各科家教上门辅导补习；教师为了本校"升学率"及自身经济利益，则忙于重复编写同类题材的各科教学参考书，以便额外灌注；而主管行政部门也自觉不自觉地把升学率高低作为学校办学成功与否的隐蔽指标，已习以为常，不以为怪。在这样"应试教育"前提下，我们的教材内容陈旧刻板，缺少多样化的弹性和灵活性；教学方法则更加落后，"你听我说"的满堂灌现象比比皆是，师生间的平等对话、思想交流和情感沟通极其缺乏；而非人性化管理模式则司空见惯，过于僵化的条条框框不仅远离人的自由天性，而且违背人的身心谐调发展的内在需求，严重地窒息了学生个性和创造力的自然生成。这样的学校是一种极端的工厂化学校，这样的教育是一种典型的维持性教育，要想在这样的学校教育中培养出新时代的创新人才无异于痴人说梦。

毫无疑问，新时代正在呼唤新教育精神的再现。本世纪初，我们曾有过一次对新教育精神的急切呼唤，并导致了一场轰轰烈烈的"新教育运动"。在那场运动中，我们引进了杜威把儿童捧作太阳的"生活教育论"，并产生了陶行知、陈鹤琴等一批中国化的实践者，他们都把创造性人才的培养提到了那个时代所能允许的理论高度。在陶行知看来，教育的神圣职责就在于创造"真善美的活人"、"启发解放儿童创造力以从事于创造之工作"。②而陈鹤琴更是把"创造的能力"，

① 江泽民：《在接见出席中科院第九次和中国工程院第四次院士大会部分院士与外籍院士时江泽民同志的讲话》，见《文汇报》，1998－08－11。

② 陶行知：《创造的儿童教育》，见《陶行知教育文选》，304页，教育科学出版社，1981。

作为其“活教育”目的——“现代中国人”的必备条件之一。现在看来，陶行知、陈鹤琴所热衷与实践的中国化“新教育”精神并没有过时；相反，我们有必要结合“知识经济”的时代特征予以重新审视，并发扬光大。

四、中国传统文化教育资源的开掘及其现代转化

什么是知识经济时代所需要的“创新人才”？这是一个十分严肃的话题，它显然不能简单地等同“五四”时期全盘反传统精神的“独立个性”；相反，在经济资源一体化、信息传播全球化的今天，我们不仅要“学会认知”、“学会做事”、“学会生存”，更要“学会共同生活，学会与他人一起生活”。①从这个意义上说，我们恰好可以从以“和合”为旨趣的中国传统文化教育中汲取某些有益滋养，并与西方文化精华进行有机融通，从而理性地整合为新时代“创新人才”的内在品质和基本素养。

其一，“有教无类”的全民观念。儒家文化说到底乃是一种极具普世心的教育家文化，其创始人孔子提出的“有教无类”不仅在实践上冲破了当时“学在官府”的僵化模式，为多样化的人才涌现开辟了道路；而且在理念上洞察了人类文化教育的本质，为中国文明的长期延续发展和人类文明的彼此资源共享奠定了伟大原则。在孔子看来，只要有愿学之心，就不应以贵贱、庶鄙区分种类，无论贵族还是平民子弟都有权享受文化、接受教育。依据这一原则，孔子开创了大规模私人办学的先河，培养了三千弟子，而学有所成者多达七十二人，这在二千多年前春秋战国之际不能不说是一个伟大的创举；同时，也极大地启发了当代世界教育改革的行动走向。因此，当联合国教科文等组织发起“世界全民教育大会”并通过《世界全民教育宣言》和《满足基本学习需要的行动纲领》时，当人们仍然把降低文盲乃至最终消

① 国际21世纪教育委员会著，联合国教科文组织总部中文科译：《教育——财富蕴藏其中》，82页，教育科学出版社，1996。

灭文盲作为一项神圣使命时，我们都不能不对大教育家孔子“有教无类”的伟大理念致以深深的敬意。

其二，“智仁双修”的人格理想。诚然，儒家文化是以伦理政治为本位，孔子在设计其人格理想时不能不把仁义之道立于核心地位，其毕生修订的诗、书、礼、乐、易、春秋之“六艺”，充分体现了其重德型课程论思想，从而表现出与古希腊以“七艺”——文法、修辞、辩证法、算术、几何、天文学、音乐为核心的重智型课程结构之不同。尽管如此，孔子并没有像某些后儒那样完全排斥智育的地位；相反，孔子倒是十分注意伦理学与认识论的沟通，将“爱人”与“知人”结合起来，寻找仁道与理性的统一，追求“智仁双修”的人格理想。当然，儒家文化中的“智”更多只是伦理上的实践理性，不同于西方文化的纯粹理性和科学理性；但也正是在这个意义上体现了中国文化教育的独特魅力。因此，一方面，中国文化教育不妨要大力吸收西方纯粹理性和科学理性的优点，提供理论思维能力，加强科技文化素养；另一方面，我们也要谨防唯科学主义的陷阱，克服科学理性与伦理道德的二律背反，在知识经济浪潮中保持清醒的头脑，反对“单向度人”，把培养目标牢固地锁定在内涵丰富的个性全面发展上。

其三，“义利统一”的价值导向。人生在世，绝非是一个抽象的存在，他必须与其他人、与社会处好关系，人与人、人与社会之间究竟应该遵循什么样的伦理准则——即“义利之辨”，是儒家文化教育关注的焦点。孔子及其继承者一贯反对见利忘义、惟利是图，主张“义以为上”、“见利思义”、“以义制利”,要求把“义”与“利”统一起来，个人利益服从整体利益。应该说，儒家的“义利观”包含了某些合理的思想内核，值得深入开掘和弘扬。可以肯定，光讲义，不讲利，必然不能满足人民群众日益增长的物质文化需要，从而使“义”失去了必要的物质基础，这样的“义”只能流于虚妄；相反，光讲利，不讲义，必然是惟利是图，私欲膨胀，损公肥私，道德沦丧，并直接导致整个社会的恶性变形和人性的极度扭曲，这一点在西方的工业化社会和我国目前市场经济转轨过程中都有不同程度的表现。因此，在知识经济到来之际，我们更加不能顾此失彼，而应该调适心态，处理好个人利益、集体利益和国家利益的关系，使之协调发展，耦合共进。

其四，“天人合一”的博大情怀。儒家不仅注意人与人之间的关系，提出“己欲立而立人，己欲达而达人”，“己所勿欲，勿施于人”的人道原则；而且由己及人，由人及物，关怀人与自然的关系，提出“仁者与万物为一体”的天道原则，体现了人与自然和谐统一的“天人合一”之博大情怀。在儒家看来，人与天地自然是相通的，“能尽人之性，则能尽物之性；能尽物之性，则可以赞天地之化育；可以赞天地之化育，则可以与天地参矣”。①即是说，人们在修身立已、扩充人性、日新月新之时，也就参与了天地之化育，而与自然万物融为一体。这个境界，也就是北宋张载在《西铭》中所揭示“民吾同胞，物吾与也”的崇高理想，内藏着儒家教育哲学十分深层的伟大精神。这一精神对于弥补西方科学文化对自然界的过分征服，对于挽救人类在工业化过程中对自然资源的过分攫取，而造成森林砍伐、水土流失、洪水泛滥、大气污染、酸雨横行、生态失衡等种种恶果，都具有发人深省的巨大价值。作为高科技产业的知识经济，显然不能对这些人类灾难袖手旁观，而应该从“天人合一”的儒学智慧中汲取滋养，并作出相应的战略决策。

其五，“整体辩证”的思维方式。与西方“天人相分”的分析思维不同，中华民族奉行的是“天人合一”的整体思维，前者表现出对自然的无情征服，后者反映出对自然的有机适应。诚然，整体思维并不是以认识和改造自然为目的，缺少对自然界的深刻认知，不利于向外开拓；但整体思维的优点在于能够系统、全面、普遍联系地看问题，正好可以弥补西方分析思维所带来的某些不足，促使中西两种思维方式的相互补充、推助而有所创新。与整体思维相适应，辩证思维是中国传统思维的另一个主导性思维方式。从孔子的“叩其两端”，到老子的“有无相生”，再到《周易大传》“一阴一阳之谓道”等种种论说中，我们不能不体悟出中华民族辩证思维的理论旨趣。尽管这种辩证思维还十分朴素，常表现出循环、均衡的特征；但即便如此，它已不是静观万物，而是动态思维。这种动态思维对于瞬息万变的知识经济时代显然具有十分重要的理论价值和现实意义，它告诉我们不能

① 《中庸》。

静止、机械地、片面地观察客观事物，而应该因时变易，创造性地开展各项工作。除整体、辩证思维外，中国传统的直觉思维、逆反思维也都对创新能力的培养不无启发，兹不一一详述。

综上所述，中国传统文化教育资源可谓博大精深，需要我们进行十分细致而理性的深入开掘，以便为知识经济背景下的当代教育创新打开一扇必不可少的理论视窗。

第二节 “中西融通”与西方文化教育资源的有机借鉴

与“古今汇合”相呼应，“中西融通”同样是当代中国教育改革发展所要坚持的基本原则之一。这不仅是因为中西教育传统客观上存在某些差异，而且更主要是因为西方近代文化教育乃至现当代文化教育确实内藏有许多真知灼见，需要我们结合中国教育实践进行创造性的学术融通，以期为当代中国基础教育改革提供另一必要的精神资源。

一、中西教育传统差异之比较

一定的教育总是一定社会的政治经济结构的反映。由于政治经济结构和地理生态环境的不同，中西教育形成了各自传统，并表现出明显差异。

其一，在理想人格上，西方教育家提倡个人本位，注重个性人格的培养，追求人格的自由独立性；中国教育家则主张社会本位，强调群体人格的塑造，追求人格的内圣外王范式和群体独立精神。

古希腊在人类文明历史的进程中最初是以城邦国家为形式的，这种城邦不是以相对稳定的农耕经济为基础，而是以农、工、商并重的交往式城邦经济为基础。在这样的经济形态下，个人的勇敢和智慧很早就受到推崇。从智者普罗泰戈拉所说：“人是万物的尺度”，到苏格拉底名言“认识你自己”，再到柏拉图和亚里士多德提出的以“自由人”为对象、以培养人的身心和谐发展为旨趣的自由教育理论，都极大地突出了个人本位和个性独立的价值追求。进入中世纪后，由于基督教教育的信仰主义性质，个人的利益和欲求曾一度受到了严重压抑。但从文艺复兴时代起，被压抑了上千年的西方个人主义意识再度昂扬起来，那时候教育家们的基本共性是敢于大胆冲破天主教会的种种束缚，将被教会漠视和缩小的"人"重新放大起来，人的个性尊严及其精神价值得到了极大高扬："人成了精神的个体，并且也这样来认识自己。"①他们向往古希腊人的自由教育理想，注重人的身心和谐发展的个性人格。正如当时人文主义教育家蒙田所说："我们所训练的，不是心智，也不是身体，而是一个人，我们决不能把两者分开。"②追求发达而丰富的个性俨然成了时代精神，成了人民自觉选择的价值取向。与文艺复兴相适应，宗教改革时期的教育家同样歌颂了人的个性自由精神，他们批判罗马天主教会的独断专行和丑恶虚伪，肯定宗教世俗化以及世俗教育的现实价值，要求将思想自由的权利还给人自己。其后，随着资本主义生产方式的兴起和壮大，功利主义教育思潮遂大行于世，而几乎所有的功利主义者都是个人本位和个性教育的提倡者。很显然，西方教育家在培养个性人格方面，除却中世纪教育外，可谓一脉相承。

与西方社会不同，中国社会很早就表现出以宗法血缘为纽带的小农经济特征，其特点是男耕女织，经济上自给自足，生活上较为安定。春秋战国时期，社会出现剧烈变化，我国先民和古希腊人一样无法避免战争和动乱的困扰。但小农经济生活决定了其对土地的特有眷恋，使之不像古希腊人那样频繁流动，而总是驻足一方，企盼圣贤明君去结束战争、平定动乱，以建立统一富强的社会和国家。无论是墨家、法家，还是道家、儒家，他们都希望有一个能代表本团体自身利益的群性人格——"圣人"降临人间，并以此作为自己最高的教育理想目标。以墨家为例，它强调要以最大多数的平民利益为宗旨，"兴天下之利，除天下之害"。③法家则要求从地主阶级国家利益的高度来审视理想人格的培养，主张通过耕战和法制教育，把个人的一己之利

① 雅各布·布克哈特著，何新译：《意大利文艺复兴时期的文化》，143页，商务印书馆，1986。

② 蒙旦：《论儿童的教育》，见《西方古代教育论著选》，396页，人民教育出版社，1985。

③ 《墨子·兼爱下》。

纳入或消融到国家整体公利之中。相比之下，道家十分重视个体的精神自由，但它与西方个性教育传统并不完全相同，而在很大程度上反映了没落贵族群体不满和反抗现实的无奈心理。作为传统文化教育核心，儒家更是自觉地站在统治阶级的群体利益立场上，去构建其人格教育大厦。当子贡评论管仲并非仁人时，孔子说："管仲相桓公，霸诸侯，一匡天下，民到于今受其赐，微管仲，吾其被发左衽矣。"①在这里，孔子显然是从社会国家利益的角度来进行价值判断。儒家认为，为了维护和彰扬相应的群体利益，个人应该牺牲自己的私利，甚至不惜做出"舍生取义"的选择。严格地说，儒家也不是完全排斥个人利益，而是强调要严格地按照"先义后利"、"内圣外王"的顺序去获取，主张通过修身为己之学去获取个人应得利益——即所谓"学也禄在其中矣"，"学而优则仕"，由"内圣"之学进而达到"外王"事功。即是说，先秦儒家教育理论的出发点和归属点都是社会，主张学好了就应当致用和服务于社会，个人利益必须服从社会利益。不可否认，儒家所追求的"内圣外王"之理想人格是十分崇高的，它强调了"修身为本"，突出了教育的伦理政治价值和社会责任意识，适合自给自足的中国宗法封建社会需要，具有丰富的人伦群性和合作精神，与西方教育家所崇尚的自由独立性有着根本的不同。

其二，在人性与教育功能上，西方教育家强调，人之所以为人的根本在于人是有理智的，注重人的理智本性；中国教育家则认为，人之所以为人的根本在于人是有道德的，注重人的道德本性。这一基本的人性论分歧对中西教育功能的理论探索产生了十分深刻的影响，形成了迥然相异的学术风格。

在西方，古希腊有着十分深厚的自然哲学与科学理性传统。从普罗泰戈拉、苏格拉底起，虽然已出现了"以人为本"的哲学转向；但即使是苏格拉底本人，也是深受古希腊科学理性精神的影响。他认为，人的根本就在于其是否"认识你自己"，认识了自己也就发展了理智而成为自由的人。他发明了对话反讽法——苏格拉底法，其目的就在于激发受教育者的理性思维；主张"道德即知识"，强调道德与

① 《论语·宪问》。

人的认知水平和理智发展的内在关联，把教育功能发挥建立在理智本性的基础上。苏格拉底之后，柏拉图也十分重视理性思维训练。而亚里士多德更直截了当地将人的灵魂划为植物灵魂、动物灵魂和理性灵魂，认为理性灵魂是人之所以为人的根本。中世纪时期，由于基督教信仰思想上升为统治意识，理性遭到了贬斥。但文艺复兴和宗教改革以后，许多教育家冲破了教会的思想禁锢，以人性反对神性，古希腊的理性精神遂重光于世界。而18世纪的欧洲启蒙运动更被形象地称为“理性时代”，理性成了人们认识世界和解决问题的标准，也是人最本质的特征。康德曾深刻地指出：“我们把有理性者称为人，因为他们的本性就证明他就是目的，不能只当做工具。”①很显然，资产阶级思想家和教育家都是把自己的政治要求、人生理想说成是人性的内在需要，是符合理性的。正如恩格斯所说：“这个理性的王国不过是资产阶级的理想化的王国。”②在肯定人的理智本性的同时，西方教育家除中世纪外对人的自然属性也常给予高度重视，从而为其功利主义的长期盛行提供了人性论基础。有的近代西方教育家甚至故意混淆人的社会性与自然性的区别，把自由、平等、博爱等反映资产阶级利益的政治要求论证成人的自然天赋，并以此掩盖其教育理论的阶级属性，这是需要指出的。

与西方注重人的理性或理智本性不同，中国教育家十分强调人的道德本性，并藉此建构自己的人伦教育学说。孔子在人性问题上提出“性相近，习相远”的主张，肯定人具有彼此相近的共性。这种相近的共性指的是什么，孔子并没有给予明确的界定，但从其仁论的基本特征上可以看出，孔子已注意到人之所以为人的道德本性。他说：“夫仁者，己欲立而立人，己欲达而达人。”③孟子在孔子思想的基础上提出了“性善”论，突出了人的先验道德本性。在他看来，人、义、礼、智之善端即是人之所以为人的根本，认为教育的功能即在于抓住这些善端进行创造性的培养和扩充，由立己修身以至于内圣外

① 上海师范大学等编：《欧洲哲学史原著选编》，621页，福建人民出版社，1985。

② 恩格斯：《反杜林论》，见《马克思恩格斯全集》，第20卷，20页，人民出版社，1971。

③ 《论语·雍也》。

王，强调“无恻隐之心，非人也；无羞恶之心，非人也；无辞让之心，非人也；无是非之心，非人也。”①与之不同，荀子否定了孟子道德本性的后天自觉，主张通过“化性起伪”的后天教育去认同由圣人所赋予的人类道德本性和利义规范。在他看来，人与草木、禽兽最大的区别就在于：“水火有气而无生，草木有生而无知，禽兽有知而无义；人有气、有生、有知，亦且有义，故最为天下贵也。”②此后，无论是董仲舒、韩愈的“性三品”说，还是程朱理学的“双重人性论”，都一无例外地将封建统治阶级道德本性说成是人性的根本内容，并把人的自然属性论证成人的道德本性的附属物，给予不同程度的压抑。理学家认为，教育的功能发挥就在于变化人的自然属性——其质之性，使之服务和服从于封建主义道德本性——天地之性，以实现封建主义教化目的，声称“若功夫至，则气质岂不听命于义理。”③不难发现，中国传统人性论虽有诸多表现形式，但在坚持道德本性和实施人伦教育的基点上可谓殊途同归。这与偏重理智本性和自然属性的西方自由教育传统确有不同之处。

其三，在课程论上，西方课程结构属主智型，体现了西方教育传统的自由品性；中国教育传统属重德型，反映了中国教育传统的伦理精神。

西方主智型课程结构及其体现出来的自由品性，可溯源至古希腊的“七艺”——文法、修辞、辩证法、算术、几何、天文学和音乐。前三者又称“三艺”，后四者又称“四艺”。其中，“三艺”是当时智者派教学的主要内容，偏重于政治与哲学智慧，旨在引导自由民积极参与雅典民主制政治活动，以养成理智地处理城邦各种公共事务。“四艺”则是经柏拉图、亚里士多德的极力提倡而逐步发展起来，内藏有极其丰富的科学和艺术精神。在柏拉图看来，“七艺”本身构成了一个以辩证法为最高智慧的有机整体，体现了哲学、科学、艺术诸学科和谐发展的课程论体系，其主智型特点十分突出。中世纪时期，由于宗教信仰压倒了世俗理性，古希腊的主智型课程亦被打入另册。

① 《孟子·公孙丑上》。

② 《荀子·王制》。

③ 《朱子语类》卷四。

但文艺复兴和近代科学兴起之后，随着西方资本主义生产方式逐渐发展和壮大，西方人挣脱了教会的束缚，人的主体精神和自由精神重新得到整个社会的普遍关注。与之相应，西方教育的课程结构也出现了深刻变化，自然科学知识日新月异，并不断地被引入学校课程领域。传统的算术开始分化出代数学，传统的几何学分化出三角法、地理学、植物学、动物学，传统的“天文学”分化力学、物理学、化学等。有的教育家如捷克教育家夸美纽斯进而提出“泛智论”的课程构建，设想把一切知识教给一切人，有的国家则成立实科学校进行专门的科学技术教育。概言之，主智型课程结构源于古希腊“七艺”，中经文艺复兴和近代科学理性的洗礼而愈益突出，体现了西方教育对哲学、科学和艺术精神的自由追求。

与西方主智型不同，中国传统课程结构属重德型。这一点可以从“六艺”和“六经”的形成发展中看得十分清晰。所谓“六艺”，指礼、乐、射、御、书、数。它萌芽于原始社会末期，但形成则是在进入奴隶社会之后，至西周而成完备状态。“礼”是政治伦理课，“乐”是综合艺术课，“射”、“御”是军事训练课，“书”、“数”则是文化基础课。“六艺”构成了西周官学鼎盛时期的基本课程结构，其目的在于培养适合奴隶主统治需要的文武兼备之士。西周末期，随着奴隶主阶级的腐朽，“六艺”逐渐失去其往日的光辉，出现了“礼崩乐坏”的局面。孔子目睹了当时官学衰废的情景，提出了以仁为旨趣的“举贤才”主张，并对《诗》、《书》、《礼》、《乐》、《易》、《春秋》等文献典籍进行系统整理，编成教学用书。经孔子删定之后这六部书充分体现了儒家伦理本位意识，凝聚着孔子的人道精神和“天下归仁”的道德理想，故常被后人尊称为“六经”。除《乐经》后来亡佚外，其他“五经”遂成为中国封建社会学校教育的基本课程。随着封建社会的历史推移，不同时代的儒家学派对“五经”常有不同程度的诠释，从而推动了儒学教育思想的不断发展。此外，宋以后的儒家学派又进而在“五经”基础上新添了“四书”——《大学》、《中庸》、《论语》、《孟子》作为学校教育的基本课程。诚然，“四书五经”也内藏有一些自然科学知识，但其核心内容始终是人文道德教育，与西方课程的主智精神有着明显的区别。

其四，在教学方法论上，西方教育家热衷于“天人相分”的分析思维，提倡科学理性和实验精神；中国教育家则以“天人合一”的整体思维为主导，强调道德体悟并形成注经传统。

教学方法的选择固然与教育目的和课程设置有直接关系，但归根到底仍然逃脱不了本民族思维定势的实际影响。西方之所以是理性主义教学法占优势，显然与其崇尚“天人相分”的分析思维和注重自然科学的研究传统有关。在古希腊，几乎所有的哲学家和教育家都对自然科学有过不同程度的研究，并在某个领域有过卓越成就，这一学术研究传统直接导致了希腊人对逻辑公理系统的理性追求。虽然苏格拉底并没有摆脱神谕说，但他所创造的“苏格拉底法”，把教师视为“助产士”，充分调动了学生的主动性和积极性，通过教师的创造性引导，启发学生积极开动脑筋，去主动探索知识和发现真理。柏拉图继承了乃师“苏格拉底法”的科学探索精神，并付诸其阿卡德美学院的教学实践中。从流传下来的《理想国》文体中可以看出，柏拉图是非常强调师生间的启发问答，十分注重引导学生去主动地探索现实问题，并追求理念世界。也正因为这样，才有可能培养出像亚里士多德这样的杰出人才，给后人留下了充满理性精神的至理名言——“吾爱吾师，吾更爱真理”。中世纪期间，基督教教学法在本质上违背了古希腊精神，但有些神学大师并不绝对排斥理性，主张理解而后信仰。文艺复兴和工业革命以后，西方教育家不仅全面复兴古希腊的理性主义教学法，而且在近代科学崛起的前提下不断融入诸如实验归纳法(培根)、遵循自然法(夸美纽斯、卢梭)、实物观察法(裴斯泰洛齐)、统觉兴趣法(赫尔巴特)、自我活动法(福禄贝尔)、行动经验法(杜威)等新教学法。应该说，西方教学法是随着历史的发展而发展，而愈到后来，儿童的自主独立人格愈益受到尊重，教学法中的科学理性成分也愈加浓厚。

与西方不同，中国教育家习惯于“体用不二”和“天人合一”的整体思维，他们很少把自然界作为认知和分析对象，而注重人对自然的有机适应。除墨家对自然科学有较深研究外，其他诸家均漠然视之。其中，影响深远的儒家学派主要偏重于现实社会的人伦教育研究，其教学法重在道德体悟，强调直觉思维，注重读书注经，并自然形成教师权威，学生常处在被动压抑状态，个性得不到正常发展。与苏格拉底同功，孔子亦十分重视对学生进行启发式教学；所不同的是，苏格拉底重在对道德知识的理性探索；则旨在引向对人伦价值的直觉体悟。当子夏读到“巧笑倩兮，美目盼兮，素以为绚兮”，感到不能理解时，孔子启发说：“绘事后素”，即作画须先置有素洁的粉底。子夏听后便似有所悟道：“礼后乎？”即“礼”必须建立在“仁”的感情基础之上，深受乃师赞赏。同理，朱熹亦十分注重启发学生通过日用格物去顿悟人伦天理。他曾坦诚地指出，所谓“格物”，“非欲穷尽天下之物，但于一事上穷尽，其他可以类推。”①此“一事上穷尽”，即指对那永恒“天理”的体悟和把握明乎此理，其他一切即可类推。不难发现，这种教学法所体现的是直觉整体思维特征；这种思维本身并非毫无意义，但与西方建立在科学实证基础之上的理性思维迥然有别。

二、西方近代文化教育的引进与消化

中西教育传统的差异有着十分深刻的社会历史动因，各有其自身的存在价值。但随着近代科学和工业革命的崛起，西方教育率先进行现代化变革，从而把封闭的中华帝国远远地甩在后面。直至1840年鸦片战争爆发前后，一批先进中国人才认识到中国社会与文化教育的落后，开始主动要求向西方学习，引进其先进的文化教育资源。兹后，整个中国近代教育史实际上就是一部如何引进西方先进文化教育资源，并与中国教育实践相结合融通的历史。

西方文化教育资源的引进程度与我们对西学价值认识的不断深入密切相关。近代前期，由于经世派和洋务派只是在器物层面上承认西学的价值，这就注定他们只能在“用”的意义上引进西学，认可其在军事技术和科学知识可补“中学”之不足，遂有以“中体西用”为指导思想、以“西艺”和“西文”为主要内容的洋务教育运动。随着历史的推移，维新派已深入到制度层面去反省“中学”的过失，要求引

① 《大学或问》。

进西方的文化教育制度乃至政治经济制度，并进而深入至西方近代思想学术领域进行大胆探索。康有为不仅公开推崇自由、平等、博爱、乐利等西方近代人道主义思想，而且善于与中国传统文化教育思想进行所谓“不中不西，即中即西”式的调和比较。严复更进一步，指出西学本身是一个博大精深、体用兼备的有机整体，不允许有所谓“中体西用”的文化阉割，认为自由、民主、科学是西方文化的精神内核，需要大力开掘和引进。但同时，严复又强调指出：“今之教育，将尽去吾国之旧，以谋西人之新欤？曰：是又不然。”①在他看来，中国传统文化教育中必然深藏有民族特性之“善者”，甚至蕴含着具有普遍意义的世界共性，是不可以断然排斥的。他说：“世界天演，虽极离奇，而不孝、不慈、负君、卖友一切无义男子之所为，终为复载所不容，神人所共疾，此则百世不惑者也。”②有鉴于此，严复认为，对待西学和传统文化都应该持理性的汇合融通原则：“统新故而视其通，苞中外而计其全，而后得之。”③但遗憾的是，维新派引进西学的大胆探索却由于其政治改革的失败而蒙上阴影，学理探究深受影响。

进入20世纪以后，特别是五四新文化运动的兴起，如何引进和消化西学？又一次成为学术界教育界争论的焦点，许多旧观念并没有因为民国的建立而被真正驱除，许多新观念也没有因此而被真正引进。一批先进的中国知识分子已理性地认识到，没有观念心理变革的根本自觉，任何形式的制度变革都将变得不可思议。依新文化运动领袖陈独秀之见，西方近代文化的科学、民主精神是经过实践证明了的具有不容置疑的绝对价值，声称即使是“断头流血”，也要把德、赛两先生引入中国。在此基础上，他进而指出：西方教育是“自动的而非被动的，是启发的而非灌输的，是直观的而非幻想的”；是“全身

---

① 严复：《与〈外交报〉主人书》，见《严复集》，第3册，560页，中华书局，1986。

② 严复：《论教育与国家之关系》，见《严复集》，第3册，169页，中华书局，1986。

③ 同①。

的，而非单独脑部的”。①与此同时，李大钊、胡适、鲁迅等启蒙思想家也都从不同角度比较了中西文化教育的时代差异，并突出了以科学、民主和个性独立的西方新教育精神，从而为当时中国的文化教育改革指明了前进的方向。

诚然，五四新文化运动领袖们所推崇的“西方新教育精神”对于批判根深蒂固的中国封建专制主义教育，促进中国教育现代化进程具有十分重要的价值转型意义，直至今天的教育改革仍然不能绕开对科学民主精神和个性独立意识的大力弘扬而前行。但另一方面，我们应该看到西学本身的独特性和复杂性，在引进西学的同时要特别注意与中国国情民性的汇合融通，哪怕是对全然优秀的西方教育理论和实践经验也不能机械地照搬照套。这一点，近代许多教育家也为我们树立了光辉典范，值得学习和借鉴。

试以陶行知、陈鹤琴为例，他们都曾是西方新文化和新教育的热情传播者，终其一生都没有停止对教育民主化和科学化的不懈追求；但这种追求绝非简单地移植，而是结合中国国情民性和自身教育实践进行再创造。陶行知曾明确表示，对于西洋的真知识应予竭诚欢迎，指出“西洋文化能补充东方文化的地方有两点：一是运用科学改造天然环境，二是运用社会组织以谋充分之协作”。②但另一方面，他又公开声称“反洋化教育”，指出即使像杜威这样的世界级教育家，也不能对其所有的教育理论进行无原则地兼收并蓄；强调要结合国情，并通过自己长期不懈的教育实践和理论再创造，将杜威的“教育即生活”、“学校即社会”、“做中学”改造成“生活即教育”、“社会即学校”、“教学做合一”，以满足“在半殖民地半封建的国家建立争取自由平等之教育理论与方法”的时代需要。在他看来，对待外国先进的教育经验就如同对待本国经验一样，关键是看它适用与否。他说：“至于外国的经验，如有适用的，采取他；如有不适用的，就回避他。本国以前的经验，如有适用，就保存他；如不适用，就除掉他。去与取，只

① 陈独秀：《近代西洋教育》，见《陈独秀著作选》，第1卷，324~325页，上海人民出版社，1993。

② 陶行知：《无锡小学之新生命》，见《陶行知全集》，第1卷，636页，湖南教育出版社，1984。

问适不适，不问新与旧。”①应该指出，这种只问“适不适”，不问古今中西的博大胸襟，是值得肯定的。与陶行知相似，陈鹤琴在讴歌西方新文化和新教育的同时，极力反对无视国情的崇洋媚外。1927年，他在评论当时基础教育时明确指出：“现在中国所有的幼稚园，差不多都是美国式的。……要晓得我们的小孩子不是美国的小孩子，我们的历史、我们的环境均与美国不同，我们的国情与美国的国情又不是一律；所以他们视为好的东西，在我们用起来未必都是优良的。……总之，幼稚园的设施，总应当处处以适应本国国情为主体，至于那些具世界性的教材和教法，也可以采用，总以不违反国情为惟一的条件。”②正是凭借这一开放而又理性的心态，陈鹤琴创造了既富有世界性又极具民族性的“活教育”理论，这一理论对当代基础教育改革仍具有十分重要的参考价值。

事实上，除陶行知、陈鹤琴外，还有许多近代教育家都对如何引进和消化西学的问题提出自己的见解，在此不详述。这些见解虽然各不相同，但强调“中外融通”、“洋为中用”，注重西学引进之后的中国化再创造，乃是大势所趋。正如毛泽东所说：“我们接触外国的长处，会使我们自己的东西有一个跃进。中国的和外国的要有机地结合，而不是套用外国的东西。学外国织帽子的方法，要织中国的帽子。外国有用的东西，都要学到，用来改进和发扬中国的东西，创造中国独特的新东西。”③毫无疑问，毛泽东这一“融汇中外”、“洋为中用”的基本观点，仍然是我们对待外国文化教育遗产的重要指导思想。

---

① 陶行知：《我们对于新学制草案应持之态度》，见《陶行知全集》，第1卷，191页，湖南教育出版社，1985。

② 陈鹤琴：《我们的主张》，见《陈鹤琴全集》，第2卷，110~111页，江苏教育出版社，1989。

③ 毛泽东：《同音乐工作者的谈话》，241页，见《毛泽东同志论教育工作》，人民教育出版社，1992。

三、现当代西方基础教育改革的特点与启迪

诚然，西方社会有其独特的教育传统，但这种传统也是随着社会的发展而发展。如果说，西方近代教育精神可以概括为科学、民主与个性独立，那么西方现当代教育，特别是现代基础教育改革，又呈现出什么特点？则是需要我们结合时代特征进行深入考察。在这里，我们无意对现当代西方各国基础教育改革作详细介绍，只拟概述其若干基本特点。

其一，强化科学教育，注重基础知识训练，着眼教育质量提高。如前所述，“科学”乃是西方教育特别是西方近代教育的基本精神，这一基本精神不仅极大地推动了西方近代教育的历史进程，而且仍然是其现当代教育改革发展的原动力。无论是英国，还是美国，它们都不约而同地把“强化科学教育”和培养科学素养作为立国之本。作为老牌的资本主义国家，英国政府历来重视科学教育，1988 年颁布的《教育改革法》更以立法的形式确立“科学”课程在基础教育领域的核心地位，将其与“英语”、“数学”并列为全国三门核心课程之一，要求在 5～16 岁的青少年中广泛实施。更为重要的是，这一新科学教育已不仅限于传统科学教育中的物理、化学和生物，已扩充至地球科学、天文学、信息技术学、微电子学以及环境科学、卫生学和经济学的某些领域，是名副其实的系统化科学教育，其中实际的科学调查和信息处理能力备受关注。而美国从来就是科学教育的受惠国，并常常将“科学教育”与国家存亡联系在一起，予以高度重视。1958 年，由于受苏联首先发射人造地球卫星的强烈刺激，美国政府遂将“科学教育”提升到国家军事战略的高度来认识，并直接体现在随后颁行的《国防教育法》。80 年代以来，美国政府及有关民间教育团体有感于基础教育质量的普遍下降，再一次向全社会发出“国家处在危机之中”的警告，并进而提出一系列教育改革措施。其中，引起全球普遍关注的《2061 计划》，即是美国中小学科技教育的长远计划，它明确要求把科学、数学和技术作为“教育今日儿童面对明日世界的基

础”，注重科学基础知识与基本素养训练，强调科学与技术创新，并把科学思维方式和教育价值观的养成列为重要的教学目的。90年代以来，美国布什总统和克林顿总统先后签发了《美国2000年：教育战略》、《2000年目标：美国教育法》，强调国家对基础教育质量的宏观调控，要求美国学生在科学和数学方面应保持“世界首位”的成绩，并主张将科学教育与人文教育、终身教育结合起来，使科学教育融入美国教育的整体改革之中，以达到全面提高教育质量的战略目的。

其二，树立未来观念，养成世界意识，提倡培养具有独立个性、创新能力与合作精神的新理想人格。诚然，注重独立个性乃西方教育的固有传统，但随着高科技与信息化时代的到来，西方现当代教育除继续强调独立个性外，必然对人的基本素质提出进一步要求。这种要求正如有的未来学家所指出的那样，必须包括信息处理能力、知识创新精神、相互合作态度、开放世界意识以及对“个人及社会问题作出负责而慎重反应”的新道德价值观。①以美国当代基础教育为例，它仍然把青少年的“独立个性”放在十分重要的培养目标上，相信“每一个学生都有其独立的才能和兴趣，也有各自独特的需要。……办学的目的就是给予学生所需要的各方面的支持，使他们成为身体健壮、有社会竞争力、性格完善的人。”②与此同时，当代美国基础教育十分重视培养学生的实际“应变能力”和道德理性精神，把学生培养成为“有创造性、有主见的人”，“有道德、有责心的人”。③有些当代美国中学甚至直截了当地把“尊重学生个性”、“强化批判性思维”、“培养学生思考问题的能力”等要求，列为办学的根本宗旨。④与美国相应，日本政府有鉴于日益严重的“教育荒废”现象，早在80年代就强调教育改革应着眼于未来21世纪的时代需求，主张“打破目前我

① 比恩等著，唐莹译：《面向未来的课程计划》，见瞿葆奎主编：《国际教育展望》，467页，人民教育出版社，1993。

② 厄内斯特·波伊尔著，王晓平等译：《基础学校——一个学习化的社区大家庭》，24页，人民教育出版社，1998。

③ 同②，24～25页。

④ 陈玉琨等主编：《90年代美国的基础教育》，67～68页，广西师范大学出版社，1998。

国教育事业中存在的划一性、僵死性、封闭性和非国际性等弊病，树立尊重个人、尊重个性、自由、自律、自我责任意识——也就是确立重视个性原则。”①日本政府特别强调，学校应极力“培养学生的创造性、逻辑思维能力、抽象思维能力和丰富的想象能力和表现能力”；②同时要求学生深刻了解异国文化，适应日益国际化的世界潮流，争取“做一个真正的国际人”。③很显然，养成独立个性、创新能力以及主动融入国际社会的世界意识和合作精神已成为现当代发达资本主义国家教育改革的又一显著特征。

其三，重建道德理念，关注品格教育，提升精神追求。当我们注目于新一轮西方科技教育改革时，很容易忽视其人文道德教育的不懈追求。其实，现当代西方国家同样把加强品质教育和重建道德理念当做一项十分重要的改革内容。以美国基础教育改革发展趋势为例，它在不断强化科技教育的同时，并未削弱其人文教育比重。这一点，从50年代的“新三艺”——数学、科学和外语，到90年代布什政府提出的全国五门基础课——数学、科学、英语、历史、地理，再到稍后克林顿政府进一步增加的两门基础课——外语、艺术，都充分显示了其基础教育改革的人文精神追求。与课程改革的人文精神相呼应，美国政府从80年代末开始针对日益严重的校园枪击、吸毒、偷窃等现象，开展了轰轰烈烈的青少年“品质教育”活动。现已有20多个州通过立法要求在基础教育阶段推行青少年“品质教育”课程，建立了一大批具有广泛影响的“品质教育”研究机构和实验基地。这一“品质教育”的一个突出特点，就是在重视“个性发展”的同时，突出“集体主义”和“合作精神”，强调要“从东方文化中吸取智慧和营养”。④当代美国著名教育家厄内斯特·波伊尔更明确地把“塑造品格”作为基础学校的应尽义务，并建议重点培养学生的七种美德——即诚实、尊重、负责、同情、自律、坚忍、奉献。在他看来，养成这七种美德

① 国家教育委员会教育发展与政策研究中心编：《发达国家教育改革的动向和趋势》，163页，人民教育出版社，1986。

② 同①，165页。

③ 同①，167页。

④ 诸美教：《美国开展中小学生品德教育的启示》，《中国教育报》，2000－03－20。

至关重要，它必将触动学生的内心深处，使之满怀信心和理想地去生活，并“成为更有知识和更有责任心的人”。①同理，当代日本基础教育改革也十分注重品质教育，要求在基础教育阶段“培养关心他人的精神、爱惜生命的精神、爱护大自然的精神、责任感和互助自立的精神”。②除美国、日本外，其他发达资本主义国家也同样没有放弃“品质教育”的积极求索，此不详述。

毋庸置疑，现当代西方基础教育改革本身是丰富多彩的，其呈现出来的特点亦十分鲜明。这些特点对我国当代基础教育改革不乏启迪之功。

一是，忧患意识。改革来自忧患，现当代西方尽管在物质文明上已取得了举世瞩目的成就，同时他们在教育的整体水平，甚至在基础教育的普及数量及年限上均遥遥领先于其他发展中国家；但是，他们都善于解剖自己，勇于发现本国教育所存在的种种问题和弊端，进而将其提升到国家危亡的高度来审视。这种颇具民族使命感的忧患意识，不仅体现于 80 年代美国的一份著名报告《国家处在危险之中：教育改革势在必行》，而且在日本、英国等其他发达资本主义国家的教育改革报告中也都有突出反映。正是凭借这种强烈的民族忧患意识，才能最大限度地调动一切积极因素，使之参与到关系国家民族未来的教育改革中来。这一点，对于我们加强素质教育改革的宣传力度，将其与国家民族的生死存亡联系起来，破除陈旧教育思想，促使教育观念根本变革，均具有十分重要的启发意义。

二是，创新精神。现当代西方教育改革不可能完全背离自己的独特精神传统——科学、民主和个性自由独立，而是在此基础上依据时代需要而不断有所创新。无论是美国、英国，还是日本，他们都不约而同地把知识经济时代下对人的应变能力、创新精神和批判性思维，列为基础教育改革的首选目标，从而体现了现当代西方教育改革家对时代需要的准确把握和不容置疑的创新精神。可以断言，没有这种具

① 厄内斯特·波伊尔著，王晓平等译：《基础学校——一个学习化的社区大家庭》，152 页，人民教育出版社，1998。

② 国家教育委员会教育发展与政策研究中心编：《发达国家教育改革的动向和趋势》，165 页，人民教育出版社，1986。

有前瞻意义的创新精神，以及由这种精神所引领的个性化教育实践，中国基础教育改革必将陷入困境。

三是，立体思维。不可否认，现当代西方基础教育改革在不同时期都有其不同的针对性。但纵观全局，我们也很容易发现其改革不乏整体统筹的战略意识。以 90 年代的美国基础教育改革为例，它并没有因为强化科学教育而削弱人文教育；同理，它也没有因为加强智育而忽视德育。其基本战略是双管齐下，立体思维，甚至主张从东方文化教育传统资源中汲取改革的灵感和智慧。凡此种种，同样给我们基础教育改革以很深的启迪，提醒我们的改革者不能头痛医头，脚痛医脚；而要高瞻远瞩，树立整体、系统和全局观念，形成立体式综合教育改革方略。

综上所述，西方教育有其与中国迥然不同的精神传统，其近代乃至现当代教育即是建基在这一精神传统上而不断有所创新和发展，积累了许多宝贵经验，值得借鉴。需要指出的是，这种借鉴绝非机械照搬，而应该结合中国国情民性进行有机融通和实践再创造，以服从和服务于中国教育改革发展的内在需要，这是中国近代乃至现当代教育改革家反复证明的一个朴素真理。

第三节　中国基础教育改革的文化使命与“新世纪中国现代人”的时代呼唤

面对源远流长而至今仍然鲜活的中西文化教育资源，中国基础教育应如何进行新文化建构并履行其神圣的历史使命？如何培养具有 21 世纪精神气质的“中国现代人”而使中国早日实现社会主义现代化梦想？如何深刻认识“素质教育”理念以保证中国基础教育改革的不断推进？已急迫地摆在每一个关注中国基础教育改革走向的人们面前，需要我们从理论上作出回答。

一、面向未来的新文化观和中国基础教育改革的文化使命

一定社会的教育总是肩负有一定的文化使命。比如：中国古代教育因为是以儒家文化为核心，因此就肩负有儒家文化使命——这就是以圣人为师法对象的道统系谱，教育家便常把“传道”视为自己的神圣使命。到了近代，光传这样的“道”显然不能应对“世变之亟”，需要传递中外文化汇合之后的“新道”，文化使命的内涵也由之扩充。要合理阐发现当代中国基础教育的文化使命，首先得破除面向过去的静态文化观，建立面向未来的动态文化观。为此，我们有必要重新诠释一下什么叫文化以及教育的文化功能？

有关“文化”的研究可谓汗牛充栋，但“文化”概念本身却愈说愈迷离，学术界至今仍没有一致的说法①。其实，文化只是人们自主把握时空世界(包括历史和现实)的一种方式。依皮尔森之见，文化乃是“人的生活方式的表现”②，是人对周围世界的积极介入与干预。这是因为“人不是生活在一个纯粹的自然世界中，而是生活在一个历史的世界中；因而如果他不愿意被纯粹的传统或自然所强加的规则的固有性所羁绊的话，他就必须不断地争取更新。而且，人比其他动物具有更显著的个性，这就保证了他在任何特定的时期都能对他周围环境的情况作出完全不同的反应。”③从这个意义上，文化不是历史的再现，而是生命的跃动，是人对时空世界的自主驾驭和对未来生活的积极追求。

众所周知，教育具有传递、活化乃至更新文化的功能，文化也正是通过教育而得到保存和发展的。但是，如果把文化看做是人对时空世界自主驾驭的一种方式，那么，正如叶澜先生所说的那样，“文化在教育中的功能更被关注的将是形成学生对周围世界和自己的一种积

① 参见鲁洁主编：《教育社会学》，124页，人民教育出版社，1990。

② C. A. 冯·皮尔森著，刘利圭等译：《文化战略》，2页、中国社会科学出版社，1992。

③ 同②，16页。

极而理智的，富有情感和探索、创造、超越意识的态度与作用方式，是开发学生生命潜能的一种力量”。①依据这一全新的文化功能说，我们当然无须把复杂的传统与变化的现实拒之校门之外；相反，应该把学校文化的根留在“传统与现实的文化土壤之中”，并把目标指向未来，指向对未来新人的全面关爱。如果把文化仅仅看做是历史的再现、知识的层积，那么这样的文化显然得不到有效的发展，更谈不上推陈出新。

就传统而言，我们遇到的主要问题就是如何正确对待自己的民族传统文化，即文化的民族性问题。这一点，我们曾花了较大篇幅作过相对集中的讨论，从史论结合的角度分析了中国传统文化教育的内在缺陷及其潜藏的精神资源。问题是如何把这样富有民族性的精神资源有效地转化到基础教育领域，则需要做长期不懈的科学探索。一方面，我们仍需要从理论上不断宣传文化的民族性问题在当代中国基础教育改革中的重要地位，指出这一问题直接关系到中国人乃至整个国家的尊严，关系到整个中华民族的凝聚力、向心力和战斗力。这一点，十年动乱的“文化大革命”已为我们留下了足够惨痛的教训——一个民族文化的断层必然使这个民族处于精神崩溃的边缘。另一方面，我们应该把文化的民族性问题纳入当代基础教育改革整体战略之中。依据中国传统文化与传统美德在本土逐渐削弱的现状，有学者极力要求在基础教育阶段适当增加古诗文等传统文化内容，开展实际的“读经试验”。这一做法所包含的良苦用心，已得到部分专家学者的认可和赞赏。②但更为重要的是，必须将文化的民族性问题提升到指导思想高度来认识，将其有机地渗透到基础教育改革的目标建构、课程标准、教材建设以及各种各样生动活泼的教学与德育活动之中，让优秀传统文化资源在整个基础教育体系中占据一个相对合理的地位。与此同时，我们也需要对传统文化保持必要的警惕心理，不能无原则地扩大数量，那些已经死亡的封建糟粕和已经过时的陈旧观念仍然需

① 叶澜：《世纪之交中国学校教育的文化使命》，见《“新基础教育”探索性研究报告集》，194~195页，上海三联书店，1999。

② 杨都海：《51个孩子的读经试验》，《南方周末》，1999-02-26。

要进一步的批判与肃清。

就现实而言，我们遇到的主要问题是如何对待西方外来文化，即文化的世界性问题。鉴于这一问题本身的重要性，我们在前文同样作了较为细致的考察和反思。在当今开放的信息化社会里，文化的世界性问题之价值可谓不言而喻，正如皮尔森所说："现代人开始领悟到人性正在走向一种包罗万象的世界文化；这种文化不是自动出现的，而是必须不断地由人自己来指导和驾驭。"①在这"包罗万象的世界文化"面前，我们固然不能选择回避或视而不见，而应该真诚地善待之，并进而理性地驾驭之。具体而言，首先，我们必须学会尊重，承认世界文化的多样性。那种深藏"夷夏之辨"的华夏中心主义观点，早已被中国近代教育发展的客观规律所否定。承认世界文化的多样性也就是承认民族文化的独特性与创造性，这是一个民族、一个国家不断走向进步的基本素质与前提。诚如邓小平所说："任何一个民族、一个国家，都需要学习别的国家的长处，学习人家的先进科学技术。我们不仅因为今天科学技术落后，需要努力向外国学习，即使我们的科学技术赶上了世界先进水平，也要学习人家的长处。"②其次，我们应该遵循"中西融通"的原则，与之进行广泛而深入的学术对话与文化交流，最大限度地吸收其合理内核，进而创造性地渗透到当代中国基础教育改革的实际运行领域，做到"洋为中用"。需要指出的是，无论遇到在当时看来多么先进的文化教育理论，我们都必须立足中国，通过相应的教育实践而与中国国情民性进行有机结合，切勿机械照搬，这是中国近代以来教育改革的又一经验总结。与此同时，我们要特别警惕西方发达资本主义国家的文化殖民主义倾向，反对它们从本国政治利益出发而把自己的文化价值观强加给包括中国在内的许多发展中国家。1993 年夏，美国政治学专家塞缪尔·亨廷顿在《外交季刊》上发表的《文明的冲突？》，即是有意识地将西方与非西方的文化价值观置于对抗状态，提醒人们关注伊斯兰文明与儒教育文明的文化大联盟，并把中国的崛起当做未来世界文明战争的潜在根源。

① C. A. 冯·皮尔森著，刘利圭等译：《文化战略》，23 页，中国社会科学出版社，1992。

② 《邓小平文选》，第 2 卷，91 页，人民出版社，1994。

这是通过遏制中国文化发展和社会进步，变相地强化西方文化的价值优势，从而达到独霸世界的政治目的。西方霸权国家这种文化殖民主义倾向必然从根本上排挤乃至摧毁文化的民族性原则，破坏文化的多样性和丰富性，并进而窒息整个世界文化生态的和谐发展。

与文化的民族性与世界性问题相交叉，转型期的当代中国社会还存在着主流文化与非主流亚文化、高雅文化与通俗文化等不同层面上的文化问题。对待这些问题，我们同样需要站在对立统一的哲学高度给予辩证的认识。

一方面，我们不可能也不应该把学校与社会环境隔离开来，进行清一色的主流文化或高雅文化的教育，因为这样的教育必然是脱离生活实际的乌托邦教育，与信息化时代精神格格不入。当代某些所谓全封闭的私立贵族学校即是此类教育的典型写照，急需从办学方向和文化深层上进行深刻反省。依据现代化问题专家阿列克斯·英克尔斯之见，“趋向现代化的个人改变是个人与其社会环境之间互动的一个过程。……个人必须首先选择性地接受环境教给他的一些课程，然后必须心甘情愿地学习它们，这样才能产生个人的改变。”①也就是说，个人只有在与社会环境的理性互动中，才能逐渐形成其现代性素质，那种所谓与社会环境脱离的全封闭学校显然背离了这一基本精神，是十分错误的。

另一方面，非主流亚文化、通俗文化本身也存在一定的教育功能。学校不仅要通过正式的课程教学对受教育者产生影响，它还必须“通过学习课程的正式教育以外的很多活动过程使人现代化的。”②从这个意义上说，保持主流文化与非主流亚文化、高雅文化与通俗文化的适当张力，恰恰可以折射和补充主流文化、高雅文化的单一性，从而共同构成学校生动活泼、丰富多彩的文化生态环境。很显然，这样的文化生态环境既与社会的大文化环境保持相对同步，又充分体现教育者对非主流亚文化、通俗文化的有条件接纳，对促进学生个性才能

---

① 阿列克斯·英克尔斯等著，顾昕译：《从传统人到现代人》，448页，中国人民大学出版社，1992。

② 同①，205页。

的多方面发展和培养学生处变不惊的抗腐蚀能力以及综合判断能力均具有十分重要的作用。对此，叶澜先生曾作过精辟分析，她说："非主流文化只要是健康的，甚至是高品位的，就会为学生提供扮演多种不同角色，承担不同的义务，与不同类型、层次的人交流，从事各种尤其是自己感兴趣的非正式规定的文化活动的机会。这对他们的智慧、才干、情趣、社会活动和适应能力都是一种锻炼，也可以从多方面发现自己的潜能，选择发展的方向和增强发展的信心。"①

事实上，主流文化与非主流亚文化、高雅文化与通俗文化保持适当的张力，还为学生提供了比较选择和独立思考的空间，从而在客观上较好地解决了提倡多样化与弘扬主旋律的辩证统一，有效地保证了学生对主流文化的认可和信心。

概言之，多元复杂的文化构成与文化使命是当代中国基础教育改革所面临的深层问题，解决这一问题的关键在于建立面向未来的新文化观和新教育观，而这一切归根到底离不开广大教育工作者的创造性理论与实践探索。

二、时代呼唤："新世纪中国现代人"的素质建构及其培养

对未来新人的时代呼唤从来就是转型期社会的共同特征。从古希腊教育家所追求的"自由人"，到 19 世纪马克思所预言的"全面发展的人"，再到 20 世纪 60 年代美国的现代化问题专家阿列克斯·英克尔斯所探索的"现代人"；从先秦儒学教育家所憧憬的"伦理人"，到 20 世纪 40 年代陈鹤琴所提倡的"现代中国人"，再到 20 世纪 80 年代中国的现代化设计师邓小平提出的以"三个面向"为旨趣的"四有新人"，概莫能外。可以断言，几乎所有有重要影响的教育家和思想家都对未来新人满怀信心，并敢于提出具有时代精神特征的天才构想。在素质教育改革隆隆推进的今天，如何进行未来新人的素质建构

① 叶澜主编：《"新基础教育"探索性研究报告集》，207 页，上海三联书店，1999。

无疑具有特别重要的意义。

做为“新世纪中国现代人”，我们认为，他们不仅须具备“人”特别是“现代人”的基本素质，而且要体现新世纪中国人的民族精神及其文化使命。毫无疑问，这样的“中国现代人”也就是中外合璧、个性全面发展的世纪新人。从逻辑上讲，它实际上应该包涵“做人”——“做现代人”——“做新世纪中国现代人”三个层面的基本素质。在这方面，陈鹤琴先生提出“做人，作中国人，做现代中国人”的人格逻辑建构至今仍具有十分重要的启迪意义。但是，我们在具体建构“新人”素质时，显然不能机械套用前辈学者的具体主张，而应该以马克思主义者所阐发的“全面发展的人”和“四有新人”为指导思想，依据新世纪扑面而来的知识经济时代需要，综合吸收包括现代化理论在内的前人研究成果进行学理再创造。

其一，关于“做人”。这个看似简单的问题，其实并不容易回答。在儒学教育家看来，人之为人的根本就在于：人是有德性的。所谓“无恻隐之心，非人也；无羞恶之心，非人也；无辞让之心，非人也；无是非之心，非人也”。①就是强调人做为道德存在的价值意义。而西方学者则认为，人之为人的根本在于：人是有智慧的。注重人的理智本性，所谓“我思故我在”，即其典型说法。很显然，由于文化价值观的不同，中西方在如何“做人”的标准上很难完全一致；但在做人的“基线伦理”方面，如:诚实、友善、自尊、同情、负责等，二者不至于有太大的分歧，而这些恰恰是“做人”的根本，是需要在基础教育阶段打好基础的。事实上，作为人的存在，他(她)不仅仅是一个“自然人”，更主要是一个“社会人”。无论其自己愿意与否，都必须参与并融入社会，遵守社会对人的基本要求，这种要求不仅限于道德或智慧上的，而是德、智、体、美诸方面的综合要求，人格的社会化程度越高，越能够推动人类社会发展的文明与进步。按陈鹤琴之见，“做人”的素质培养应该从小抓起，强调“未达学龄的时期，从心理上看来，是养成习惯的基本时期，也是树立人格的基础时

① 《孟子·公孙丑上》。

期。”①他依据幼儿身心发展特点而制定的《幼稚生应有的习惯和技能表》，特别是他在《工部局小学校歌》写道：“我的学校，教我们做人怎么做？团结活泼，做事勇敢，清洁健康，生活快乐，遵守纪律，和气且恭敬，爱国爱人还要爱学问。”②充分体现了陈鹤琴在如何“做人”问题上的真知灼见。与陈鹤琴时代相比，今天的社会经济和文化生活固然已发生了翻天覆地的变化；但陈鹤琴提出“教学生做人怎么做”的主张，对于以德育为核心的当代素质教育改革仍具有十分重要的参考价值。实际上，原国家教育委员会的有关领导已将“教育学生学会做人”列为“素质教育的首要任务”，并责成具体措施，要求全国幼儿园和中小学予以全面贯彻。③

其二，关于“做现代人”。如果说“做人”是侧重于人的“基础伦理”，强调作为社会人的基本素质；那么，“做现代人”则是突出人的现代性因素，强调其不同于“传统人”的时代使命感。依据阿列克斯·英克尔斯等人的长期研究，他们认为“现代人”至少应该具备如下12项基本素质：(1)乐于接受新经验；(2)准备接受社会变革；(3)善于提供并能接受不同意见；(4)注重获取意见的事实与信息；(5)树立面向现在与未来的价值取向；(6)具有强烈的个人效能意识；(7)无论在公共事物还是在私人生活中都倾向于制定长期计划；(8)强调世界的可依赖性和人的可信赖感；(9)重视专门技术并承认以此作为分配报酬的正当基础；(10)相信科技价值并乐于从事与新的行为方式密切相连的现代职业；(11)维护并尊重个人尊严；(12)愿意了解生产及其过程。④应该肯定，这12项基本素质要求对于转型期的当代中国社会变革仍具有特别重要的价值意义。其中，“乐于接受新经验”、“准备接受社会变革”等，无疑是当代改革者所必备的心理素质；而“善

① 陈鹤琴：《未达学龄的儿童之研究》，见《陈鹤琴全集》第1卷，518页，江苏教育出版社，1987。

② 陈鹤琴：《工部局小学校歌》，见《陈鹤琴全集》，第5卷，556页，江苏教育出版社，1991。

③ 柳斌：《柳斌谈素质教育》，24页，北京师范大学出版社，1998。

④ 阿列克斯·英克尔斯等著，顾昕译：《从传统人到现代人》，20～30页，中国人民大学出版社，1992。

于提出并能接受不同意见”、“维护并尊重个人尊严”、“相信科技价值并乐于从事与新的行为方式密切相联的现代职业”等，显然是近代以来教育民主化与科学化思潮的题中应有之义；至于“树立面向现在与未来的价值取向”、“具有强烈的个人效能意识”、“注重获取意见的事实与信息”等，则为当代新文化价值建构和素质教育改革创新提供了某种精神动力。诚然，“现代人”的素质形成因素是多方面的，除教育外，还包括工业化生活、大众传媒等。但相比较而言，“在决定一个人的现代性水平方面，教育是一个首要的因素”，“是一个非常强有力的直接的和独立的因素。”①以“乐于接受新经验”为例，我们首先应该从基础教育抓起，从小树立学生的大胆创新和开放思维意识，把学生带到当代教育改革的前沿阵地，让学生充分感受新时代气息，并在实践中学会捕捉、比较、体悟、反思，从而理性地接受那些有价值的新经验。同理，其他诸项“现代人”素质也都需要在素质教育改革实践中逐渐养成。

其三，关于“做新世纪中国现代人”。如果说，“做现代人”体现的是时代性；那么“做新世纪中国现代人”则是时代性与民族性的辩证统一。早在20世纪40年代，陈鹤琴曾明确提出“做现代中国人”，强调在20世纪民主、科学的时代，“每一个人都负荷了一个历史任务，那便是对外反对帝国主义的干涉，争取民族独立；对内肃清封建残余，建树科学民主，这是中国人当前的生活内容与意向，而活教育就在要求做这样的中国人，现代中国人。”②为了完成这一神圣的历史任务，陈鹤琴提出“做现代中国人” 必须具备五个条件——健全的身体、建设的本领、创造的能力、合作的精神、服务的意识。与20世纪40年代情形不同，当代中国人迎来了大洋彼岸扑面而来的知识经济挑战，决心全力推动有中国特色的社会主义现代化建设，这就为“新世纪中国现代人”的素质建构增添了许多难度。但不管怎么说，“新世纪中国现代人”除了有机借鉴陈鹤琴所说的“五个条件”

① 阿列克斯·英克尔斯等著，顾昕译：《从传统人到现代人》，199~201页，中国人民大学出版社，1992。

② 陈鹤琴：《话教育的目的论》，见《陈鹤琴全集》，第5卷，63页，江苏教育出版社，1991。

和阿列克斯·英克尔斯所说的“12 项要求”外，至少还应该具备如下若干素质：一是，民族自信心与自豪感。中国近代曾有过落后与屈辱的历史，但这并不能因此而否定整个中华民族的求索创新精神，那种“全盘西化”的观点显然不利于民族自信心与自豪感的培养，而失去文化传统的民族是终究要灭亡的。所谓建构“中国现代人”，并不意味着要全盘否定“传统人”，而是通过“古今汇合”去培养具有民族文化底蕴且充满民族自信心和自豪感的一代世纪新人。二是，应变能力与创新精神。与传统社会不同，信息化是一个瞬息万变的社会，高新技术发明时间迅速缩短，人的职业流动性明显加快，传统的“一次教育，终生受用”的观念早已成为昨日黄花，那种狭隘的职业教育观已显然不能适应急速变动的社会的客观需要。相反，知识更新意识、随机应变能力和不断创新精神将愈来愈成为“新世纪中国现代人”不可缺少的另一重要素质。三是，自主创业意识与敏锐世界眼光。与传统奴性人格不同，“中国现代人”应特别突出人格的独立性。这种独立性不仅表现在融入社会的自主创新，更重要的是要具备敏锐的世界眼光。从这个意义上说，“新世纪中国现代人”必须牢固树立“中国是世界的一环”的观念，以开阔的“世界眼光”去关注并推动中国基础教育的全面改革。关于这一点，陈鹤琴曾从“爱人类，爱真理”的高度提出要做“世界人”，日本在 20 世纪 80 年代教育改革时也提出要“做世界的日本人”。凡此种种，都对我们创造性构建“新世纪中国现代人”以很深的启发。

三、“素质教育”理念与中国基础教育改革的基本方向

理论来源于实践，同时还要不断地接受实践的检验。当代中国基础教育改革经过广大教育工作者的长期共同努力和艰难探索，已逐渐形成了以“素质教育”为理念的基本共识。尽管学术界对“素质教育”的概念本身仍有不同认识，但即使反对它是“理论概念”的学者，也不得不承认“它是近年来国家针对非常严重的应试教育提出来的一种工作性口号”，“是想追求一种更好的教育，更为理想的、更富

有人情味更有利于人的全面发展的。"①事实上，"素质教育"之所以能成为新时期广大教育工作者的基本理念，成为人们普遍认可的"工作性口号"，其本身也是来源于实践，是实践对理想教育的真诚呼唤与期待。

正如许多学者所指出的那样，"素质教育"是针对现实当中存在的严重"应试教育"而提出的一种主张，而应试教育之所以长期盛行则与根深蒂固的"考试文化"——科举考试制度之遗毒有关。不可否认，科举制度产生之初是有其历史进步性，它不同于此前注重门第出身的"九品中正"制，而是通过相对客观的统一考试，扩大了下层子弟的受教育机会，这对清明吏治，促进教育发展和社会阶层流动，活化封建统治机体均具有重要作用。但就科举考试的具体内容和方式而言，它确实容易导致中国教育与人才素质的畸形发展。一方面，科举考什么，学生就学什么，教育完全成为科举考试的附庸，考试成了惟一的"指挥棒"。另一方面，科举考试注重的是死记硬背和"代圣人立言"，特别是明清以后盛行僵化死板的"八股考试"，更严重地窒息了中国人才的个性发展和创造力发挥，造成学生人格分裂和精神奴化，直接影响到整个中华民族素质和综合国力的提高。针对科举考试的诸多弊端，近代以来许多有识之士从未停止过激烈批评和大胆改革，并于1905年被最终废除。

诚然，这一实施了一千多年的科举制度早已废除，但由该制度而造成的应试教育传统，并由此而带来的学生课业负担过重、独立意识薄弱、创新精神贫乏等遗毒，则是积重难返，始终未能从根本上予以克服。解放以前，虽然出现了一些像陶行知、陈鹤琴这样的大教育家，为反对应试教育传统而进行长期不懈的个性化教育实践探索，提出了独具特色的"生活教育"与"活教育"理论，但由于当时社会大环境的局限，他们的崇高教育理想并不能完全化为现实，产生广泛影响。人民共和国成立以后，中国教育进入了一个全新的历史发展阶段，为人的创新精神和全面发展创造了无限广阔的前景。但由于各种社会历史原因，"应试教育"又借助建国初期的"全国统一考试制

① 阿正编著：《世纪对话》，93～94页，中国社会科学出版社，2000。

度”而死灰复燃，片面追求升学率的现象逐渐显现，并愈演愈烈。对此，党和国家领导人毛泽东、刘少奇等人从50年代开始就不断提出严厉批评和中肯建议。1953年，毛泽东针对当时学生上课时间过多的情况，明确提出要“适当减少”①；1964年，他就中学生负担问题作出批示：“现在课程太多，对学生压力太大，讲授又不甚得法。考试方法以学生为敌人，举行突然袭击。这三项都是不利于培养青年们在德智体诸方面生动活泼地主动地得到发展的。”②刘少奇则针对应试教育而带来的升学压力，强调教育必须与生产劳动相结合，提出“两种教育制度、两种劳动制度”的设想，即除了实行全日制学校制度和八小时劳动制度外，还应该在学校、工厂、机关、农村各领域比较广泛地实行半工半读制度。与此同时，各级教育行政部门也都在各个不同历史时期对“减轻中小学过重负担”作出不同程度的指示，要求摆脱片面追求升学率的束缚，全面贯彻党的教育方针。但遗憾的是，应试教育以及由此而带来的片面追求升学率问题始终难以取得突破性进展，这除了根深蒂固的科举考试遗毒外，还与建国以来不断“左”倾的现实政治、教育体制等因素有关。“文革”期间，“应试教育”问题则被当做“政治问题”进行简单化处理，要求全面削弱基础文化课，否定正常的知识教学和考试制度，实行开门办学。这样一来，表面上似乎已解决“应试教育”问题，但实际上却把教育推向崩溃的边沿。

“文革”以后的1977年，长期废止的“高考”制度得到了恢复，这在很大程度上刺激并推动当时教育的大发展。但同时，片面追求升学率的“应试教育”现象又开始悄然出现。有些教育行政部门更以“升学率”为主要指标去评估学校的办学成绩，而重点中学制度在保证尖子人才的同时，却不自觉地加剧了学校间的升学竞争。正是在这样的历史背景下，一些教育理论工作者开始关注人的基本素质及其教育问题，并自觉进行相关的实验探索，如“愉快教育实验”、“成功

① 毛泽东：《青年团的工作要照顾青年的特点》，见《毛泽东同志论教育工作》，218～219页，人民教育出版社，1992。

② 毛泽东：《对“北京一个中学校长提出减轻中学生负担问题的意见”的批示》，见《毛泽东同志论教育工作》，286页，人民教育出版社，1992。

教育实验”、“情境教育实验”等，都是其中的佼佼者。他们从强调智力开发到注意非智力因素培养，从要求双基训练到提倡知识创新，从学会做事到学会做人、学会关心、学会与人合作等等，都不同程度地体现在各自的个性化教育改革实验之中。与之相应，党中央和各级教育行政部门均十分重视素质教育改革探索的经验总结和理论指导。早在1985年，《中共中央关于教育体制改革的决定》即把“提高民族素质”列为“改革的根本目的”。1993年2月颁行的《中国教育改革和发展纲要》则进一步指出：“中小学要由‘应试教育’转向全面提高国民素质的轨道，面对全体学生，全面提高学生的思想道德、文化科学、劳动技能和身体心理素质，促进学生生动活泼地发展。”1996年4月12日，李岚清副总理在《基础教育是提高国民素质和培养跨世纪人才的奠基工程》报告中对“素质教育”作了理论概括，他说：“素质教育和应试教育反映两种不同的教育思想……应试教育以升学教育为目的，围绕应考开展教学活动，是一种片面的淘汰式的教育……素质教育体现了基础教育的本质，它从‘培养有理想、有道德、有文化、有纪律的社会主义公民’出发，以全面培养受教育者高尚的思想道德情操、丰富的科学文化知识、良好的身体和心理素质、较强的实践和动手能力以及健康的个性为宗旨。素质教育要彻底摒弃应试教育的片面教育观，面向全体学生，为学生学会做人、学会求知、学会劳动、学会生活、学会健体、学会审美打下扎实基础，使学生在德智体等方面得到全面协调的发展。”① 1999年6月13日通过的《中共中央国务院关于深化教育改革全面推进素质教育的决定》，更进而对“如何实施素质教育”问题作出明确指示，强调“实施素质教育，就是全面贯彻党的教育方针，以提高国民素质为根本宗旨，以培养学生的创新精神和实践能力为重点，造就‘有理想、有道德、有文化、有纪律’的、德智体美等方面全面发展的社会主义事业建设者和接班人。”②

① 《人民日报》，1996-04-12。

② 中华人民共和国教育部编：《深化教育改革，全面推进素质教育——第三次全国教育工作会议文件汇编》，1～2页，高等教育出版社，1999。

无庸置疑，在党中央直接领导下，经过广大教育工作者的共同努力，“素质教育”理念已深入人心，“实施素质教育”已成为中国基础教育改革的基本方向，直接关系到党的教育方针的全面贯彻和执行。值得注意的是，“实施素质教育”不能光靠行政命令，流于表面形式；而应该最大限度地调动广大教育工作者的积极性、主动性和创造性，依据 21 世纪知识经济的时代精神，将以德育为核心、以创新精神和实践能力为重点的“素质教育”理念融入自己个性化教育实验探索，以推动中国基础教育改革的不断深入和发展。

主要参考文献

1. 《马克思恩格斯全集》，第 47 卷，人民出版社，1979。
2. 《毛泽东选集》(1～4 卷)，人民出版社，1991。
3. 《毛泽东文集》，第 7 卷，人民出版社，1999。
4. 《毛泽东同志论教育工作》，人民教育出版社，1992。
5. 《邓小平文选》(1～3 卷)，人民出版社，1989～1994。
6. 《十三经注疏》，中华书局，1980。
7. 《朱文公文集》，四部丛刊本。
8. 《王阳明全集》，上海古籍出版社，1992。
9. 舒新城编：《中国近代教育史资料》，中册，人民教育出版社，1961。
10. 高时良编：《中国近代教育史资料汇编·洋务运动时期教育》，上海教育出版社，1992。
11. 璩鑫圭等编：《中国近代教育史资料汇编·学制演变》，上海教育出版社，1991。
12. 《魏源集》，上册，中华书局，1976。
13. 《康有为全集》，第 1 集，上海古籍出版社，1987。
14. 汤志钧编：《康有为政论集》，上册，中华书局，1981。
15. 梁启超：《新民说》，辽宁人民出版社，1994。
16. 《严复集》(1～5 册)，中华书局，1986。
17. 《陈独秀著作选》，第 1 卷，上海人民出版社，1993。
18. 《向着新的理想社会——李大钊文选》，上海远东出版社，1995。

19.《梁漱溟全集》，第1卷，山东人民出版社，1989。
20.《陶行知全集》(1～6卷)，湖南教育出版社，1984～1985。
21.《陈鹤琴全集》(1～6卷)，江苏教育出版社，1987～1992。
22.《雷沛鸿文集》，广西教育出版社，1989。
23. 庄泽宣：《如何使新教育中国化》，民智书店，1929。
24.《走出东方——陈序经文化论著辑要》，中国广播电视出版社，1995。
25.《第二次中国教育年鉴》，商务印书馆，1948。
26. 中共中央文献研究室编：《三中全会以来重要文献选编》(上、下)，人民出版社，1982。
27. 顾明远主编：《马克思主义与中国教育》(下)，湖南教育出版社，1994。
28. 顾明远主编：《素质教育的实施与运行》，中国和平出版社，1996～1997。
29. 顾明远主编：《素质教育的课程与教学改革》，中国和平出版社，1996～1997。
30. 顾明远主编：《素质教育的整体改革与实验》，中国和平出版社，1996～1997。
31. 顾明远主编：《素质教育的理论探讨》，中国和平出版社1996～1997。
32. 瞿葆奎主编：《中国教育改革》，人民教育出版社，1991。
33. 瞿葆奎主编：《国际教育展望》，人民教育出版社，1993。
34. 瞿葆奎主编：《元教育学研究》，浙江教育出版社，1999。
35. 瞿葆奎主编：《教育基本理论之研究(1978～1995)》，福建教育出版社，1998。
36. 叶澜：《教育研究方法论初探》,上海教育出版社，1999。
37. 叶澜主编：《“新基础教育”探索性研究报告集》，上海三联书店，1999。
38. 崔相录主编：《东方教育的崛起——毛泽东教育思想与中国教育七十年》，河南教育出版社，1993。
39. 周积明：《最初的纪元——中国早期现代化研究》，高等教育出版社，1996。

40. 高瑞泉主编：《中国近代社会思潮》，华东师范大学出版社，1996。
41. 丁钢主编：《创新：新世纪的教育使命》，教育科学出版社，2000。
42. 华东师大教育系等编：《西方古代教育论著选》，人民教育出版社，1985。
43. 联合国教科文组织国际教育发展委员会编著，华东师大比较教育研究所译：《学会生存》，教育科学出版社，1996。
44. 国际 21 世纪教育委员会著，联合国教科文组织总部中文科译：《教育——财富蕴藏其中》，教育科学出版社，1996。
45. S. 拉赛克，G. 维迪努著，马胜利等译：《从现在到 2000 年教育内容发展的全球展望》，教育科学出版社，1992。
46. C.A. 冯·皮尔森著，刘利圭等译：《文化战略》，中国社会科学出版社，1992。
47. 国家教育发展研究中心编：《发达国家教育改革的动向和趋势》(1～4 集)，人民教育出版社，1986～1992。
48. 厄内斯特·波特尔著，王晓平等译：《基础学校——一个学习化的社区大家庭》，人民教育出版社，1993。
49. 阿列克斯·英克尔斯等著，顾昕译：《从传统人到现代人》中国人民大学出版社，1992。
50. 陈来：《人文主义的视界》，广西教育出版社，1997。
51. 柳斌：《柳斌谈素质教育》，北京师范大学出版社，1998。
52. 阿正编著：《世纪对话》，中国社会科学出版社，2000。
53. 中华人民共和国教育部编：《深化教育改革，全面推进素质教育——第三次全国教育工作会议文件汇编》，高等教育出版社，1999。
54. 金铁宽主编：《中华人民共和国大事记》(1～3 卷)，山东教育出版社，1995。
55. 国家教育委员会办公厅编：《基础教育法规文件选编》，北京师范大学出版社，1988。

56. 高奇主编：《中国教育史研究·现代分卷》，华东师范大学出版社，1994。
57. 张宇、辛向阳、徐恕等：《转轨中国——改变我们社会的十大方面》，中国工人出版社，1994。
58. 杨春时：《中国文化转型》，黑龙江教育出版社，1994。
59. 郑杭生等：《转型中的中国社会和中国社会的转型》，首都师范大学出版社，1996。
60. 袁方等：《社会学家的眼光——中国社会结构转型》，中国社会出版社，1998。
61. 李述一、李小兵：《文化的冲突与抉择》，人民出版社，1987。
62. 沙莲香等：《社会学家的深思——中国社会文化心理》，中国社会出版社，1998。
63. 金耀基：《从传统到现代》，中国人民大学出版社，1999。
64. 吴康宁：《教育社会学》，人民教育出版社，1998。
65. 联合国教科文组织国际教育发展委员会编著，华东师范大学比较教育研究所译：《学会生存——教育世界的今天和明天》，教育科学出版社，1996。
66. 陈奎憙：《教育社会学》，台湾师大书苑有限公司，1980。
67. 中国青少年研究中心、中国青少年发展基金会：《新状态：当代城市青年报告，中国青少年发展状况研究报告(1997~1998)》，中国青年出版社，1999。
68. 孟繁华：《众神狂欢——当代中国的文化冲突问题》，今日中国出版社，1997。
69. 施良方：《课程理论——课程的基础、原理与问题》，教育科学出版社，1996。
70. 王丽编：《中国语文教育忧思录》，教育科学出版社，1998。
71. 陈奎德主编：《中国大陆当代文化变迁》，台湾桂冠图书有限公司，1991。
72. 希尔斯著，傅铿等译：《论传统》，上海人民出版社，1991。
73. 克莱德.M. 伍兹著，何瑞福译：《文化变迁》，河北人民出版社，1989。
74. 姜岩：《知识经济发展战略》，北京科学技术出版社，1999。
75. 李京文：《知识经济：21世纪的新经济形态》，社会科学文献出版社，1998。
76. 吴季松：《21世纪社会的新趋势——知识经济》，北京科学技术出版社，1998。
77. 冯之浚主编：《知识经济与中国发展》，中共中央党校出版社，1998。
78. 黄顺基主编：《走向知识经济时代》，中国人民大学出版社，1998。
79. 王长友、彭禾、包晓闻编著：《知识·经济·生存》，中国建材工业出版社，1998。
80. 达尔·尼夫主编，樊春良、冷民等译：《知识经济》，珠海出版社，1998。
81. 彭坤明：《知识经济与教育》，南京师范大学出版社，1998。
82. 维娜·艾莉著，刘民慧等译：《知识的进化》，珠海出版社，1998。
83. 赵弘、郭继丰：《知识经济呼唤中国》，改革出版社，1998。
84. 燕国材：《素质教育论》，江苏教育出版社，1997。
85. 赵福庆：《素质教育实施策略》，青岛海洋大学出版社，1998。
86. 周峰：《素质教育——理论·操作·经验》，广东人民出版社，1999。
87. 崔相录主编：《素质教育——中小学教育改革的主旋律》，山东教育出版社，1997。
88. 湖北省教育科学研究所编著：《迎接知识经济的教育创新》，华中理工大学出版，1998。
89. 陆炳炎、王建磐主编：《素质教育——教育的理想与目标》，华东师范大学出版社，1999。
90. 舒达、蒋长好主编：《素质教育全书》，经济日报出版社，1997。

91. 郭文安、陈东升：《国民素质建构与基础教育改革》，人民教育出版社，1997。
92. 陆有铨：《躁动的百年——20 世纪的教育历程》，山东教育出版社，1997。
93. 孙培青主编：《中国教育史》，华东师范大学出版社，1992。

后　记

本书缘起数年前叶澜先生布置的一份“作业”，因作业本身的难度及本人学力等因素的限制，迟迟未能进入实质性启动阶段。不过基础性资料工作倒是数年如一日进行着，不敢有丝毫怠惰，并尝试在积累过程中提出本书的写作大纲。值得庆幸的是，这一基本构架首先得到叶老师的批评和指正，继而又得到我的两位挚友王伦信、袁文辉的支持和共鸣。于是我们便走到一起了。

作为丛书主编，叶老师对本书提出了很高要求，期望我们能够从“史论结合”的角度来探讨中国基础教育改革的文化使命问题。我们三人的身份恰好默契了这一要求（分别来自教育史与教育学原理专业），但能否做到“史论结合”以及结合到什么程度，我们在完稿之后仍然诚惶诚恐。虽然我们互相致意，尽情享受紧张工作之后的放松，但我们内心并没有十分把握。相信广大热心读者一定会给予中肯的批评、善意的指正和真诚的鞭策！

在写作过程中，我们还有幸得到瞿葆奎先生、张瑞璠先生、孙培青先生的多方指教，借此特致以衷心感谢！此外，对提供立项的上海市教育委员会以及提供出版的教育科学出版社也一并深致谢意！

黄书光

2000 年 10 月 1 日

责任编辑　罗永华
责任校对　曲凤玲
责任印制　曲凤玲

图书在版编目(CIP)数据

中国基础教育改革的文化使命/黄书光,王伦信,袁文辉著.—北京:教育科学出版社,2001.7(2004.3重印)
(世纪之交中国基础教育改革研究丛书/叶澜主编)
ISBN 7-5041-2130-4

Ⅰ.基…　Ⅱ.①黄…　②王…　③袁…　Ⅲ.基础教育-教育改革-研究-中国　Ⅳ.G 629.21

中国版本图书馆 CIP 数据核字(2001)第 19390 号

出版发行　教育科学出版社　　市场部电话　010-62003339
社　　址　北京·北三环中路 46 号　　编辑部电话　010-82080104
邮　　编　100088　　网　　址　http://www.esph.com.cn
传　　真　010-62013803

经　　销　各地新华书店
印　　刷　保定市印刷厂
开　　本　787 毫米×1092 毫米　1/16
印　　张　16　　版　　次　2001 年 7 月第 1 版
字　　数　227 千　　印　　次　2004 年 3 月第 4 次印刷
定　　价　27.50 元　　印　　数　15 001—20 000 册

如有印装质量问题,请到所购图书销售部门联系调换。